ATmega 128

마이크로컨트롤러 기초

권영준 · 박정연 공저

도서출판 상 학 당

欲爲大者 當爲人役

크고자 하거든 남을 섬기라

머리말

현대사회의 아날로그 시대에서 디지털 정보화로의 급속한 변화 속에서 우리의 모든 생활에 미치는 영향력은 이루 말할 수 없이 크다. 공장의 자동화에서부터 가정의 모든 가전기기, 산업기기 등 많은 분야에서 디지털화 되고 있다. 산업현장의 자동화 추세는 인터넷 등의 통신 기술이 발전함에 따라 자동화 기술이 응용되는 분야에 다양한 기능이 내장되면서 다른 생산설비 또는 기기와의 융합이 가능한 자동화 시스템의 개발이 이루어지고 있는 추세이다.

자동화 원격 제어 기술이 적용되는 분야는 매우 다양하여 일일이 열거할 수 없지만 공장자동화에서는 대표적으로 생산설비의 자동화, 생산제품의 자동이송, 자동보관창고, 제품검사의 자동화 등이 있으며 이러한 공장자동화 분야에서는 생산되는 제품 및 생산라인의 특성에 적절하게 개발된 자동화 설비가 적용되고 있다. 사무자동화 및 가전제품의 경우 거의 모든 제품에 자동화 기술이 적용되고 있다. 우리가 말하는 자동화 기술이란 마이크로컨트롤러(micro-controller)와 PLC(Programmable Logic Controller) 또는 PC와 같은 디지털 제어기 또는 컴퓨터가 활용되는 것을 의미한다.

이 책에서 다루고자 하는 마이크로컨트롤러란 하나의 반도체 칩(chip) 내에 연산장치(Central Processing Unit : CPU)뿐만 아니라 외부 장치의 상태를 측정, 제어하기 위한 다양한 인터페이스 기능이 내장되어 있는 소형 컴퓨터로서 각종 디지털 기기의 설계에 광범위하게 사용되고 있다.

일반적으로 마이크로컨트롤러의 연산기능은 일반적인 PC에 비하여 기능 및 데이터 처리 능력은 낮지만 적용되는 분야가 다르므로 고성능만을 추구하는 PC의 주 연산장치와는 달리 매우 다양한 성능과 기능을 갖는 마이크로컨트롤러가 개발되어 판매되고 있다. 이는 개발하려는 디지털 기기에 사용될 마이크로컨트롤러를 선정할 때 고려하여야 할 사항이 성능뿐만 아니라 가격도 중요한 요인이 되므로 고성능의 칩이라 해서 그것이 곧바로 가전기기의 단순 제어 시스템에 적용될 수 없다.

최근에 개발된 거의 모든 가전제품에는 자동화 기술을 적용하여 개발된 다양한 기능이 내장되어 있으며 이러한 설계가 가능하게 된 근본적인 계기는 마이크로컨트롤러라는 소형 컴퓨터에 의하여 요구되는 기능이 소프트웨어적으로 설계가 가능하기 때문이다. 프로그램을 통하여 기능을 구현하는 설계 방식은 기계적인 장치를 이용하는 것보다 개발이 용이하고 설계변경에 유연성이 있을 뿐만 아니라 피드백 제어 등과 같이 복잡한 제어 알고리즘을 적용할 수 있으므로 보다 성능이 우수하고 신뢰성 있는 제품의 개발이 가능하다.

이와 같이 소프트웨어적으로 구현된 제어 기술은 기계적인 장치로만 설계된 시스템에 비하여 많은 장점을 가지므로 마이크로컨트롤러의 응용 범위는 앞으로도 더욱 확대될 것으로 예상된다.

이 책은 마이크로프로세서를 공부하려는 학생들에게 보다 접근을 용이하게 하기 위해 AVR ATmega 128 칩에 대한 기초부터 프로그램 언어의 사용방법과 기초적인 포트의 제어에 대한 내용을 중심으로 다양한 예제를 통해 이해력을 높이도록 구성하였으며, 모터 제어와 A-D 변환 등에 대해 자세히 다루어 칩의 활용에 대한 기본적인 내용을 숙지하여 실전 개발에 적응할 수 있는 능력 개발에 도움이 될 것으로 생각한다.

끝으로, 출판에 도움을 주신 도서출판 상학당의 임직원 여러분께 감사를 드린다.

저자 씀

차 례

Chapter 1

마이크로프로세서 ATmega 128 9

Chapter 2

개발환경 설정 41

Chapter 3

하드웨어 인터페이스 69

Chapter 4

C 언어의 기본 익히기 101

Chapter 5

LED 제어 117

chapter 1

마이크로프로세서 ATmega 128

❑ 제 1 절 개 요
❑ 제 2 절 I/O 포트

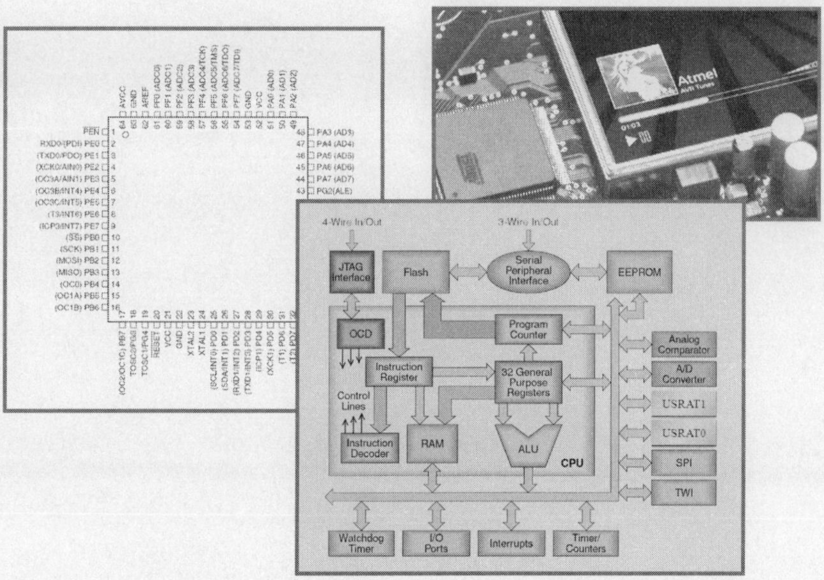

제1절 개 요

마이크로프로세서 칩인 CPU는 레지스터, ALU, 멀티플렉서, 디코더 등 여러 가지 디지털 기능을 수행하는 소자들을 조합해서 구성되어 있다. 이러한 구성 방식은 특수한 용도에 맞게 적용될 수 있는 장점이 있지만 CPU는 컴퓨터의 부품 중에서 광범위하게 사용되는 소자이므로 표준화된 집적회로로 설계하는 것이 더욱 바람직하다.

마이크로프로세서(microprocessor)는 하나의 IC 칩으로 된 CPU로 여러 IC 칩으로 설계한 CPU와는 다르게 마이크로프로세서에서는 직접적으로 레지스터나 ALU 등과 외부 부품을 연결할 수가 없으며 칩의 입출력단자를 통해서만 정보전달이 가능하다. 또 마이크로프로세서는 CPU의 모든 내용이 하나의 칩 속에 내장됨으로써 가격이 저렴하며 부피가 줄어드는 장점이 있다.

ATmega 128은 1984년 창립된 미국의 ATMEL사에서 1997년에 처음 발표한 8비트 제어용 마이크로프로세서로서, 이는 Alf-Egil Bogen과 Vegard Wollan의 진보된 RISC 기술을 기반으로 설계되었다고 하여 이것들의 첫 글자를 따서 AVR이라고 명명된 것으로 알려져 있으며 가끔 Advanced Virtual RISC의 약어라고 말하기도 한다.

AVR은 프로그램 메모리와 데이터 메모리를 액세스하기 위한 버스를 독립적으로 사용하는 하버드 구조와 파이프라인 처리 방식을 기반으로 하는 RISC 기술을 적용한 고성능 칩 소자이다. 뿐만 아니라 AVR은 이를 ATMEL사의 장점인 플래시 메모리 기술과 접목시켜 칩 내에 프로그램 코드용 플래시 메모리를 내장하고 여기에 사용자 프로그램을 쉽게 다운로드할 수 있는 ISP(In-System Program) 방식을 적용하였다.

이러한 장점 때문에 AVR은 가장 늦게 출시되었음에도 불구하고 그 당시 이미 시장을 상당부분 지배하고 있던 8051 시리즈나 PIC 시리즈를 능가하는 인기를 단시간 내에 얻게 되었다. 저렴한 가격과 소형으로 인해 마이크로프로세서가 이전에는 경제성이 없던 구조를 설계가 가능하게 해줌으로써 컴퓨터 설계기법에 있어 변혁을 가져오게 했다.

마이크로프로세서의 응용은 범용 컴퓨터의 CPU, 특수용 컴퓨터의 프로세서로뿐만 아니라, 교통신호 제어, 개인 가정용 컴퓨터, 계측 제어기기, 사업용 업무처리 등 다양하게 활용 범위가 적용되고 있다.

□ AVR 코어

AVR 마이컴 · 패밀리들은 일반적으로 플래시 메모리 크기에 따라 세 가지로 나누어진다.

- Tiny 시리즈
  - 핀 수가 8~24핀 정도의 작은 외형. 대부분 외부 시스템 버스가 없음.
  - 작은 메모리 용량(내부에 1~2K byte 정도의 플래시 메모리를 보유)
  - 저속 저성능, 저가격(소형 제어기에 적당)

- Mega 시리즈
  - 28~100핀 정도의 외형
  - 큰 메모리 용량(내부에 8~256K byte 정도의 플래시 메모리와 256~4K byte 정도의 EEPROM, 512~4K byte의 SRAM을 내장)
  - 고속 고성능(20MHz의 클록에서 20MIPS의 속도, 다양한 기능), 고가격

- AT90 시리즈
  - 중간 정도 사양을 가진 시리즈로 현재는 널리 사용되지 않음.
  - 위의 3개의 패밀리가 전부 똑같은 구조로 되어 있기 때문에 소프트웨어가 완전히 호환성이 있다. 예를 들어 Classic AVR로 설계하였는데 프로그램 크기가 작게 되면, Tiny AVR로 쉽게 교체할 수 있다. 이런 유연성은 다른 마이컴에서는 없는 특징이다.

1. 마이크로프로세서의 역사

현재 널리 사용되고 있는 마이크로프로세서 칩으로는 인텔사의 80계열과 모토롤라사의 68계열이 주류를 이루고 있다. 1969년 최초로 발표된 4004는 4 비트를 처리할 수 있는 마이크로프로세서였다. 그러나 마이크로프로세서가 오늘날처럼 대중적으로 사용되기 시작한 것은 인텔사의 8 비트 마이크로프로세서인 8080이 나온 후

부터이다. 8080은 특히 CP/M 운영체제의 등장과 함께 개인용 컴퓨터의 CPU로 널리 사용되었으며, 자일로그사에서 8080을 개량하여 만든 Z80은 오늘날까지도 많이 사용되는 8비트 마이크로프로세서이다. 한편 모토롤라사의 6800과 6809, 모스텍사의 6502 등도 널리 사용된 8 비트 마이크로프로세서이다.

1970년대 후반부터 16 비트 마이크로프로세서가 등장하였다. 인텔사의 8086과 모토롤라사의 68000은 초창기의 16 비트 마이크로프로세서인데, 이들은 각각 IBM PC와 매킨토시 마이크로컴퓨터에 채용되어 널리 알려졌다. 인텔사의 80386과 80486, 그리고 모토롤라사의 68020과 68030, 68040은 모두 근래에 나온 32 비트 마이크로프로세서이며, 이들의 성능은 80년대 초의 미니 또는 그 이상의 컴퓨터를 능가한다. 특히 80486과 68040 이상의 마이크로프로세서들은 하나의 실리콘 칩에 100만 개 이상의 트랜지스터들을 집적한 고성능의 제품이다.

응용 면에서 보면 8 비트 마이크로프로세서는 주로 가정용의 PC나 게임기, 가전제품이나 기계 제어 등에 사용되고 있고, 16 비트 마이크로프로세서는 일반적인 개인용 컴퓨터나 산업용의 제어기기에, 32 비트 마이크로프로세서는 고성능의 개인용 컴퓨터나 워크스테이션, 미니급 컴퓨터에 주로 사용되고 있다. 특히 근래는 미니컴퓨터나 대형 컴퓨터를 사용하기보다는 값싼 마이크로프로세서들을 여러 개 연결하여 빠른 처리속도를 내게 하는 병렬처리(parallel processing)에 대한 연구가 많이 이루어져 있다.

마이크로프로세서 칩의 발전사를 간단히 요약하면 다음과 같다.

- 1975년 : Texas Instrument TMS1000 개발(마이크로컨트롤러의 시초)
  (1971년 Intel 4 bit 마이크로프로세서 4004 개발)
- 1976년 : Intel 8 bit M/C 8048(MCS-48) 개발
  Motorola 8 bit MC6801 개발
- 1980년 : Intel 8 bit M/C 8051(MCS-51) 개발
- 1982년 : Intel 16 bit MCS-96 개발
- 1988년 : Intel 32 bit M/C 80960 개발

2. 마이크로컴퓨터의 구성

마이크로프로세서와 기억장치, 입출력장치가 모여서 마이크로컴퓨터가 된다. 마이크로(micro)란 말은 각 부품들의 물리적인 크기가 작음을 뜻한다. 또한 프로세서

(processor)란 말은 '처리기' 혹은 중앙처리장치(central processor unit)를 줄인 말로 다음의 세 가지 기본 유닛으로 이루어진다.

(1) 중앙처리장치

중앙처리장치(CPU)는 컴퓨터 시스템 전체의 데이터 흐름을 제어한다. 즉 메모리로부터 프로그램의 각 명령을 판독해 그것을 해석하고 어느 데이터에 어떤 처리를 해야 하는가 판단해서 그것을 실행하고, 다음에 실행해야 할 명령을 결정한다. CPU는 3가지 주요 부분으로 구성된다. 그것들은 서로 접속되어 있기도 하고, I/O 포트와 메모리에도 데이터 버스에 의해서 접속되어 있다.

(2) 메모리

프로그램과 처리하는 데이터를 보관한다. 이것은 영구적인 프로그램을 넣는 프로그램 가능 판독 전용 메모리(PROM)와, 데이터 및 변경 가능한 프로그램용인 읽고 쓰기 랜덤 액세스 메모리(RAM : Random Access Memory)로 분류된다.

(3) I/O(입출력) 포트

인터페이스 장치(interface unit)로 마이크로프로세서와 외부의 입출력장치 간의 정보교환을 하는 역할을 한다. 마이크로프로세서는 입출력장치로부터의 정보와 입출력장치의 상태를 받기도 하고 제어신호나 정보를 주기도 한다.

3. CPU(Central Processor Unit)의 구성

(1) 레지스터

데이터를 보관하는 조그만 메모리로, 프로그램의 실행 중에 사용되며 고속 액세스를 할 수 있다.

(2) 산술/논리 유닛(ALU : 연산장치)

가산이나 승산 등의 산술연산을 행한다. 또한 레지스터 내의 하나 혹은 두 개의 값 사이에서 AND 조작과 같은 논리연산을 행한다.

(3) 제어 유닛

명령을 해석하고 그것을 실행하는 데 필요한 컴퓨터 내부의 각 유닛 사이의 데이터의 흐름을 제어한다.

4. 기억장치

마이크로컴퓨터 특성의 하나로 1회의 조작으로 전송할 수 있는 데이터 크기의 단위인 비트가 있다. 이 비트의 크기는 일반적으로 레지스터에 기억되고 ALU 조작으로 처리되는 1 메모리의 비트 수와 같다. 마이크로컴퓨터에 있어서 데이터의 크기인 비트 수는 4, 8, 16, 32 비트 등이 있다. 마이크로컴퓨터의 기능 유닛은 MPU, 메모리, I/O 포트 인터페이스 등 각각의 칩으로 실현할 수도 있고, 하나의 마이크로컴퓨터 칩으로 통합할 수도 있다.

(1) RAM

RAM(Random Access Memory)은 프로그램 실행 중에 CPU가 읽고 쓰는 데이터 혹은 명령을 보관하기 위해 사용된다.

1) DRAM(Dynamic RAM)

미소한 콘덴서에 전하를 축적함으로써 정보를 기억한다. 콘덴서가 스스로 방전하므로 일정 시간마다 기억 내용을 다시 재생(refresh)해 주는 재생회로가 필요하다. 전력소모가 작고 칩당 기억용량이 매우 크므로 고밀도화를 이룰 수 있으나 임의의 시점에서 리드와 라이트가 불가능하므로 주로 대용량의 기억장치(memory) 구성에 적합하다.

2) SRAM(Static RAM)

전원공급이 유지되는 한 저장 내용을 계속 기억하는 RAM으로서 제어가 간단하며 고속이므로 소용량의 기억장치 구성에 적합하다.

특징으로는 플립플롭에 의한 기억소자로 회로가 복잡하며 기억밀도가 작고 읽기 쓰기를 고속으로 실행할 수 있다. 또한 DRAM처럼 재생할 필요가 없다.

(2) ROM

ROM(Read Only Memory)은 판독 전용 메모리로 CPU가 판독은 하지만 변경하지 않는 프로그램을 보관하는 데 사용된다. 전원을 끊더라도 내용이 남아 있기 때문에 비휘발성 메모리라고 불린다.

1) MASK ROM

공장에서 대량주문으로 미리 라이트(write)되어서 나오는 것으로 한 번 쓰면 지울 수가 없다.

2) PROM(Programmable ROM)

제조단계에서 써넣지 않은 ROM을 생산하여 사용자가 원하는 프로그램을 롬 라이터(ROM Writer)라는 장치를 이용하여 행렬의 교점에 큰 전류를 흘려 줌으로써 퓨징(fusing)시켜 써넣을 수는 있으나 한 번 써넣으면 변경할 수 없다.

3) EPROM(Erasable PROM)

여러 번 쓸 수가 있는 것으로 롬 라이터로 라이트가 가능하며, 지울 때는 자외선 이레이저(eraser)로 지울 수 있다. EPROM은 최종적으로 ROM이나 PROM에 넣는 프로그램의 개발에 사용된다.

4) EEPROM(Electrically EPROM)

자외선 대신 전기신호에 의해 그 내용을 지울 수 있는 ROM이다.

5. AVR 마이크로프로세서 특징

RISC(Reduced Instruction Set Code) 구조를 가지고 있으며, 대부분 단일 사이클 명령을 실행할 수 있다. AVR의 RISC 구조는 통상적인 RISC처럼 명령어와 주소지정 방식이 작지 않아 어셈블리어 프로그램 작성에서 불리하지 않으면서도 통상적인 RISC처럼 속도가 매우 빠른 유사 RISC의 특성을 갖고 있다.

연산과 데이터 저장을 한 번에 할 수 있는 하버드 구조(Harvard architecture)를 가지고 있다. 하버드 구조는 프로그램 메모리와 데이터 메모리가 구분되지 않은 폰

노이만(von Neumann) 방식과는 달리, 프로그램 메모리와 데이터 메모리가 분리되어 있는 시스템 구성이다. 또한 32개의 8 비트 범용 레지스터를 가지는 레지스터 중심형 구조이며, 단순한 어드레싱 모드와 간결한 프로그램 코드 사이즈를 가지도록 하는 등 C언어 프로그램에 매우 유리하도록 설계되어 있다.

하드웨어는 CMOS 소자로 구성되어 있어 소비전력이 매우 적고 동작전압이 1.8~5.5V로 저전압이며 전압의 변동성에 강한 장점이 있다. 다양한 동작 모드로 저전력 동작을 지원한다. 특히 CMOS 소자의 특징인 잡음여유와 입력 임피던스가 큰 장점이 있으나 CMOS 특성상 정전기 및 과전압에 의한 파손위험이 큰 단점도 있다.

CMOS 기술에 의해 1~256K byte 플래시 롬 메모리와 변수 저장을 위한 EEPROM 및 SRAM이 작은 칩 하나에 내장되어 있다. 대부분 실행은 1머신 사이클에 명령어가 실행되어 1MHz당 1MIPS의 처리속도를 나타낸다.

8 핀에서 100 핀의 외형과 이에 상응하는 메모리와 기능을 갖는 다양한 시리즈의 제품이 출시되어 적절한 응용에 대응하여 제어기를 개발할 수 있다. 모델에 따라 병렬 I/O 포트, 내장 시스템 클록 발진기, 8 비트 타이머/카운터, 16 비트 타이머/카운터, 워치도그(watchdog) 타이머, UART 또는 USART, SPI, TWI(I2C), 아날로그 비교기, 10 비트 ADC, PWM 출력, RTC, Brown Out Detector 등 매우 다양한 I/O 기능을 가지고 있다.

외부에 버스를 가지는 모델에서는 이 외부 시스템 버스를 이용하여 데이터 메모리 또는 I/O 디바이스를 확장할 수 있다.

지금까지 살펴본 특징을 정리하면 다음과 같다.

- 고성능 저전력 마이크로컨트롤러(micro-controller)
- 향상된 RISC 아키텍처(16MIPS @ 16MHz)
- 133종 명령 세트(in 1 cycle)
- 32×8 bit 범용 레지스터 + 주변 컨트롤 레지스터/Multiplie(in 2 cycle)
- 16MHz에서 16MIPS progress
- 비휘발성 프로그램과 데이터 메모리
- 128K byte 내부 프로그램 가능한 ISP 플래시 메모리
- 선택적인 Boot code section(used In-System Programming by On-chip Boot Program)
- ISP(In System Programming)를 통해 애플리케이션 영역과 부트 영역에 있어 F/W 다운로드 가능

- 4K byte EEPROM
- 4K byte 내부 SRAM
- 외부 최대 64K 메모리 공간
- 프로그램 Lock-ISP을 위한 SPI 인터페이스
- 내장 메모리 프로그래밍과 On-Chip 디버그(debug)를 위한 JTAG 포트 지원

□ ATmega 128 주변장치의 특징

- 2개의 8 비트 타이머/카운터(Timer/Counter)(0, 2), 2개의 16 비트 타이머/카운터(1, 3)
- 2개의 8 bit PWM 채널
- 6개의 프로그램 가능한 2~16 bit PWM 채널
- 분리된 프리스케일러(prescaler)와 비교 모드, 캡처 모드를 가진 두 개의 확장 16 비트 타이머/카운터
- 분리된 오실레이터에 의한 Real Time Count Output Compare Modulator
- 8 채널, 10 bit ADC
- Two-wire 시리얼 인터페이스
- 두 개의 시리얼 UART
- Master/Slave SPI 시리얼 인터페이스
- 프로그램 가능한 워치도그(watchdog) 타이머
- 아날로그 비교기

(1) ATmega 128 내부 구성

ATmega 128은 다른 마이크로컴퓨터와 같이 CPU, 프로그램 메모리, 데이터 메모리, EEPROM 데이터 메모리, I/O 포트, 직렬 포트, 타이머/카운터, Compare/Capture/파형생성 모듈, 아날로그 비교기, A-D 컨버터 등으로 구성된다.

다만, 하버드 구조의 특성상 프로그램 메모리, 플래시 메모리와 데이터 메모리 SRAM 및 EEPROM이 완전히 분리되어 있고 버스 또한 별개로 존재하며, 프로그램 메모리는 16 비트의 별도 주소 버스와 16 비트의 프로그램 버스에 의해서 CPU와 연결되어 있다.

(2) ATmega 128 내부 블록도

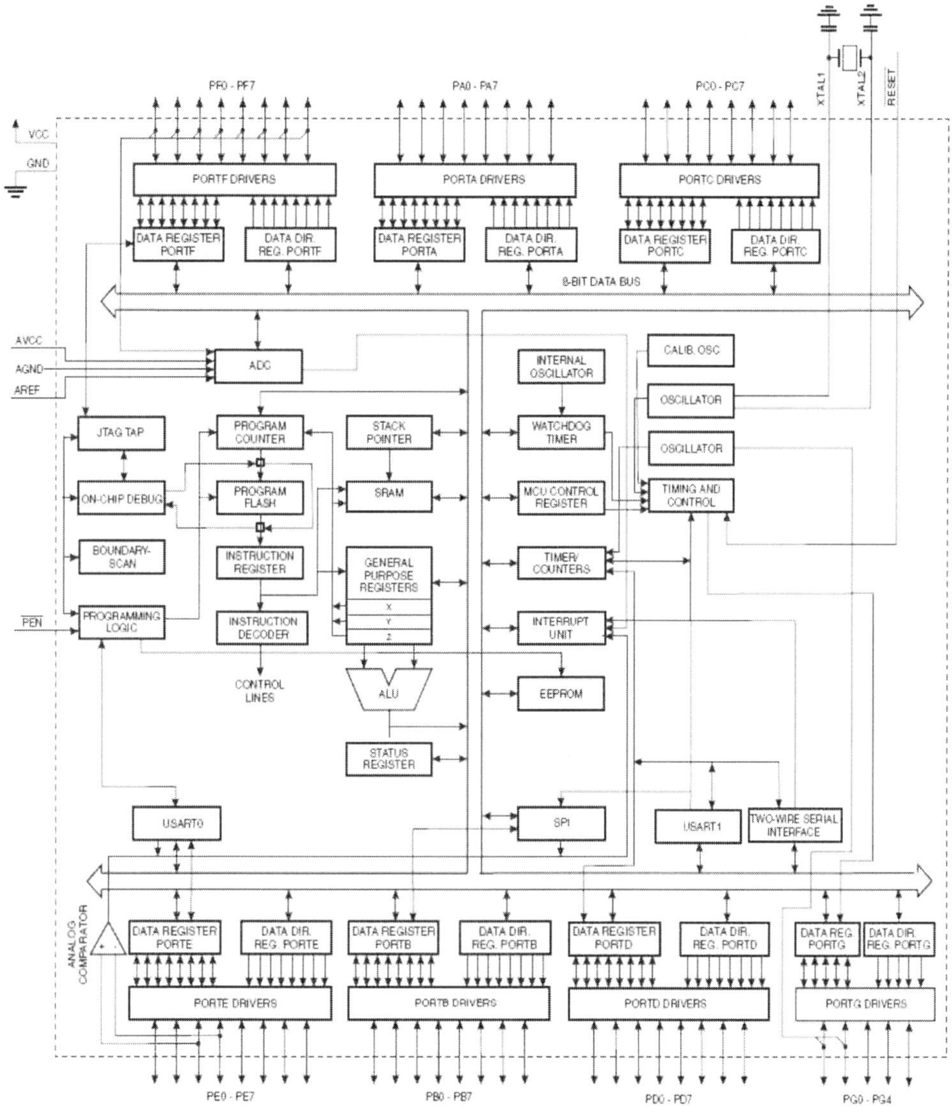

[그림 1-1] ATmega 128 내부 블록도

(3) ATmega 128 내부 구조 블록도

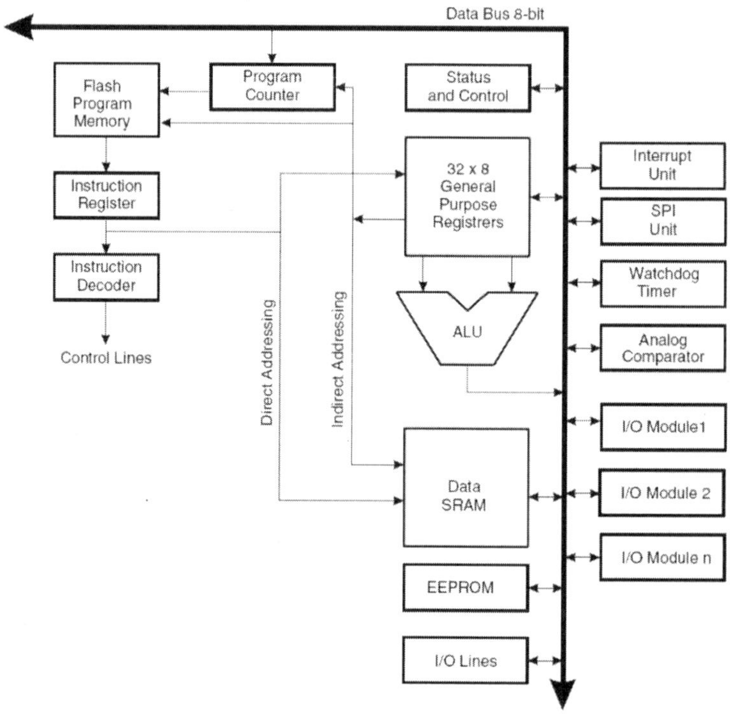

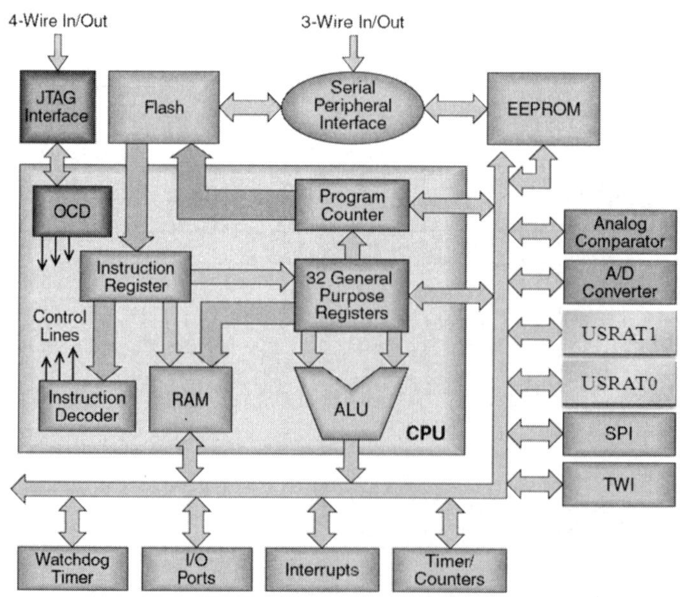

[그림 1-2] ATmega 128 기능별 내부 구조도

(4) CPU

CPU는 레지스터부와 연산부 그리고 제어부로 구성된다.

〈표 1-1〉 CPU의 구성

레지스터부	• 데이터를 일시 보존하는 일과 데이터를 다른 곳으로 옮기는 일을 한다.
연산부	• ALU를 중심으로 32개의 범용 레지스터와 2개의 T 레지스터로 구성된다. T 레지스터(temporary register)는 사용자가 직접 접근할 수 없는 버퍼이다. 연산부에서는 가산, 감산, 승산 등의 산술연산과, AND, OR, EXOR, 로테이트 시프트 등의 논리연산, 그리고 비트 연산을 한다.
제어부	• 프로그램 메모리에 들어 있는 명령어를 순서대로 하나씩 호출하여 실행한다. 명령 레지스터, 명령 해독기, 제어신호로 구성된다.

(5) ATmega 128의 핀과 외형

AT(mega) 128은 64핀 TQFP 타입이다.

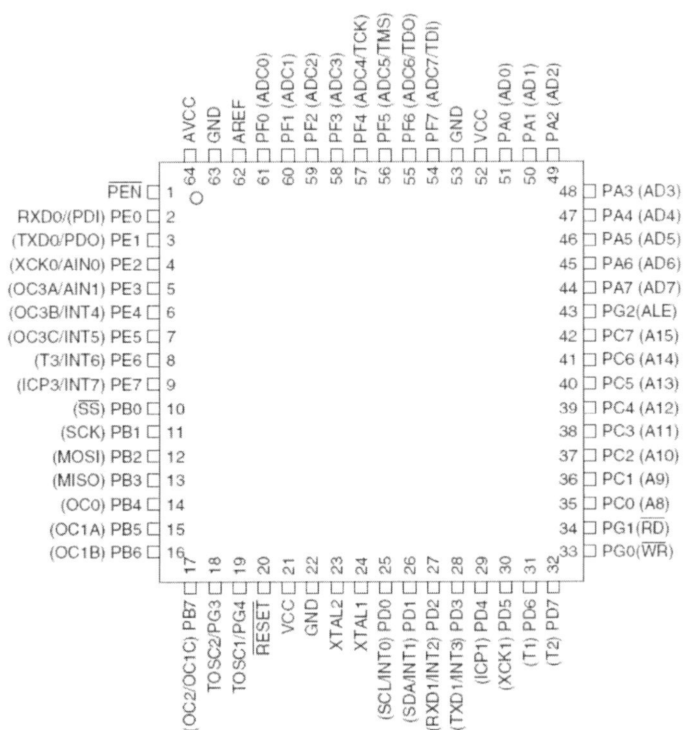

[그림 1-3] ATmega 128의 핀과 외형

(6) ATmega 128 핀의 기능

〈표 1-2〉 ATmega 128 핀의 기능

VCC	공급전압 핀
GND	그라운드 핀
AVCC	ADC 및 포트 F에 대한 공급전원
AREF	ADC 참조전압
포트 A(PA7–PA0)	8 비트 양방향 I/O 포트
포트 B(PB7–PB0)	내부 풀업 저항이 있는 8 비트 양방향 I/O 포트
포트 C(PC7–PC0)	내부 풀업 저항이 있는 8 비트 양방향 I/O 포트
포트 D(PD7–PD0)	내부 풀업 저항이 있는 8 비트 양방향 I/O 포트/별도기능
포트 E(PE7–PE0)	내부 풀업 저항이 있는 8 비트 양방향 I/O 포트/별도기능
포트 F(PF7–PF0)	내부 풀업 저항이 있는 8 비트 양방향 I/O 포트/ADC 아날로그 입력
포트 G(PG4–PG0)	내부 풀업 저항이 있는 5 비트 양방향 I/O 포트/별도기능
RESET	리셋 입력
XTAL1	반전 발진 증폭기 및 내부 클록 회로에 대한 입력
XTAL2	반전 발진 증폭기로부터의 출력
TOSC1	반전 타이머/카운터 발진 증폭기에 대한 입력
TOSC2	반전 타이머/카운터 발진 증폭기에 대한 출력
WR	외부 SRAM 기록 스트로브
RD	외부 SRAM 읽기 스트로브
ALE	외부 메모리 어드레스 래치 인에이블
PEN	저전압 직렬 프로그래밍 모드에 대한 인에이블 핀

제 2 절 I/O 포트

1. I/O 포트 기능

ATmega 128은 포트 A, 포트 B, 포트 C, 포트 D, 포트 E, 포트 F, 포트 G의 7개의 I/O 포트에 53개의 I/O 핀을 가지고 있다. 이들 핀은 타이머/카운터, UART,

ADC 등 다른 기능을 겸하기도 한다. 모든 포트들은 모두 양방향성 내부 풀업의 I/O 포트이며 입력은 슈미트 트리거이고 출력은 버퍼로 되어 있다.

(1) I/O 관련 레지스터

ATmega 128은 I/O 포트를 제어하기 위해서 필요한 두 종류의 레지스터와 하나의 핀 주소(pin address)를 가지고 있다.

포트의 데이터 방향을 결정하는 데이터 방향 레지스터 DDR(DDRA, DDRB, DDRC, DDRD, DDRE, DDRF, DDRG)가 있다.

출력으로 설정된 포트라인에 데이터를 출력하는 데이터 출력 레지스터 PORT (PORTA, PORTB, PORTC, PORTD, PORTE, PORTF, PORTG)가 있다. 핀 주소는 입력으로 설정된 포트 핀의 High/Low 상태를 읽어 들이는 PIN(PINA, PINB, PINC, PIND, PINE, PINF, PING)가 있다.

〈표 1-3〉 I/O 관련 레지스터

레지스터	기 능	리셋 시 값
DDR	포트의 방향을 결정한다. I : 출력, O : 입력	0000 0000
PORT	DDR에 의해서 출력으로 설정되어 있는 경우에 출력을 하면 이것은 포트의 PORT 래치에 기록한다.	0000 0000
PIN	DDR에 의해서 입력으로 설정되어 있는 경우에 핀을 판독하면 포트 I/O 핀의 High/Low 상태를 읽는다.	모두 High 임피던스

1) DDR 레지스터

DDR(Data Direction Register)은 I/O 포트의 입출력을 비트별로 결정한다.

이들 레지스터는 I/O 핀과 일대일로 매칭되어 있다.

DDR 레지스터의 어느 비트를 “0”으로 하면 DDR 래치가 0으로 되어 Tri-state 버퍼가 하이 임피던스가 되므로 PORT 래치의 출력은 나가지 못하게 되고, 버퍼를 통해 입력을 할 수 있게 된다. DDR 레지스터의 어느 비트를 “1”로 하였을 경우에는 DDR 래치가 1로 되어 Tri-state 버퍼가 하이 임피던스에서 풀리므로 래치의 출력은 포트 핀에 출력된다.

2) PORT 레지스터

블록도를 보면 출력의 경우에는 I/O 포트는 PORT 래치에 매칭되어 있어서 해당 포트가 출력으로 설정되어 있다. PORT 레지스터에 어떤 값을 출력하면 그 값은 비트별로 래치에 저장되어 해당 포트 핀에 출력된다.

3) 입력 핀

입력 핀에 따로 주소가 설정되어 있다. 이를 통해 외부 핀의 High/Low 상태를 읽어서 입력을 받는다.

4) I/O 포트의 구조

ATmega 128의 I/O 포트는 모두 양방향 내부 풀업의 I/O 포트이다.
ATmega 128의 I/O 포트의 입력은 슈미트 트리거이고, 출력은 버퍼로 되어 있다.
[그림 1-4]는 디지털 I/O 포트의 구조이다.

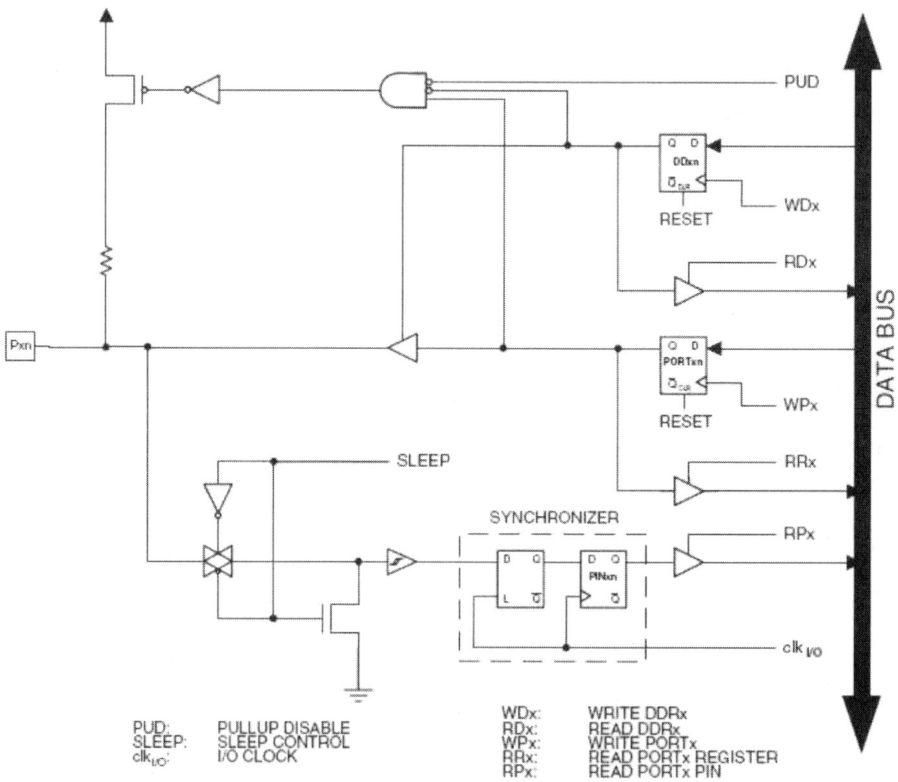

출처 : http://eslectures.blog.me/80141257361

[그림 1-4] 범용 I/o 논리회로도

5) SFIOR 레지스터

① 포트 A

포트 A는 8비트 양방향 I/O 포트이며, 포트 A에 사용되는 레지스터 및 내부 구조를 설명하면 다음과 같다.

㉠ 포트 A에 사용되는 레지스터들

포트 A는 [그림 1-5]에서처럼 데이터 레지스터 PORTA, 데이터 방향 레지스터 DDRA, 포트 A 입력 핀 PINA를 사용한다. PORTA, DDRA는 레지스터로 읽기/쓰기가 가능한 반면에 PINA는 포트 A의 핀 어드레스로 단지 읽기만 된다.

Bit	7	6	5	4	3	2	1	0
$1B($3B)	PORTA7	PORTA6	PORTA5	PORTA4	PORTA3	PORTA2	PORTA1	PORTA0
Read/Write	R/W	R/W	R/W	R/W	R/W	R/W	R/W	R/W
Initial Value	0	0	0	0	0	0	0	0

Bit	7	6	5	4	3	2	1	0
$1A($3A)	DDRA7	DDRA6	DDRA5	DDRA4	DDRA3	DDRA2	DDRA1	DDRA0
Read/Write	R/W	R/W	R/W	R/W	R/W	R/W	R/W	R/W
Initial Value	0	0	0	0	0	0	0	0

Bit	7	6	5	4	3	2	1	0
$19($39)	PINA7	PINA6	PINA5	PINA4	PINA3	PINA2	PINA1	PINA0
Read/Write	R	R	R	R	R	R	R	R
Initial Value	N/A	N/A	N/A	N/A	N/A	N/A	N/A	N/A

[그림 1-5] 포트 A의 비트 구성과 핀 입력(포트 A-G모두 동일 형태. 초기값은 모두 "0")

- 모든 포트 핀들은 각각 풀업 저항을 선택할 수 있다.
- 출력으로 사용할 경우, 20mA를 싱크 전류로 사용할 수 있어서 LED를 직접 구동할 수 있다.
- 입력으로 사용할 경우, 내부 풀업이 액티브 상태면 "Low" 상태를 만들 수 있다.
- A-D 컨버터의 입력으로 사용할 때 포트 A핀이 출력으로 되어 있으면 올바르게 변환을 할 수 없다.
- 파워다운 모드에서는 디지털 입력은 하이 임피던스가 되어 연결되지 않는다.

- PINA는 레지스터가 아니라, 각 포트 A핀의 물리적인 입력값으로 액세스가 가능하게 한 것이다.
- 포트 A를 리드하면 포트 A 래치를 리드하는 것이고, PINA를 리드하는 것은 핀의 논리값을 리드하는 것이다.

㉡ 디지털 입출력장치로서의 포트 A

포트 A의 모든 핀은 디지털 입출력장치로 사용할 경우에는 기능적으로 같으며, DDRA 레지스터를 이용하여 포트 A 핀의 방향을 결정한다. 포트 핀은 리셋 조건일 때는 클록이 동작하지 않더라도, 하이 임피던스 상태가 된다.

〈표 1-4〉 포트 A 핀에 대한 DDRAn의 효과(n : 0~7 핀 번호)

DDRAn	PORTAn	입출력	풀업	코멘트
0	0	입력	no	하이 임피던스
0	1	입력	yes	외부에서 PAn 핀이 "L"이 되면, "L" 상태가 된다.
1	0	출력	no	풀업 "0" 출력
1	1	출력	no	풀업 "1" 출력

㉢ 포트 A의 구조

아래 그림에는 나타내지 않았지만 포트 A의 모든 핀은 동기화되어 있다.

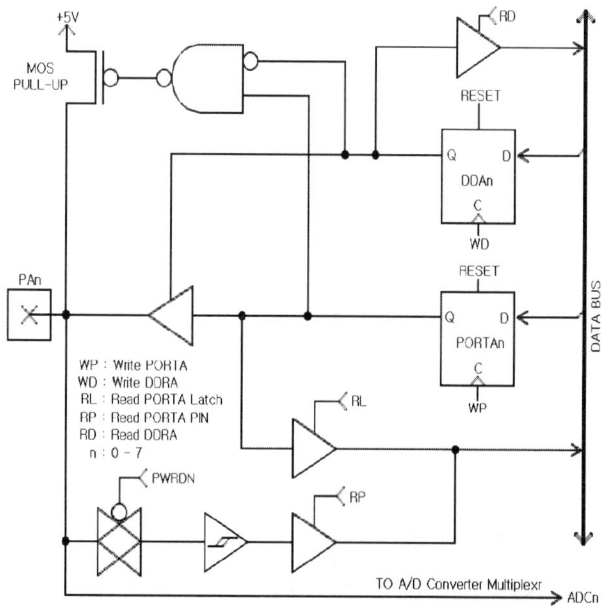

[그림 1-6] 포트 A의 내부 구조도

〈표 1-5〉 포트 A의 기능

포트 핀	다른 기능
PA7	AD7(외부 메모리 인터페이스 및 데이터 버스 7)
PA6	AD6(외부 메모리 인터페이스 및 데이터 버스 6)
PA5	AD5(외부 메모리 인터페이스 및 데이터 버스 5)
PA4	AD4(외부 메모리 인터페이스 및 데이터 버스 4)
PA3	AD3(외부 메모리 인터페이스 및 데이터 버스 3)
PA2	AD2(외부 메모리 인터페이스 및 데이터 버스 2)
PA1	AD1(외부 메모리 인터페이스 및 데이터 버스 1)
PA0	AD0(외부 메모리 인터페이스 및 데이터 버스 0)

㉣ 포트 A의 다른 기능

포트 A는 외부 메모리 인터페이스를 위한 주소 버스의 하위 바이트 및 데이터 버스로서의 기능을 가진다.

② 포트 B

포트 B는 8 비트 양방향 I/O 포트이며, 포트 B의 모든 핀은 디지털 입출력장치로 사용할 경우에는 기능적으로 같으며, DDRB 레지스터를 이용하여 포트 B 핀의 방향을 결정한다.

포트 핀은 리셋 조건일 때는 클록이 동작하지 않더라도, 하이 임피던스 상태가 된다. 포트 B에 사용되는 레지스터 및 내부 구조를 살펴보면 다음과 같다.

- 모든 포트 핀들은 각각 풀업 저항을 선택할 수 있다.
- 출력으로 사용할 경우, 20mA를 싱크할 수 있어서 LED를 직접 구동할 수 있다.
- 입력으로 사용할 경우, 내부 풀업이 액티브 상태면 "Low" 상태를 만들 수 있다.
- PINB는 레지스터가 아니라, 각 포트 B 핀의 물리적인 값으로 액세스가 가능하게 한 것이다.
- 포트 B를 읽으면 포트 B 래치를 읽는 것이고, PINB를 읽는 것은 핀의 논리값을 읽는 것이다.
- 포트 B는 〈표 1-6〉과 같이 다른 기능을 갖고 있다. 다른 기능으로 사용할 경우에는 DDRB, PORTB 레지스터는 다른 기능의 설명에서처럼 설정되어 있어야 한다.

〈표 1-6〉 포트 B 핀에 대한 DDRBn의 효과(n : 0~7 핀 번호)

DDRBn	PORTBn	입출력	풀업	코멘트
0	0	입력	no	하이 임피던스
0	1	입력	yes	외부에서 PBn 핀이 "L"이 되면, "L" 상태가 된다.
1	0	출력	no	풀업 "0" 출력
1	1	출력	no	풀업 "1" 출력

③ 포트 C

포트 C는 8 비트 양방향 I/O 포트이며, 포트 C에 사용되는 레지스터 및 내부 구조를 살펴보면 포트 C에 사용되는 레지스터로는 데이터 레지스터 PORTC, 데이터 방향 레지스터 DDRC, 포트 C 입력 핀 PINC를 사용한다. PORTC, DDRC는 레지스터로 읽기/쓰기가 가능한 반면에 PINC는 포트 C의 핀 어드레스로 단지 읽기만 된다. 포트 C의 모든 핀은 디지털 입출력장치로 사용할 경우에는 기능적으로 같으며, 〈표 1-7〉에서와 같이 DDRC 레지스터를 이용하여 포트 C 핀의 방향을 결정한다.

포트 핀은 리셋 조건일 때는 클록이 동작하지 않더라도, 하이 임피던스 상태가 된다.

- 모든 포트 핀들은 각각 풀업 저항을 선택할 수 있다(표 1-7 참조).
- 출력으로 사용할 경우, 20mA를 싱크할 수 있어서 LED를 직접 구동할 수 있다.
- 입력으로 사용할 경우, 내부 풀업이 액티브 상태면 "Low" 상태를 만들 수 있다.

〈표 1-7〉 포트 C 핀에 대한 DDRCn의 효과(n : 0~7 핀 번호)

DDRCn	PORTCn	입출력	풀업	코멘트
0	0	입력	no	하이 임피던스
0	1	입력	yes	외부에서 PCn 핀이 "L"이 되면, "L" 상태가 된다.
1	0	출력	no	풀업 "0" 출력
1	1	출력	no	풀업 "1" 출력

〈표 1-8〉 포트 C의 기능

포트 핀	다른 기능
PC7	A15
PC6	A14
PC5	A13
PC4	A12
PC3	A11
PC2	A10
PC1	A9
PC0	A8

- PINC는 레지스터가 아니라, 각 포트 C 핀의 물리적인 값으로 액세스가 가능하게 한 것이다.
- 포트 C를 읽으면 포트 C 래치를 읽는 것이고, PINC를 리드하는 것은 핀의 논리값을 읽는 것이다.
- 포트 C는 외부 메모리 인터페이스에 대한 주소 버스의 상위 바이트로서의 기능을 가진다.

④ 포트 D

포트 D는 8 비트 양방향 I/O 포트이며, 포트 D에 사용되는 레지스터로는 데이터 레지스터 PORTD, 데이터 방향 레지스터 DDRD, 포트 D 입력 핀 PIND를 사용한다. PORTD, DDRD는 레지스터로 읽기/쓰기가 가능한 반면에 PIND는 포트 D의 핀 어드레스로 단지 읽기만 된다.

- 모든 포트 핀들은 각각 풀업 저항을 선택할 수 있다.
- 출력으로 사용할 경우, 20mA를 싱크할 수 있어서 LED를 직접 구동할 수 있다.
- 입력으로 사용할 경우, 내부 풀업이 액티브 상태면 "Low" 상태를 만들 수 있다.
- PIND는 레지스터가 아니라, 각 포트 D 핀의 물리적인 값으로 액세스가 가능하게 한 것이다.

〈표 1-9〉 포트 D의 기능

포트 핀	다른 기능
PD7	T2(타이머/카운터 2 클록 입력)
PD6	T1(타이머/카운터 1 클록 입력)
PD5	XCK(UART1 외부 클록 입력/출력)
PD4	IC1(타이머/카운터 1 입력 캡처 트리거)
PD3	INT3/TXD1(외부 인터럽트 3 입력 또는 UART1 송신 핀)
PD2	INT2/RXD1(외부 인터럽트 2 입력 또는 UART1 수신 핀)
PD1	INT1/SDA(외부 인터럽트 1 입력 또는 TWI 직렬 데이터)
PD0	INT0/SCI(외부 인터럽트 0 입력 또는 TWI 직렬 클록)

- 포트 D를 읽으면 포트 D 래치를 읽는 것이고, PIND를 읽는 것은 핀의 (입력) 논리값을 읽는 것이다.
- 포트 D는 〈표 1-9〉와 같이 핀마다 각기 다른 기능을 갖고 있다.
- 디지털 입출력장치로서의 포트 D

  포트 D의 모든 핀은 디지털 입출력장치로 사용할 경우에는 기능적으로 같으며, 〈표 1-10〉에서와 같이 DDRD 레지스터를 이용하여 포트 D 핀의 방향을 결정한다. 포트 핀은 리셋 조건일 때는 클록이 동작하지 않더라도, 하이 임피던스 상태가 된다.

〈표 1-10〉 포트 D 핀에 대한 DDRDn의 효과(n : 0~7 핀 번호)

DDRDn	PORTDn	입출력	풀업	코멘트
0	0	입력	no	하이 임피던스
0	1	입력	yes	외부에서 PDn 핀이 “L”이 되면, “L” 상태가 된다.
1	0	출력	no	풀업 “0” 출력
1	1	출력	no	풀업 “1” 출력

⑤ 포트 E

포트 E의 기능은 〈표 1-11〉과 같다.

〈표 1-11〉 포트 E의 기능

포트 핀	다른 기능
PE7	INT7/IC3(외부 인터럽트 7 입력, 타이머/카운터 3 입력 캡처 트리거)
PE6	INT6/T3(외부 인터럽트 6 입력 또는 타이머/카운터 3 클록 입력)
PE5	INT5/OC3C(외부 인터럽트 5 입력, 타이머/카운터 3 출력비교, PWM 출력 C)
PE4	INT4/OC3B(외부 인터럽트 4 입력, 타이머/카운터 3 출력비교 및 PWM 출력 B)
PE3	AIN1/OC3A(아날로그 비교기 −입력, 타이머/카운터 3 출력비교, PWM 출력 A)
PE2	AIN0/XCK0(아날로그 비교기 +입력 또는 UART0 외부 클록 입력/출력)
PE1	PD0/TXD0(프로그래밍 데이터 출력 또는 UART0 송신 핀)
PE0	PD1/RXD0(프로그래밍 데이터 입력 또는 UART0 수신 핀)

⑥ 포트 F 기능

포트 F의 다른 기능은 〈표 1-12〉와 같다.

〈표 1-12〉 포트 F의 기능

포트 핀	다른 기능
PF7	ADC7/TDI(ADC 입력 채널 7 또는 JTAG 테스트 데이터 입력)
PF6	ADC6/TDO(ADC 입력 채널 6 또는 JTAG 테스트 데이터 출력)
PF5	ADC5/TMS(ADC 입력 채널 5 또는 JTAG 테스트 모드 선택)
PF4	ADC4/TCK(ADC 입력 채널 4 또는 JTAG 테스트 클록)
PF3	ADC3(ADC 입력 채널 3)
PF2	ADC2(ADC 입력 채널 2)
PF1	ADC1(ADC 입력 채널 1)
PF0	ADC0(ADC 입력 채널 0)

⑦ 포트 G의 기능

포트 G의 다른 기능은 〈표 1-13〉과 같다.

〈표 1-13〉 포트 G의 기능

포트 핀	다른 기능
PG4	TOSC1(RTC 발진 타이머/카운터 0 핀 1)
PG3	TOSC2(RTC 발진 타이머/카운터 0 핀 2)
PG2	ALE(외부 메모리 주소 래치 인에이블)
PG1	RD(외부 메모리 판독 스트로브)
PG0	WR(외부 메모리 기록 스트로브)

(2) 제어신호

- AVCC : A-D 컨버터 및 포트 F의 전원(아날로그 장치에 공급하는 별도의 전원)
- AREF : A-D 컨버터의 참조전압
- PEN : SPI를 활성화시키는 프로그래밍 인에이블 핀
- RESET : 리셋 신호, 최소 50Ns 이상 Low 상태 유지 필요
- XTAL1, XTAL2 : 크리스털이나 오실레이터가 연결되어야 함.
- VCC, GND : 전원연결단자

2. 메모리 구조

AT(mega) 128의 메모리 구조는 [그림 1-7]과 같으며, 각 메모리의 기능은 다음과 같다.

- 프로그램 메모리 : 64k의 크기이며, 사용자가 프로그램을 ISP 방법으로 써넣는다.
- 32개의 범용 워킹 레지스터 : 어드레스 0x20~0x5f의 64개의 영역으로 되어 있으며, 컨트롤 레지스터, 타이머/카운터, A-D 컨버터, 다른 I/O 기능을 제어한다.
- 내부 SRAM : 512 바이트 내부 SRAM은 데이터 저장 및 스택 등으로 사용한다.
- EEPROM : 512 바이트로 구성된 EEPROM은 데이터 저장으로 사용한다.

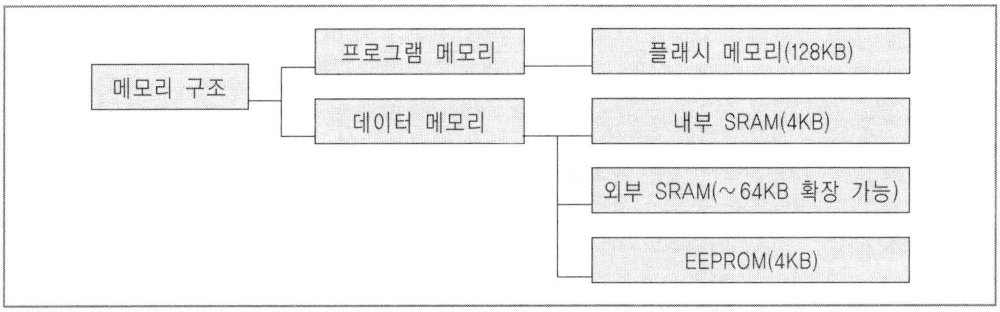

[그림 1-7] 메모리 구조

(1) 프로그램 메모리

ATmega 128은 프로그램 코드를 저장하고 실행하기 위해 필요한 메모리로 내부 128KB(byte)에 해당되는 플래시 메모리를 내장하고 있다. ATmega 128의 프로그램 메모리에 해당되는 내부 플래시 메모리는 각 번지가 16 bit씩 이뤄져 있다. 그러한 메모리 번지가 $0000(십진수로 환산하면 '0')부터 $FFFF(십진수로 환산하면 65535 = 64K)까지 있으므로 내부 플래시 메모리의 총용량은 16 bit × 64 = 128KB(byte)가 됨을 알 수 있다.

대체적으로 마이크로프로세서 칩에 따라 각각의 메모리 구조가 메모리 번지의 형태로 표시됨을 쉽게 볼 수 있다. 이러한 메모리 번지가 프로세서에 따라 비트 수가 달리 계산되는데 각 프로세서가 사용하는 명령어(instruction)들이 서로 다른 비트 수로 구성되어 있기 때문이다. 예를 들어 대표적인 32 비트 프로세서인 ARM의 경우엔 명령어가 모두 32 비트로 구성되기 때문에 메모리 번지가 32 비트로 구성되어 있으며, AVR의 경우엔 모든 명령어가 16 비트 혹은 32 비트로 구성되어 있기 때문에 각 메모리 번지가 16 비트로 구성되는 것이다.

또한, 내부 플래시 메모리 그림에서 보면 프로그램 메모리, 즉, 내부 플래시 메모리 영역이 Boot Flash Section과 Application Flash Section으로 나누어져 있음을 알 수 있는데, 이는 AVR이 지원하는 Self-Programing과 관련이 있다.

ATmega 128을 제어하기 위한 프로그램 코드를 개발하여 컴파일하면 최종적으로 HEX 포맷 코드가 생성되는데, 이 코드가 저장되는 공간이 바로 Application Flash Section 영역이다. 이렇게 PC에 있는 HEX 코드를 ATmega 128의 내부 플래시 메모리에 저장하기 위해선 ISP(In-System Programing) 포트를 이용하여 하드웨어적으로 처리하는 방법이 있다.

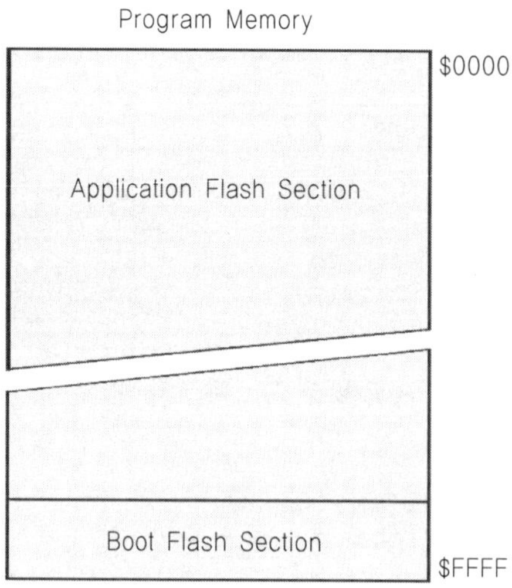

[그림 1-8] 프로그램 메모리

Boot Flash Section 영역은 ISP 포트를 이용하지 않고도 HEX 코드를 ATmega 128 내부 플래시 메모리에 저장할 수 있는 방법을 제공하기 위해 존재하는 영역이다. 최초로 이 영역에 ATMEL사에서 설명되어 있는 형태의 Boot Loader HEX 코드를 ISP 포트를 통해 Boot Flash Section 영역에 저장시켜 놓으면, 이후부터는 이 영역에 저장된 Boot Loader를 통해 ISP 포트를 통하지 않고도 PC에 있는 HEX 코드를 ATmega 128 내부 플래시 메모리(application flash section)에 저장할 수 있으며 이러한 방식을 Self-Programing이라고 한다.

이러한 Self-Programing 방식은 주로 ATmega 128 기반으로 개발된 제품의 내부 프로그램 코드(firmware)를 소프트웨어적으로 업그레이드할 경우 주로 사용된다.

프로그램 코드를 저장하고 실행시키기 위해 필요한 메모리 ATmega 128의 경우 128K byte의 크기로 ISP가 가능한 내부 플래시 메모리가 이에 해당된다. 16 비트 단위로 접근 가능한 64K byte의 주소공간(0000번지에서 FFFF번지)을 갖는 플래시 롬이 된다.

(2) 데이터 메모리

특정 목적을 위해 개발되는 임베디드 시스템 상에서 주로 많이 사용되는 프로세서, 즉, 마이크로컨트롤러(MCU)를 이해하기 위해선 마이크로컨트롤러 내부에 내장되어 있는 레지스터(register)에 대해 이해해야만 한다. 마이크로컨트롤러 외부에

달려 있는 핀(pin)들을 제어하려고 해도 이 핀이 입력(input)용으로 쓰일 것인지, 혹은 출력(output)용으로 쓰일 것인지부터, 실제 해당 핀으로 보내거나 받을 데이터, 즉, 신호의 값(signal value)을 읽거나 쓰려 해도 모두 다 해당되는 레지스터를 제어해야만 처리할 수 있기 때문이다.

이러한 레지스터는 종류에 따라 크게 2가지로 나누어진다. 실제 ALU 연산에 필요한 데이터들을 임시로 저장하는 데 사용되는 범용 레지스터(general purpose register)와 칩의 I/O 제어나 상태보고 등의 특수기능들을 수행하는 레지스터(special function register)이다. 프로그램 코드가 실행되는 도중 발생되는 데이터를 전원이 켜 있는 동안 일시적으로 저장하거나 전원이 나가더라도 지속적으로 유지되어야 할 별도의 데이터(주로 시스템 파라미터 등)를 저장하기 위해 마련된 읽고(read) 쓰기(write)가 가능한 메모리이다.

ATmega 128의 경우엔 SRAM과 EEPROM이 이에 해당하며 크게 램과 롬으로 나뉠 수 있다.

램(RAM)은 32 바이트의 범용 레지스터(0000번지에서 001F번지), 64 바이트의 I/O 레지스터, 그리고 4K의 SRAM이 내장되어 있고, 롬(ROM)은 EEPROM으로 10만 번 쓰기가 가능한 4K byte가 내장되어 있다.

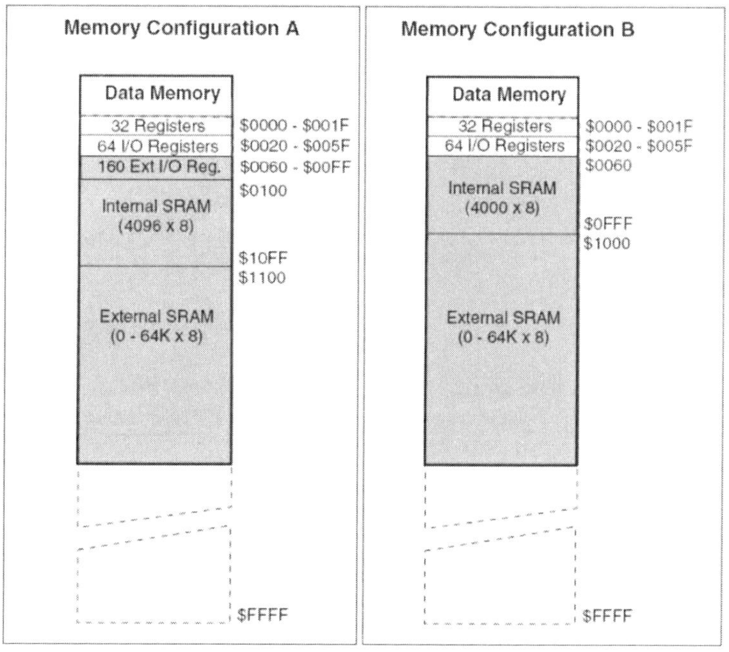

[그림 1-9] SRAM데이터 메모리

(3) 외부 데이터 메모리

0x1100~0xffff 번지에 외부 데이터 메모리를 연결하여 사용이 가능하다.

외부 램, 외부 플래시 롬 또는 LCD나 A-D 컨버터와 같은 주변장치의 인터페이스용으로 사용 가능하며 또 외부 메모리 인터페이스 기능을 가진다.

주변장치와 적절한 인터페이스를 위한 0~3의 대기 사이클 지정이 가능하다.

2개의 섹터로 외부 데이터 메모리를 분할하고 이들에 독립적인 대기 사이클을 지정할 수 있다.

16 비트 주소의 상위 바이트 중에서 필요한 개수의 비트만을 주소 버스로 동작하게 할 수 있다.

데이터 버스의 신호들이 동작할 때 전류 소비량이 감소되도록 BUS-keeper 기능을 설정할 수 있다.

3. 시스템 클록

마이크로프로세서 내부의 각 구성 부분들은 모두 항상 클록 신호를 필요로 하지는 않으므로 소비전력을 감소시키기 위하여 각 부분에 별도의 클록을 공급하고 개별적으로 슬립 모드를 사용하여 이들 클록 공급을 차단하고 있다.

(1) 입력 클록의 종류

입력 클록의 종류에는 다음과 같은 것들이 있다.

① CPU 클록 : 범용 레지스터, 상태 레지스터, 데이터 메모리와 같은 AVR의 핵심적인 동작과 관련된 클록
② I/O 클록 : 타이머, SPI, USART 등 I/O 모듈 대부분에서 사용되는 클록
③ 플래시 클록 : 플래시 롬과의 인터페이스를 제어하는 클록
④ 비동기 타이머 클록 : 외부 32kHz 수정 발진기를 소스로 하는 비동기 타이머용 클록
⑤ A-D 컨버터 클록 : A-D 컨버터용의 클록

(2) 클록 발생원

CKSEL3~0와 SUT1~0, XDIV 레지스터를 이용하여 클록 발생원과 주파수를 설정

하며 클록 발생원은 다음과 같은 5가지가 있다.

① 내부 RC(디폴트 클록) 발진기 : 내장된 RC 발진기를 사용하는 경우
② 외부 RC 발진기 : 정밀한 타이밍이 요구되지 않는 용도로 외부에 RC 소자를 접속한 발진회로를 사용
③ 외부 수정 발진기 : 외부에 크리스털 또는 세라믹 레조네이터(resonator)를 사용하는 경우
④ 저주파 수정 발진기 : 외부에 32.768kHz의 낮은 주파수 크리스털을 사용하는 경우
⑤ 외부 클록 : 외부 다른 보드(8051 보드, PIC 보드) 등의 클록을 가져와 XTAL1 단자에 연결

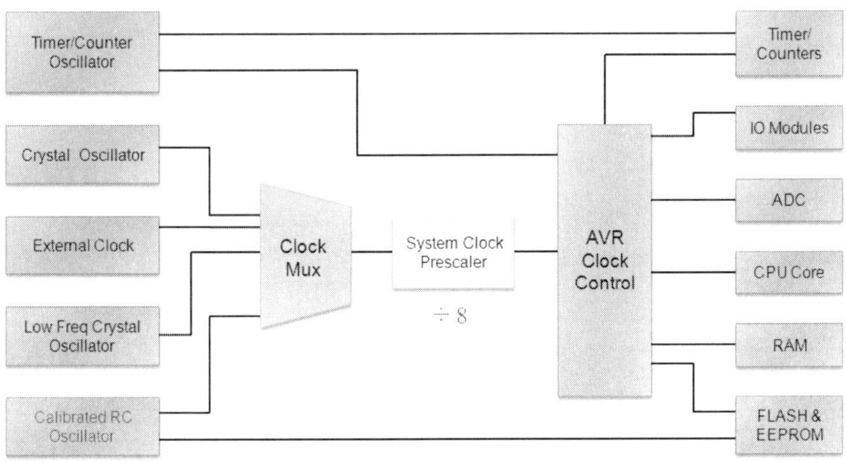

[그림 1-10] 시스템 클록 소스와 결합

4. 시스템 특수기능

(1) 슬립 모드

ATmega 128에는 전원을 절약할 수 있는 6가지의 다양한 슬립(sleep) 모드가 제공되는데, MCUCR(MCU Control Register) 레지스터를 설정하여 모드를 선택하고, SLEEP 명령을 실행하여 슬립 모드에 돌입하도록 한다.

1) Idle 모드

CPU의 동작은 멈추지만 SPI, USART, 아날로그 비교기, ADC, TWI, 타이머, 워치도그, 인터럽트의 동작은 유지된다. CPU 클록과 플래시 클록은 차단되지만 나머지 클록은 공급된다.

2) ADC Noise Reduction 모드

CPU의 동작은 멈추지만 ADC, TWI, 타이머 0, 워치도그, 인터럽트의 동작은 유지된다. CPU 클록과 플래시 클록, 그리고 I/O 클록은 차단되지만 나머지 클록은 공급된다. ADC가 잡음의 영향을 덜 받아서 정밀하게 동작할 수 있도록 하는 모드로 ADC의 동작이 활성화된 경우 ADC Noise Reduction 모드로의 돌입은 ADC 변환이 자동으로 시작된다.

3) Power-down 모드

외부 수정 발진기 또는 세라믹 레조네이터의 동작이 정지되며 TWI, 워치도그, 인터럽트의 동작은 유지된다. 모든 클록이 차단되어 비동기 모듈의 동작만이 가능하다. 이 모드가 해제될 때는 클록이 안정적으로 되기 위해 충분한 여유 기동시간이 필요한데 이를 사용자가 지정할 수 있다.

4) Power-save 모드

Power-down 모드와 유사하나 ASSR 레지스터의 AS0 비트를 1로 설정하여 타이머 0을 TOSC1, TOSC2 단자로 입력되는 외부 클록에 의하여 비동기로 동작시킬 때 사용하는 것이 다른 점이다. 비동기 타이머 클록을 제외한 모든 클록이 차단된다.

5) Standby 모드

외부 수정 발진기 또는 세라믹 레조네이터를 클록 발생원으로 한 경우에만 가능한 슬립 모드로 Power-down 모드와 유사하나 발진기가 동작하는 것이 다르다. 해제되어 정상동작이 개시되는 데 6개의 클록 사이클만이 소요된다.

6) Extended Standby 모드

확장 슬립 모드는 슬립 모드 제어 레지스터(SMCR)로 설정한다. SMCR에서 SE 비트는 슬립 명령이 실행되었을 때 슬립 모드로 들어가도록 허용하며 SM2-0 비트는 슬립 모드 설정에 관여한다. 이 중에서 스탠바이 모드와 익스텐디드 스탠바이 모드는 외부에 크리스털 또는 세라믹 레조네이터를 사용했을 경우에만 유효하다.

(2) 슬립 모드의 해제

슬립 모드의 해제에는 두 가지가 있다.

1) 인터럽트에 의한 해제

슬립 모드 안에서 인터럽트를 만나면 MCU가 동작을 시작하고 슬립 모드가 해제되는데 기동시간 이외에 4사이클이 더 경과한 후에 동작이 개시되고 인터럽트 서비스를 모두 실행하고 슬립 모드에 돌입하도록 한 이전의 SLEEP 명령의 바로 뒤에 이어지는 명령으로 복귀된다. 해제된 모든 레지스터와 메모리에 있는 내용은 슬립 모드 이전의 값이 보존된다.

2) 리셋에 의한 해제

슬립 모드에서 리셋이 발생하면 슬립 모드가 해제되고 리셋 동작이 수행된다.

(3) 리셋 모드

시스템이 리셋되면 모든 I/O 레지스터들이 디폴트값으로 초기화된다. 그리고 프로그램은 리셋 벡터로부터 시작된다.

리셋 입력이 액티브되면 리셋 동작이 시작되며 병렬 I/O 포트가 즉시 디폴트값으로 출력된다.

시스템의 리셋 소스는 5가지가 있다.

1) POWER-on 리셋

전원전압이 드레쉬홀드 전압(Threshold Voltage) 이하인 때 시스템이 리셋되는 것이다.

2) 외부 리셋

리셋 입력 핀에 지정된 최소 폭 이상의 로우 레벨 펄스가 입력되어 리셋되는 경우이다.

3) 워치도그 리셋

워치도그 타이머에 의한 리셋을 말한다.

4) 브라운아웃 리셋(저전압검출 리셋)

전원전압이 지정된 시간 동안 브라운아웃(brown-out) 리셋 드레쉬홀드 이하로 떨어져 브라운아웃 디텍터가 동작함으로써 리셋되는 경우이다.

5) JTAG AVR 리셋

JTAG 시스템에서 리셋 레지스터에 논리값 1을 저장시키고 이에 관련된 하드웨어가 동작함으로써 시스템이 리셋되는 것이다.

chapter 2

개발환경 설정

- 제 1 절　개　요
- 제 2 절　소프트웨어 설치
- 제 3 절　소프트웨어 사용하기

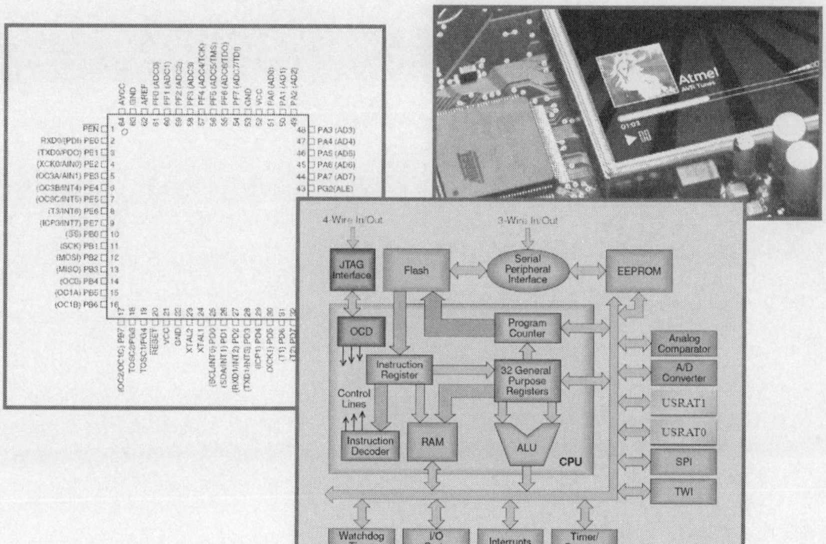

제 1 절 개 요

마이크로컨트롤러는 CPU에서 동작하기 위한 프로그램을 작성하고 이를 기계어로 바꾸어 줄 컴파일러가 필요하고 최종적으로는 프로그램의 오류를 찾아내기 위한 디버깅 툴이 필요하다. MCU로 제어하는 시스템을 개발하려면 소프트웨어적인 프로그램의 작성에 이어 하드웨어적인 장치의 설계와 제작이 있어야 한다.

프로그램 작성에는 일반적으로 C언어, 또는 어셈블리 언어를 사용하여 프로그래밍한 후 이를 시스템에서 실행시키는 방법으로 ICE, ROM-emulator, ROM-writer, 칩의 내장된 프로그램 메모리(flash memory)에 프로그램을 적재시킬 수 있는 ISP 툴을 이용하는 방법이 있다.

이같이 마이크로컨트롤러를 이용하는 임베디드 시스템에 필요한 툴들을 개발환경이라 하며 소프트웨어적인 프로그램의 설치 및 셋업을 개발환경 설정이라 한다.

제 2 절 소프트웨어 설치

1. AVR Studio

AVR MCU를 이용하기 위해서는 이를 설계하기 위한 개발환경이 필요한데 AVR 디바이스를 제공하는 ATMEL사에서 무료 소프트웨어로 AVR Studio를 이용한다. 이 소프트웨어는 ATMEL사의 홈페이지(http://www.atmel.com)에서 다운로드받을 수 있다.

AVR Studio는 AVR 설계에 필요한 코드 작성, 컴파일, 다운로드 등 일련의 개발 기능을 하나의 소프트웨어로 제공하는 통합 개발환경이다.

(1) AVR Studio 툴 다운로드

• 1단계 : http://www.atmel.com으로 들어가서 검색창에 “avr studio”를 입력한다.

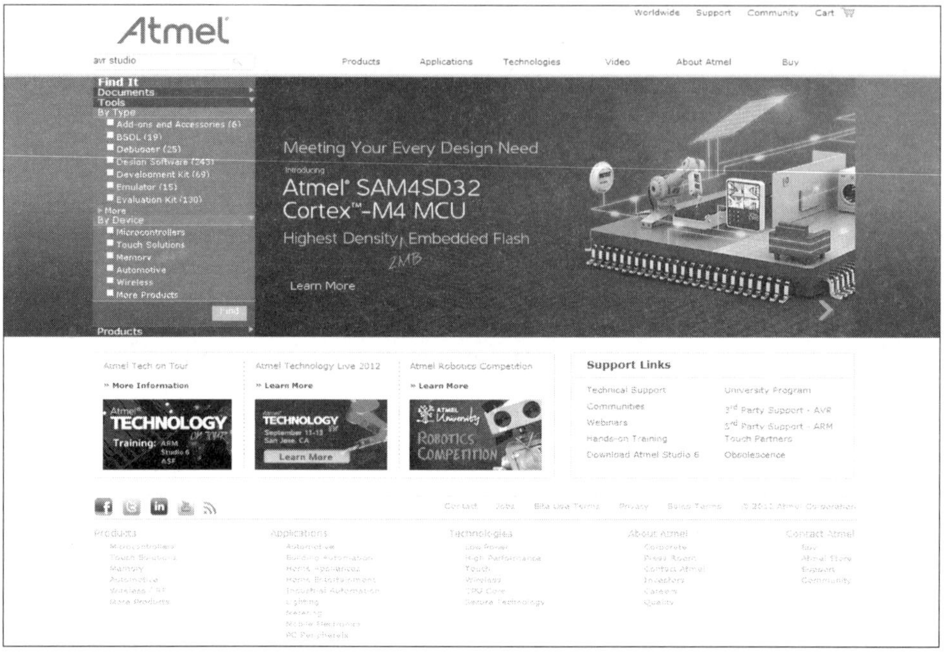

• 2단계 : 검색어 입력 후 나온 화면에서 "Download Atmel Studio"를 클릭하여 http://www.atmel.com/tools/atmelstudio.aspx 페이지로 이동한다.

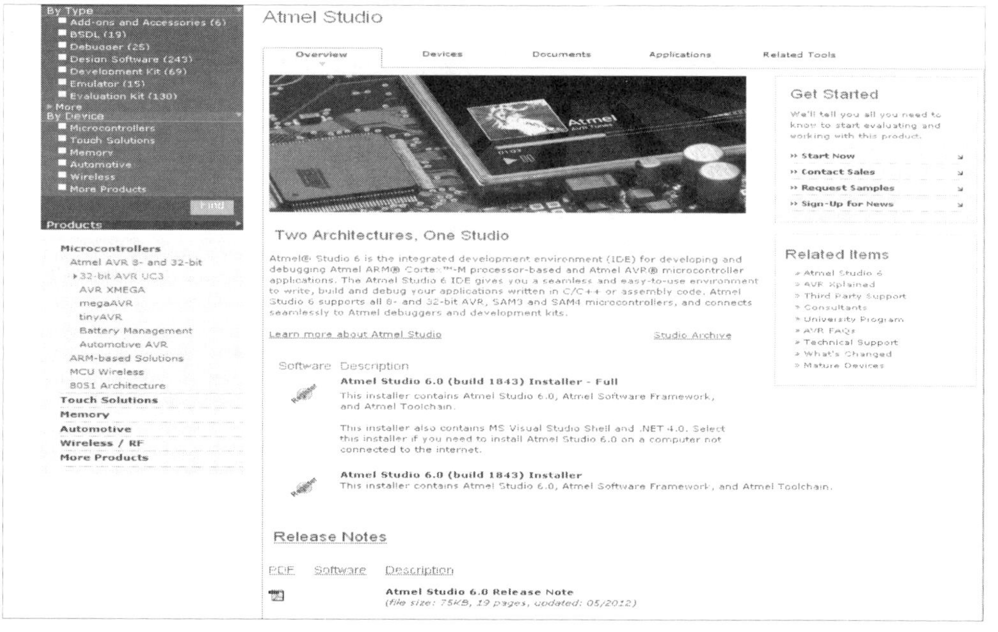

• 3단계 : 아래 화면에서 아랫부분의 소프트웨어를 클릭하여 다운로드한다.

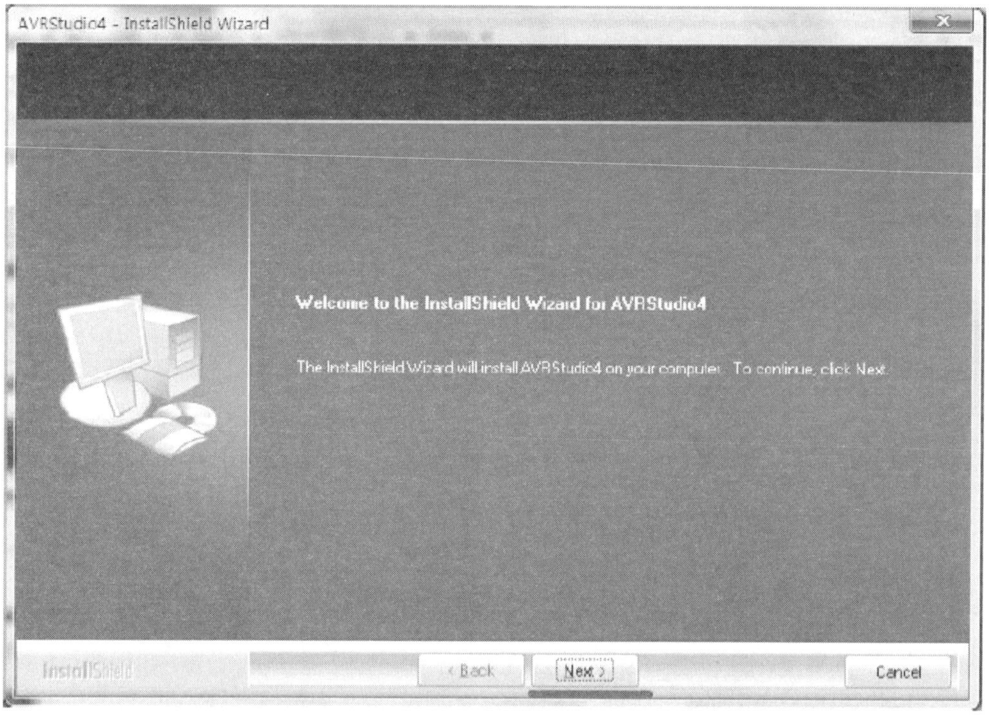
AVRStudio4 - InstallShield Wizard
Welcome to the InstallShield Wizard for AVRStudio4
The InstallShield Wizard will install AVRStudio4 on your computer. To continue, click Next.
InstallShield
< Back
Next >
Cancel

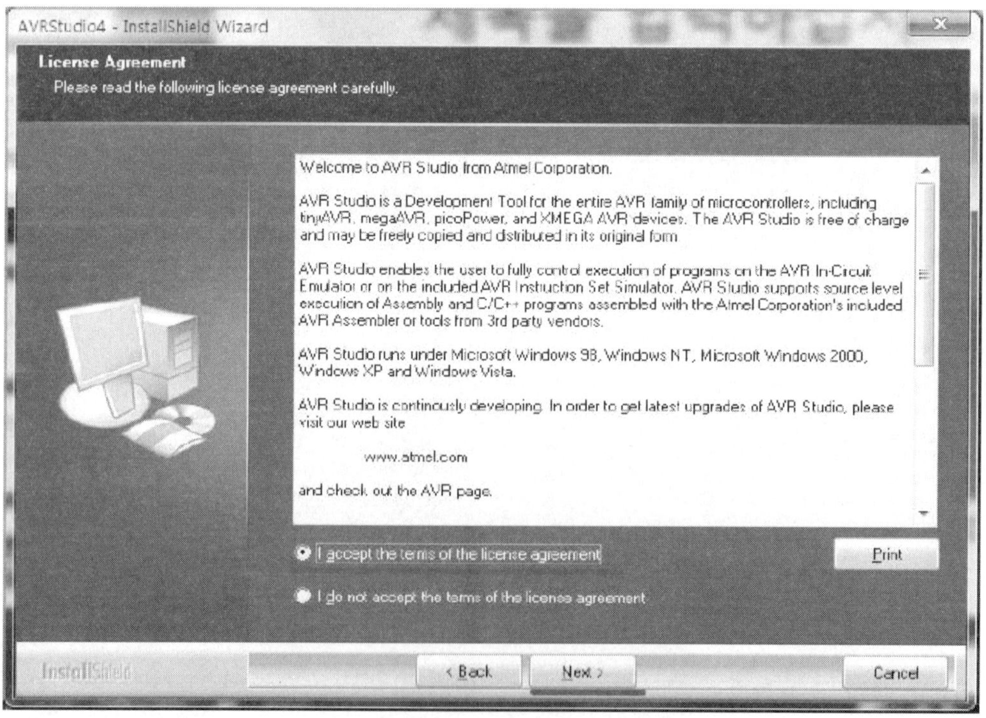
AVRStudio4 - InstallShield Wizard
License Agreement
Please read the following license agreement carefully.
Welcome to AVR Studio from Atmel Corporation.
AVR Studio is a Development Tool for the entire AVR family of microcontrollers, including tinyAVR, megaAVR, picoPower, and XMEGA AVR devices. The AVR Studio is free of charge and may be freely copied and distributed in its original form.
AVR Studio enables the user to fully control execution of programs on the AVR In-Circuit Emulator or on the included AVR Instruction Set Simulator. AVR Studio supports source level execution of Assembly and C/C++ programs assembled with the Atmel Corporation's included AVR Assembler or tools from 3rd party vendors.
AVR Studio runs under Microsoft Windows 98, Windows NT, Microsoft Windows 2000, Windows XP and Windows Vista.
AVR Studio is continously developing. In order to get latest upgrades of AVR Studio, please visit our web site
www.atmel.com
and check out the AVR page.
I accept the terms of the license agreement
Print
I do not accept the terms of the license agreement
InstallShield
< Back
Next >
Cancel

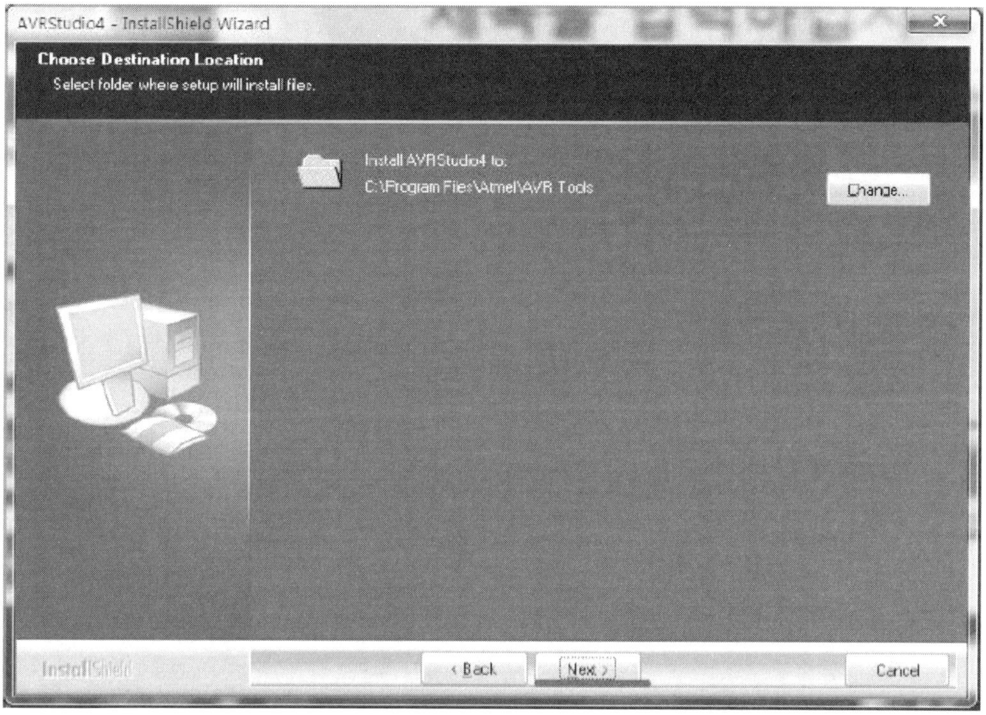
AVRStudio4 - InstallShield Wizard
Choose Destination Location
Select folder where setup will install files.
Install AVRStudio4 to:
C:\Program Files\Atmel\AVR Tools
Change...
InstallShield
< Back
Next >
Cancel

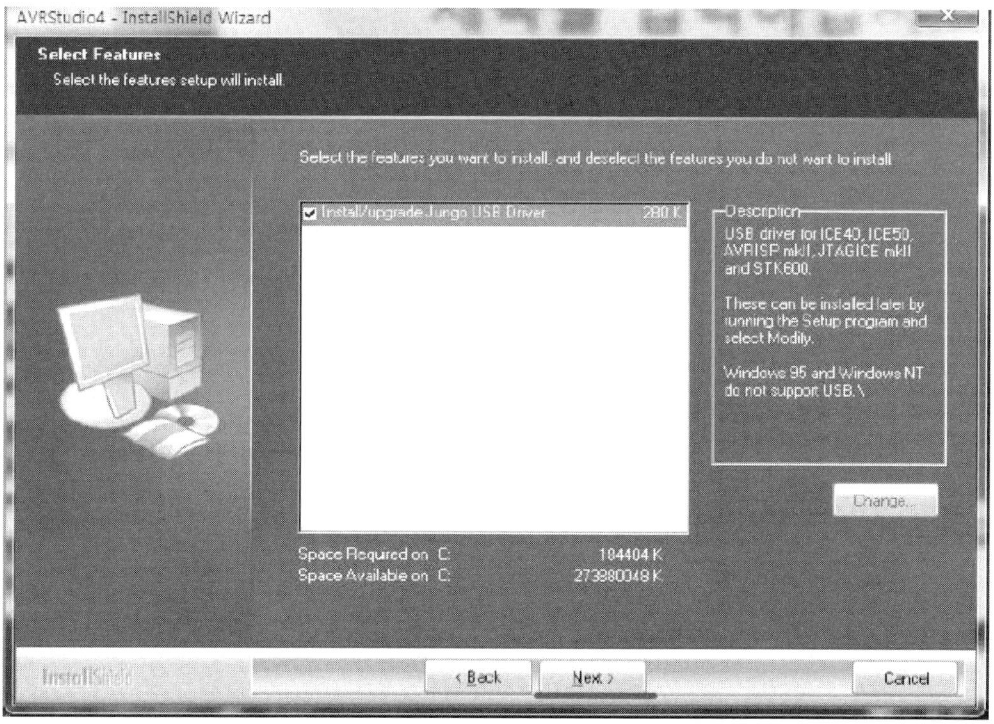
AVRStudio4 - InstallShield Wizard
Select Features
Select the features setup will install.
Select the features you want to install, and deselect the features you do not want to install.
Install/upgrade Jungo USB Driver
280 K
Description
USB driver for ICE40, ICE50, AVRISP mkII, JTAGICE mkII and STK600.
These can be installed later by running the Setup program and select Modify.
Windows 95 and Windows NT do not support USB.\
Change...
Space Required on C:
184404 K
Space Available on C:
273880048 K
InstallShield
< Back
Next >
Cancel

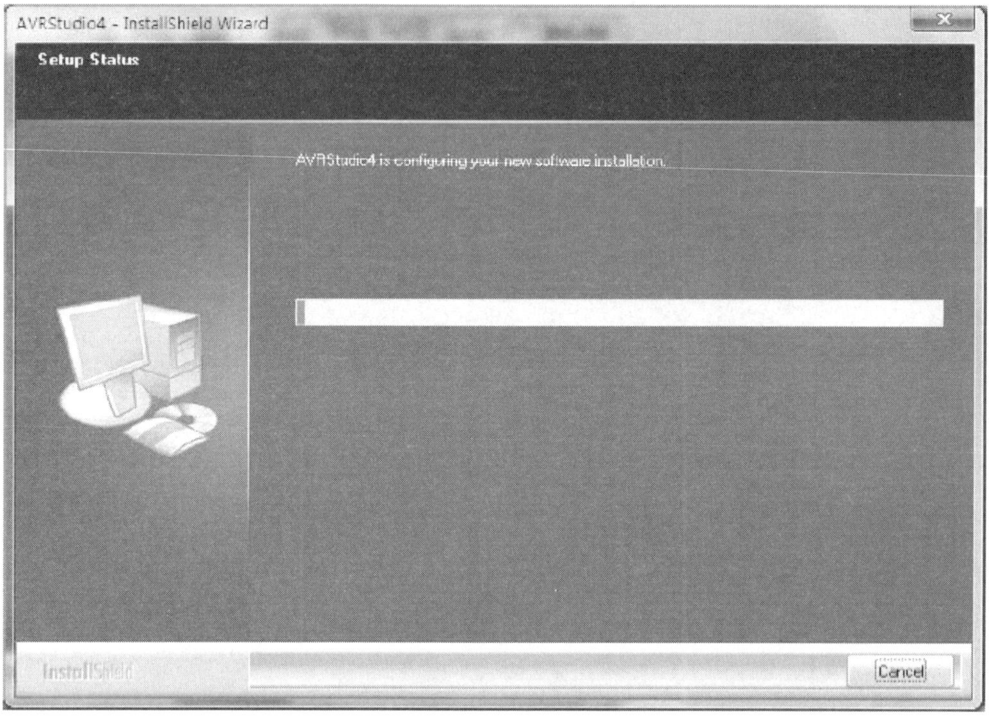
AVRStudio4 - InstallShield Wizard
Setup Status
AVRStudio4 is configuring your new software installation.
InstallShield
Cancel

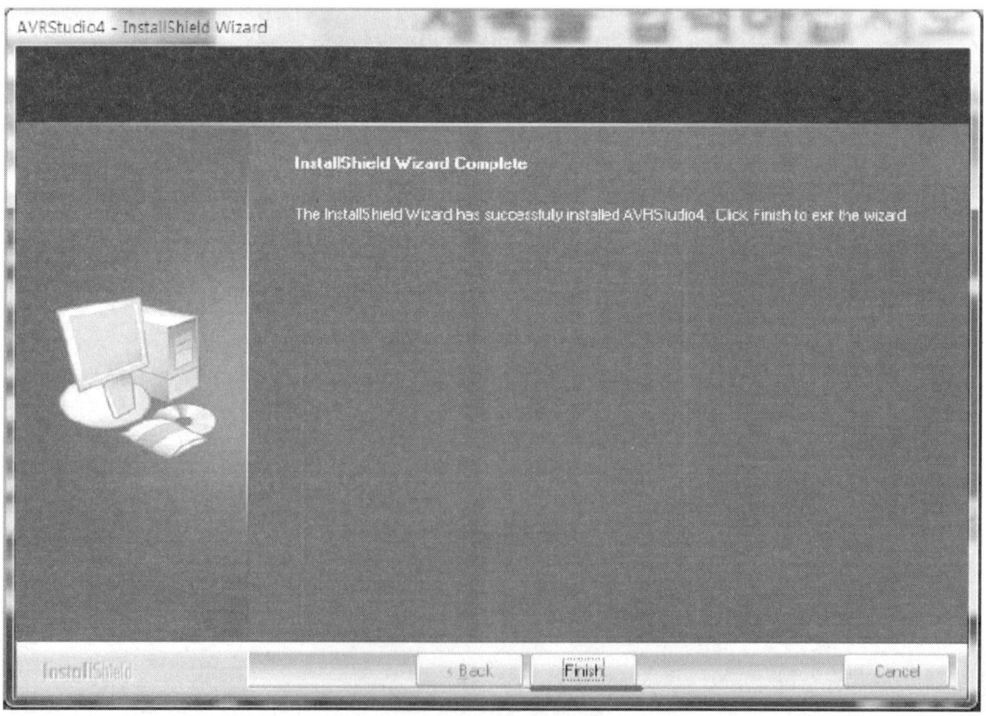
AVRStudio4 - InstallShield Wizard
InstallShield Wizard Complete
The InstallShield Wizard has successfully installed AVRStudio4. Click Finish to exit the wizard.
InstallShield
< Back
Finish
Cancel

2. WinAVR 설치하기

ATMEL사에서 제공하는 AVR Studio는 C/C++ 코드에 대한 컴파일러를 제공하지 않는다. 이를 위해서 C/C++컴파일러를 무료로 제공하는 WinAVR를 다운로드하는 과정이 필요하게 된다.

이 프로그램은 http://sourceforge.net/projects/winavr에서 다운로드 받을 수 있다.

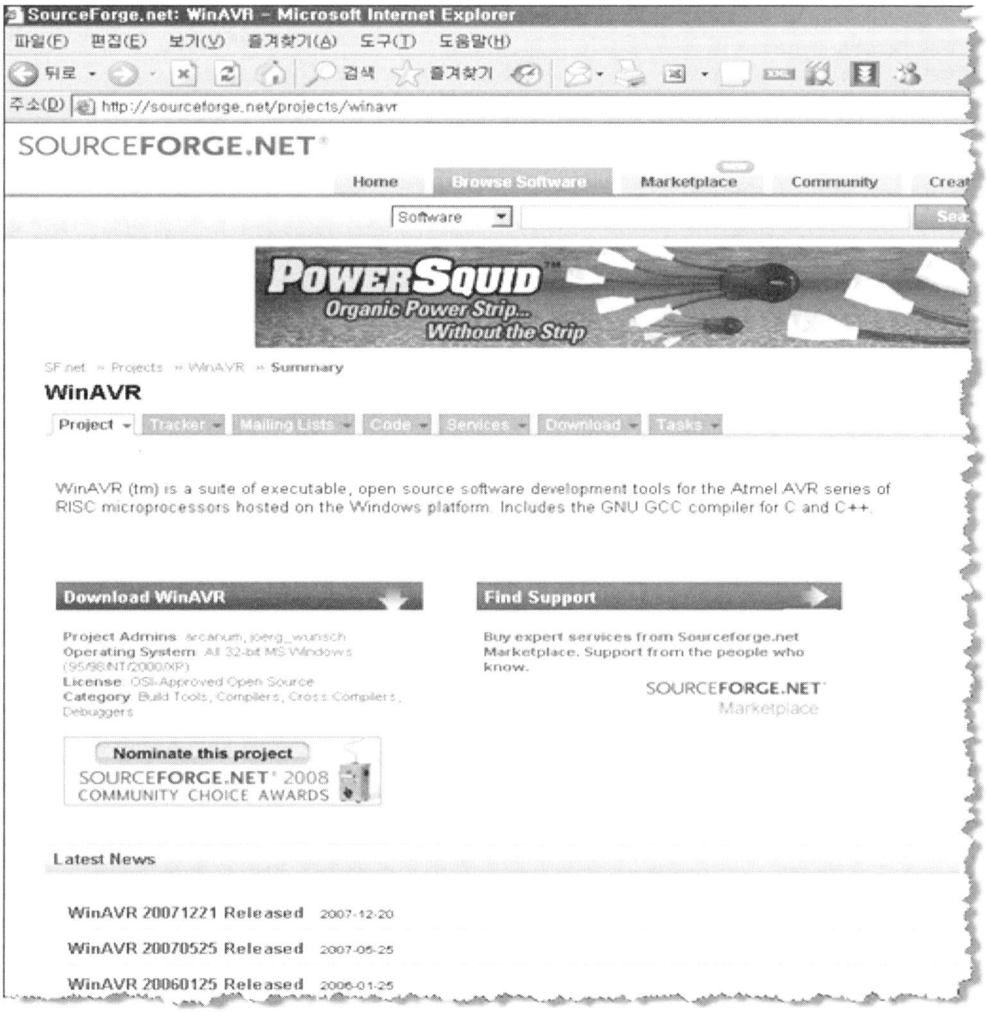

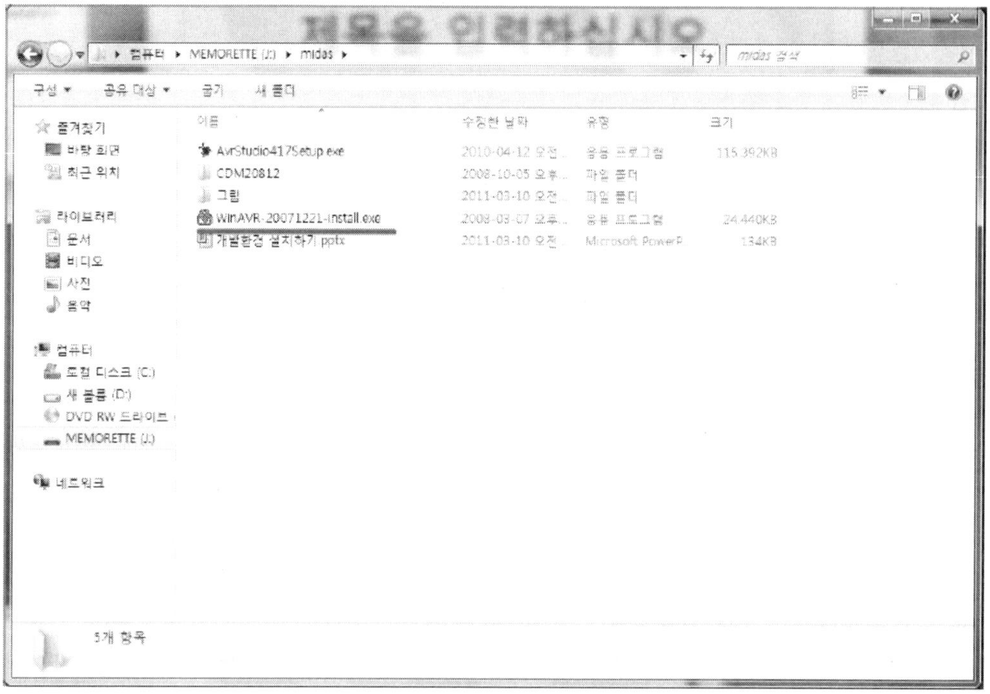

컴퓨터 ▸ MEMORETTE (J:) ▸ midas ▸
구성 ▾ 공유 대상 ▾ 굽기 새 폴더
이름
수정한 날짜
유형
크기
AvrStudio4175etup.exe
CDM20812
그림
WinAVR-20071221-install.exe
개발환경 설치하기.pptx
즐겨찾기
바탕 화면
최근 위치
라이브러리
문서
비디오
사진
음악
컴퓨터
로컬 디스크 (C:)
새 볼륨 (D:)
DVD RW 드라이브
MEMORETTE (J:)
네트워크
5개 항목

Installer Language
Please select a language.
Korean
OK
Cancel

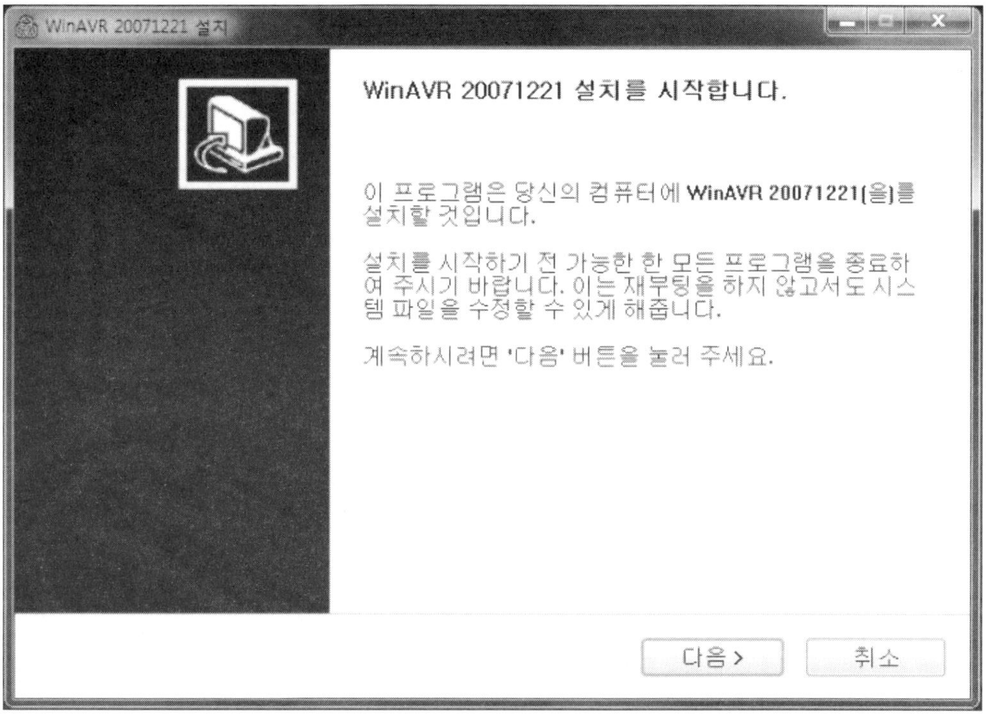
WinAVR 20071221 설치
WinAVR 20071221 설치를 시작합니다.
이 프로그램은 당신의 컴퓨터에 WinAVR 20071221(을)를 설치할 것입니다.
설치를 시작하기 전 가능한 한 모든 프로그램을 종료하여 주시기 바랍니다. 이는 재부팅을 하지 않고서도 시스템 파일을 수정할 수 있게 해줍니다.
계속하시려면 '다음' 버튼을 눌러 주세요.
다음 >
취소

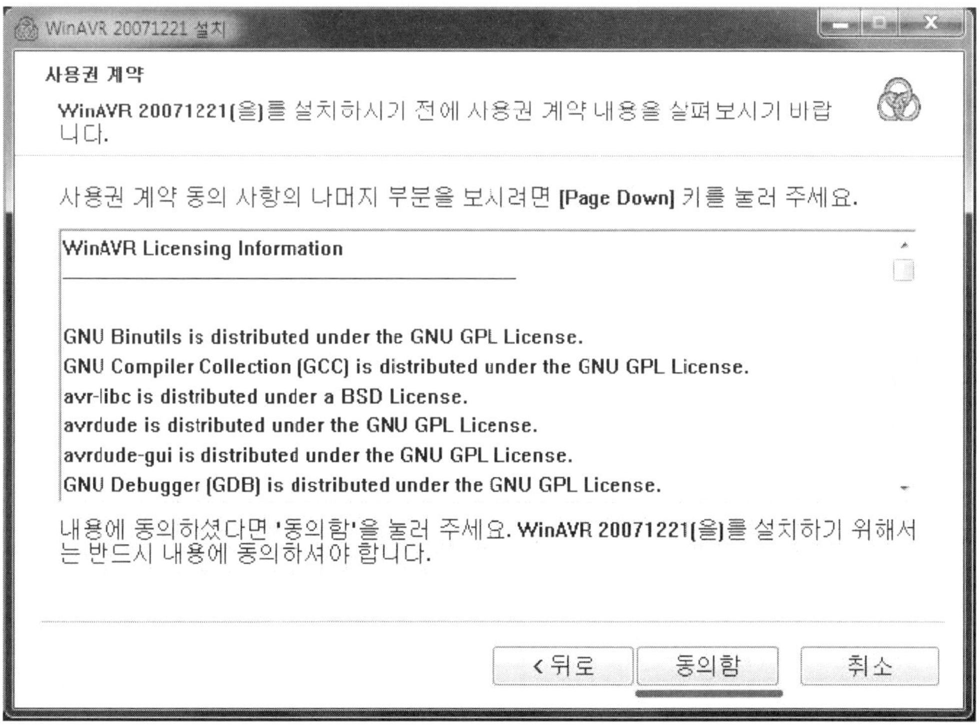
WinAVR 20071221 설치
사용권 계약
WinAVR 20071221(을)를 설치하시기 전에 사용권 계약 내용을 살펴보시기 바랍니다.
사용권 계약 동의 사항의 나머지 부분을 보시려면 [Page Down] 키를 눌러 주세요.
WinAVR Licensing Information
GNU Binutils is distributed under the GNU GPL License.
GNU Compiler Collection (GCC) is distributed under the GNU GPL License.
avr-libc is distributed under a BSD License.
avrdude is distributed under the GNU GPL License.
avrdude-gui is distributed under the GNU GPL License.
GNU Debugger (GDB) is distributed under the GNU GPL License.
내용에 동의하셨다면 '동의함'을 눌러 주세요. WinAVR 20071221(을)를 설치하기 위해서는 반드시 내용에 동의하셔야 합니다.
< 뒤로
동의함
취소

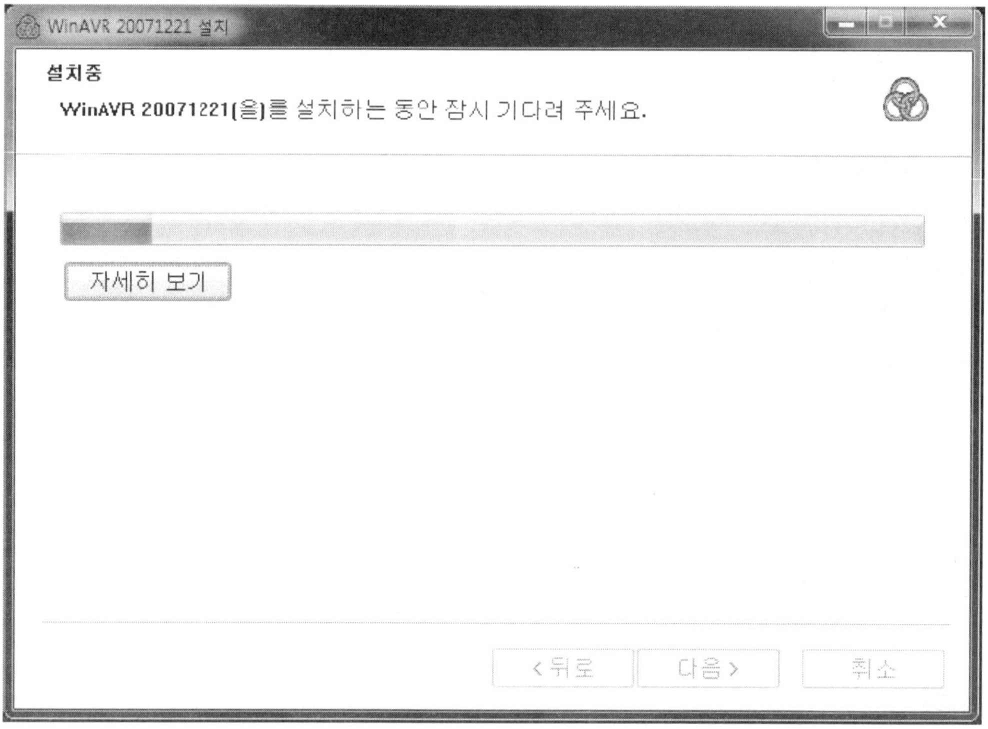
WinAVR 20071221 설치
설치중
WinAVR 20071221(을)를 설치하는 동안 잠시 기다려 주세요.
자세히 보기
< 뒤로
다음 >
취소

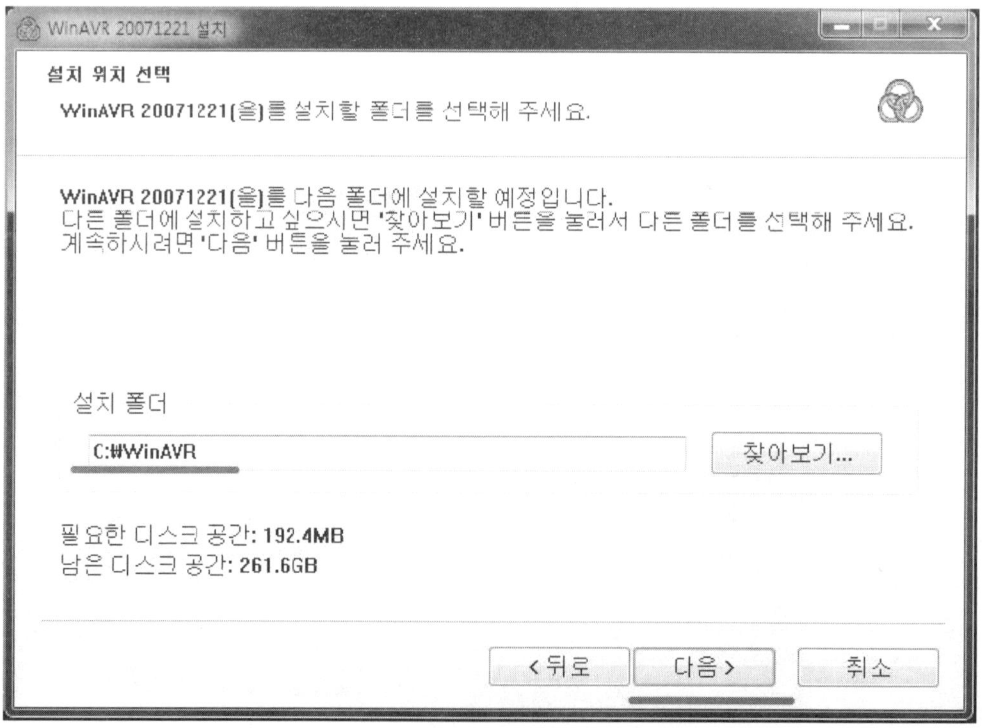
WinAVR 20071221 설치
설치 위치 선택
WinAVR 20071221(을)를 설치할 폴더를 선택해 주세요.
WinAVR 20071221(을)를 다음 폴더에 설치할 예정입니다.
다른 폴더에 설치하고 싶으시면 '찾아보기' 버튼을 눌러서 다른 폴더를 선택해 주세요.
계속하시려면 '다음' 버튼을 눌러 주세요.
설치 폴더
C:₩WinAVR
찾아보기...
필요한 디스크 공간: 192.4MB
남은 디스크 공간: 261.6GB
< 뒤로
다음 >
취소

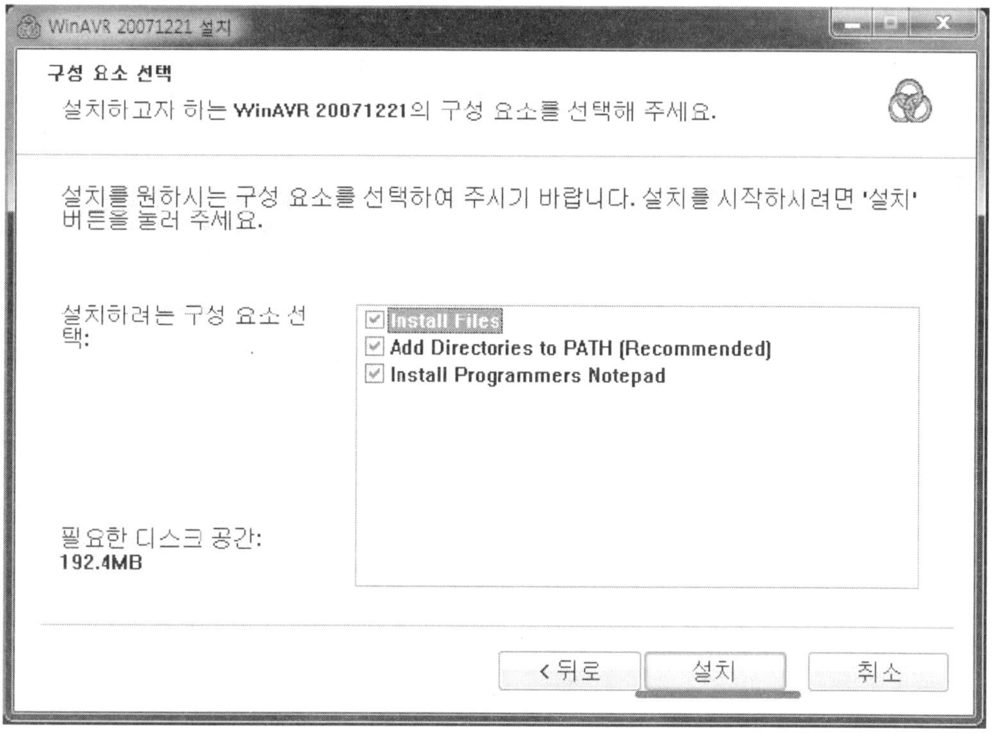
WinAVR 20071221 설치
구성 요소 선택
설치하고자 하는 WinAVR 20071221의 구성 요소를 선택해 주세요.
설치를 원하시는 구성 요소를 선택하여 주시기 바랍니다. 설치를 시작하시려면 '설치' 버튼을 눌러 주세요.
설치하려는 구성 요소 선택:
Install Files
Add Directories to PATH (Recommended)
Install Programmers Notepad
필요한 디스크 공간: 192.4MB
< 뒤로
설치
취소

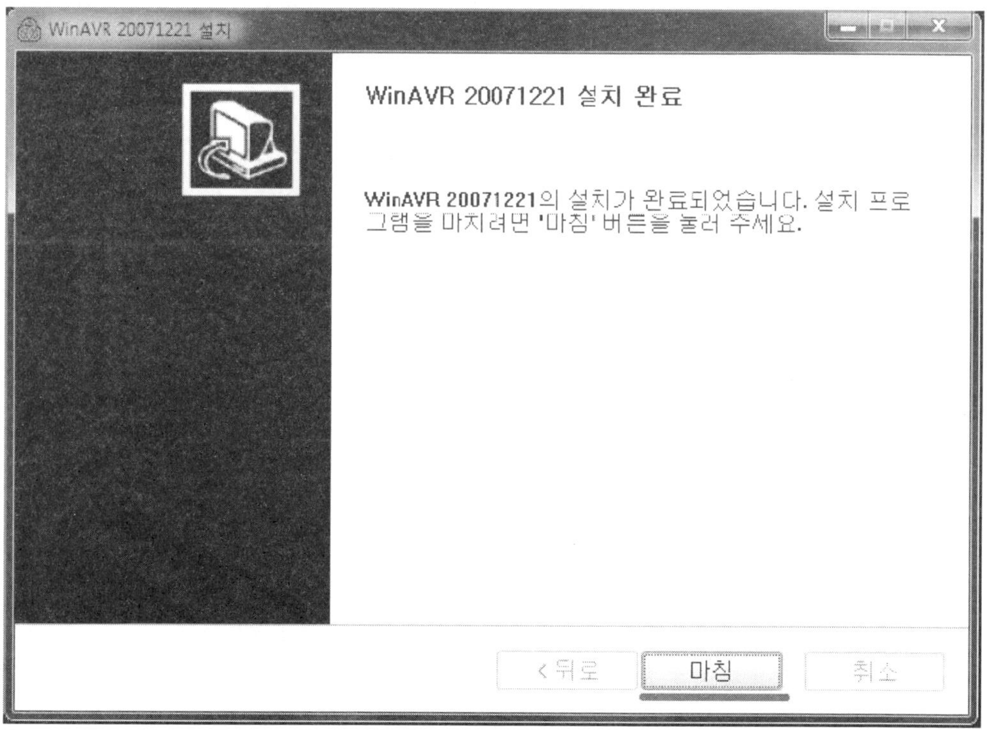
WinAVR 20071221 설치
WinAVR 20071221 설치 완료
WinAVR 20071221의 설치가 완료되었습니다. 설치 프로그램을 마치려면 '마침' 버튼을 눌러 주세요.
< 뒤로
마침
취소

제 3 절 소프트웨어 사용하기

1. 컴파일러

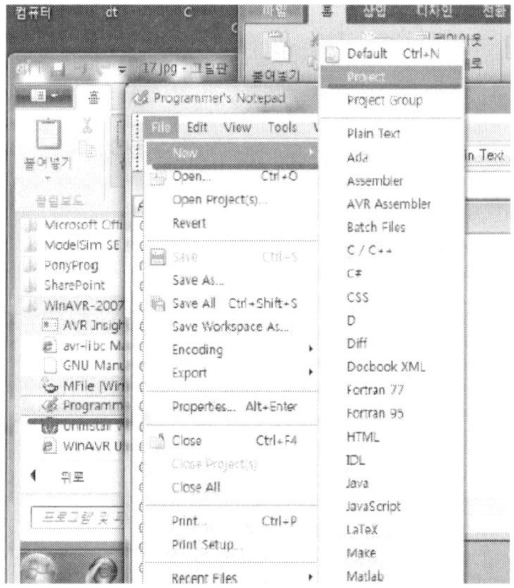

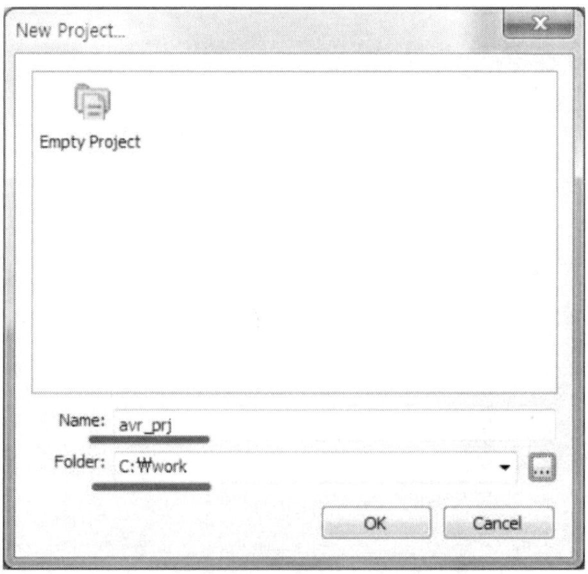

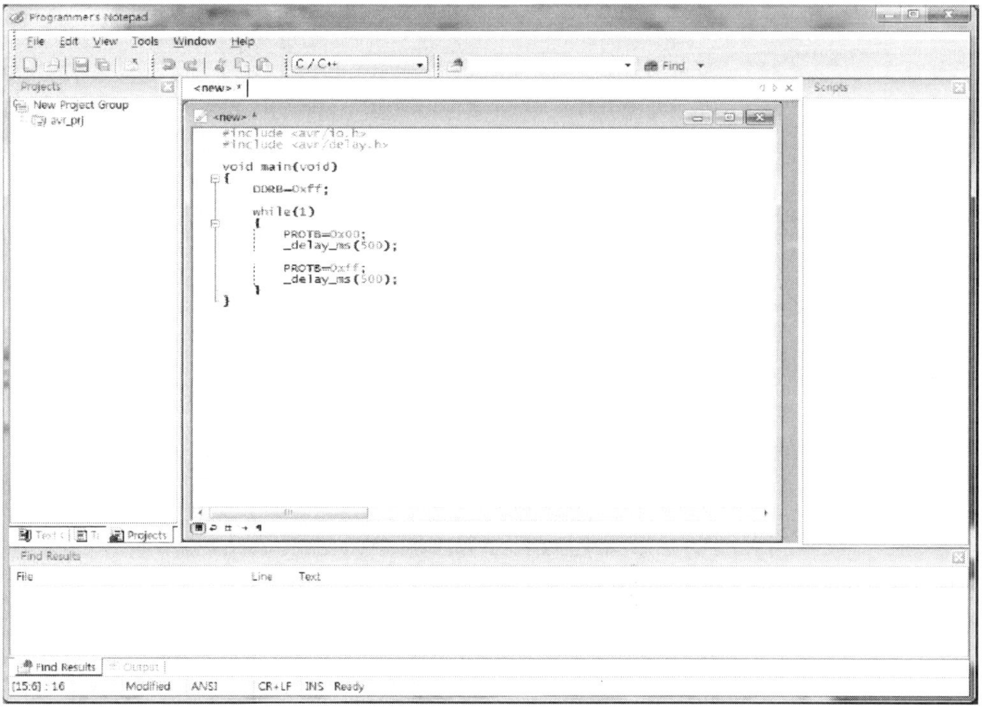


```
#include <avr/io.h>
#include <util/delay.h>

void main(void)
{
DDRB=0XFF;
while(1)
{
PORTB=0X0;
_delay_ms(500);
PORTB=0XFF;
_delay_ms(500)
}
}
```

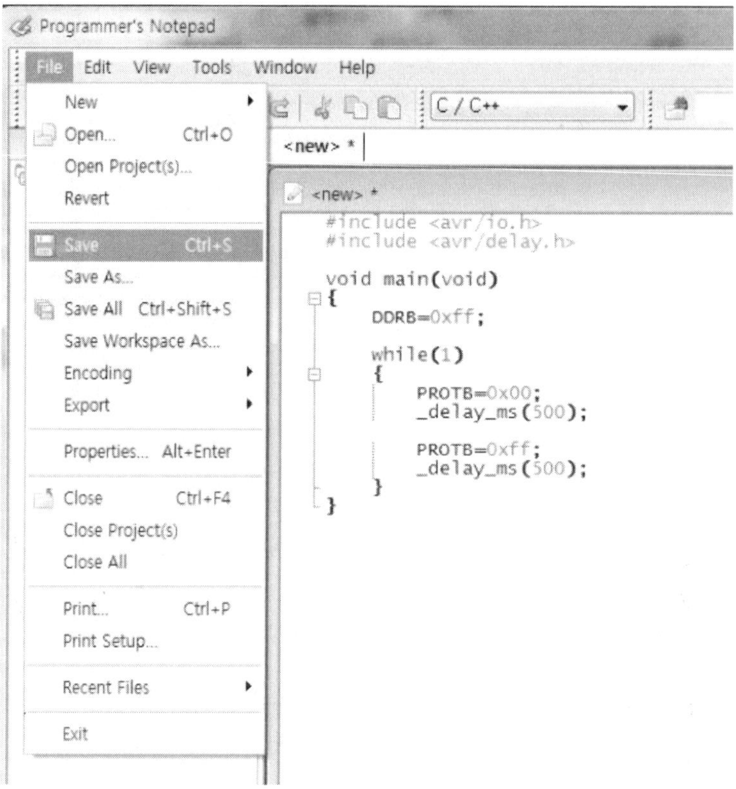
Programmer's Notepad
File Edit View Tools Window Help
New
Open... Ctrl+O
Open Project(s)...
Revert
Save Ctrl+S
Save As...
Save All Ctrl+Shift+S
Save Workspace As...
Encoding
Export
Properties... Alt+Enter
Close Ctrl+F4
Close Project(s)
Close All
Print... Ctrl+P
Print Setup...
Recent Files
Exit
C / C++
<new> *
#include <avr/io.h>
#include <avr/delay.h>
void main(void)
{
DDRB=0xff;
while(1)
{
PROTB=0x00;
_delay_ms(500);
PROTB=0xff;
_delay_ms(500);
}
}

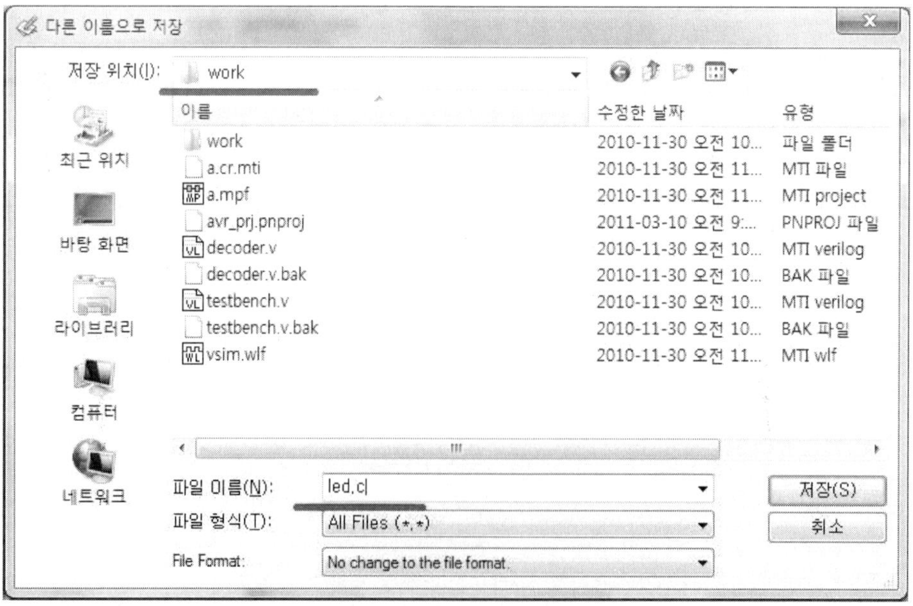
다른 이름으로 저장
저장 위치(I): work
이름 수정한 날짜 유형
work 2010-11-30 오전 10... 파일 폴더
a.cr.mti 2010-11-30 오전 11... MTI 파일
a.mpf 2010-11-30 오전 11... MTI project
avr_prj.pnproj 2011-03-10 오전 9:... PNPROJ 파일
decoder.v 2010-11-30 오전 10... MTI verilog
decoder.v.bak 2010-11-30 오전 10... BAK 파일
testbench.v 2010-11-30 오전 10... MTI verilog
testbench.v.bak 2010-11-30 오전 10... BAK 파일
vsim.wlf 2010-11-30 오전 11... MTI wlf
최근 위치
바탕 화면
라이브러리
컴퓨터
네트워크
파일 이름(N): led.c
파일 형식(T): All Files (*.*)
File Format: No change to the file format
저장(S)
취소

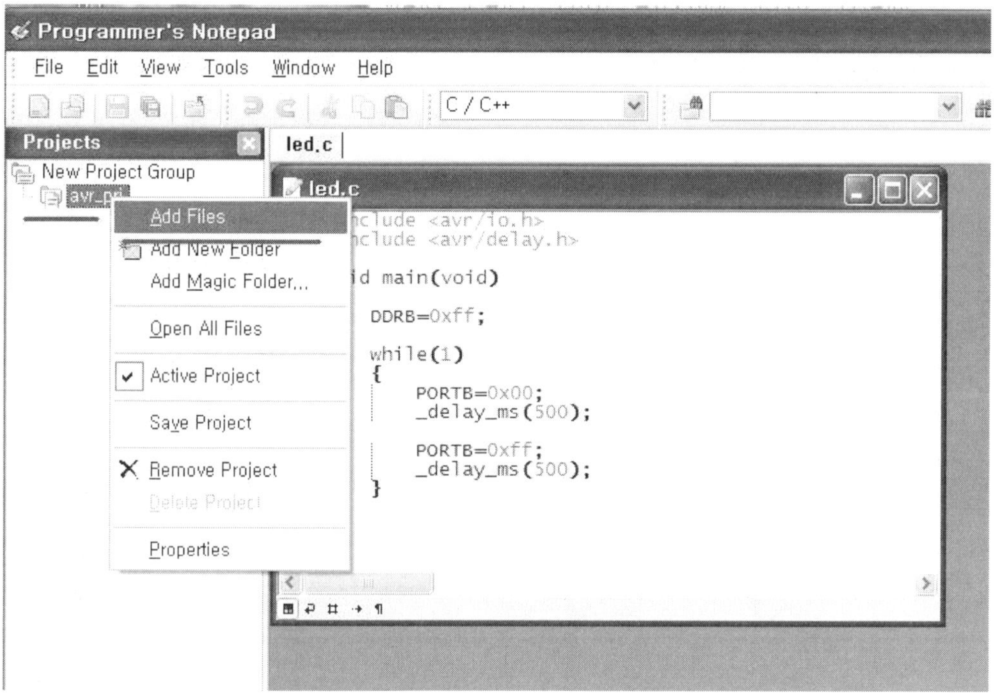

Programmer's Notepad
File Edit View Tools Window Help
C / C++
Projects
led.c
New Project Group
avr_prj
Add Files
Add New Folder
Add Magic Folder...
Open All Files
Active Project
Save Project
Remove Project
Delete Project
Properties
nclude <avr/io.h>
nclude <avr/delay.h>
id main(void)
DDRB=0xff;
while(1)
{
PORTB=0x00;
_delay_ms(500);
PORTB=0xff;
_delay_ms(500);
}

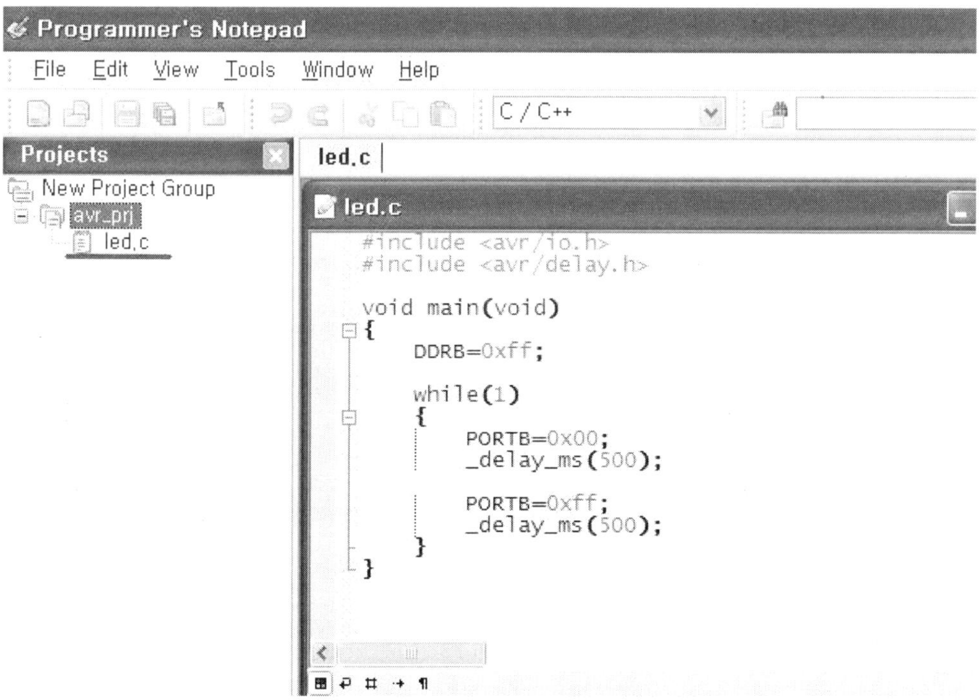

Programmer's Notepad
File Edit View Tools Window Help
C / C++
Projects
led.c
New Project Group
avr_prj
led.c
#include <avr/io.h>
#include <avr/delay.h>
void main(void)
{
DDRB=0xff;
while(1)
{
PORTB=0x00;
_delay_ms(500);
PORTB=0xff;
_delay_ms(500);
}
}

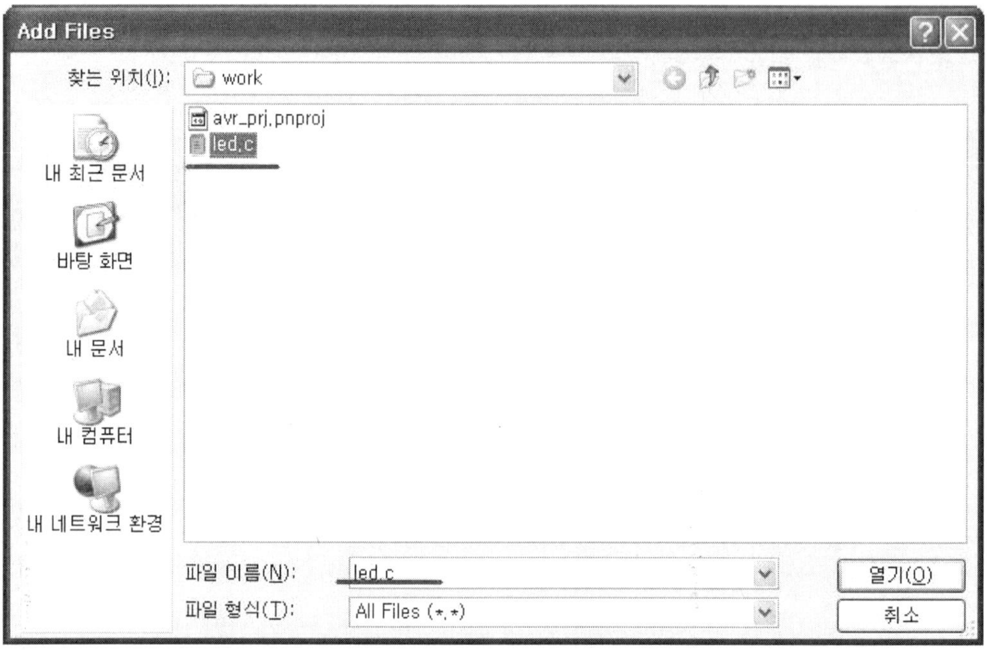

2. Makefile 만들기

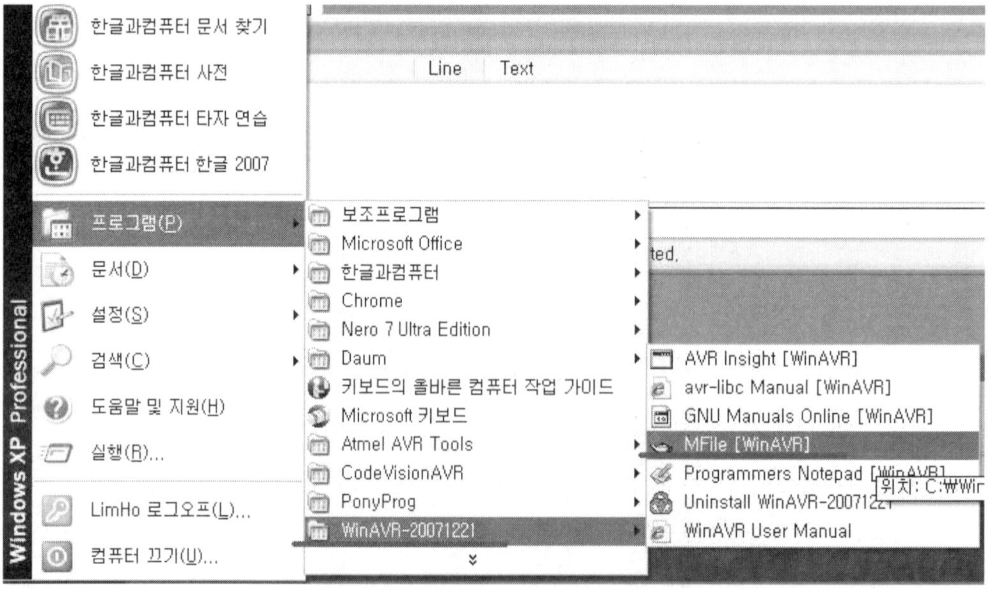

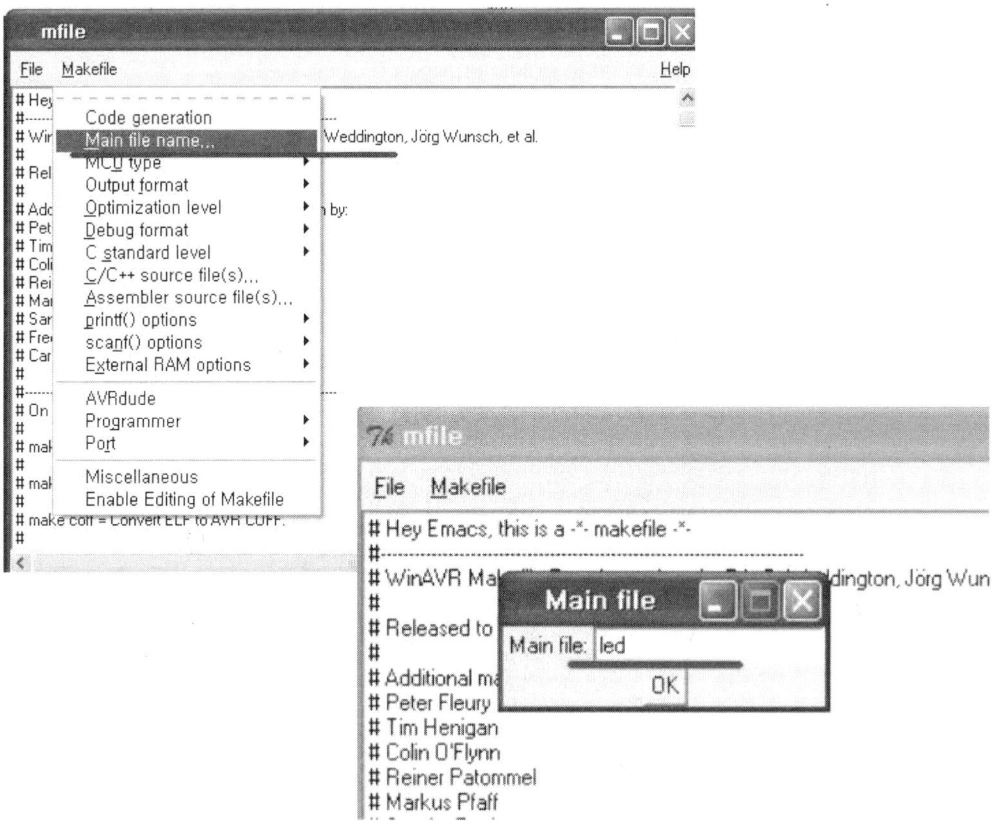
mfile
File
Makefile
Help
Code generation
Main file name...
MCU type
Output format
Optimization level
Debug format
C standard level
C/C++ source file(s)...
Assembler source file(s)...
printf() options
scanf() options
External RAM options
AVRdude
Programmer
Port
Miscellaneous
Enable Editing of Makefile
make coff = Convert ELF to AVR COFF.
Hey Emacs, this is a -*- makefile -*-
WinAVR Ma
Released to
Additional m
Peter Fleury
Tim Henigan
Colin O'Flynn
Reiner Patommel
Markus Pfaff
Main file
Main file:
led
OK

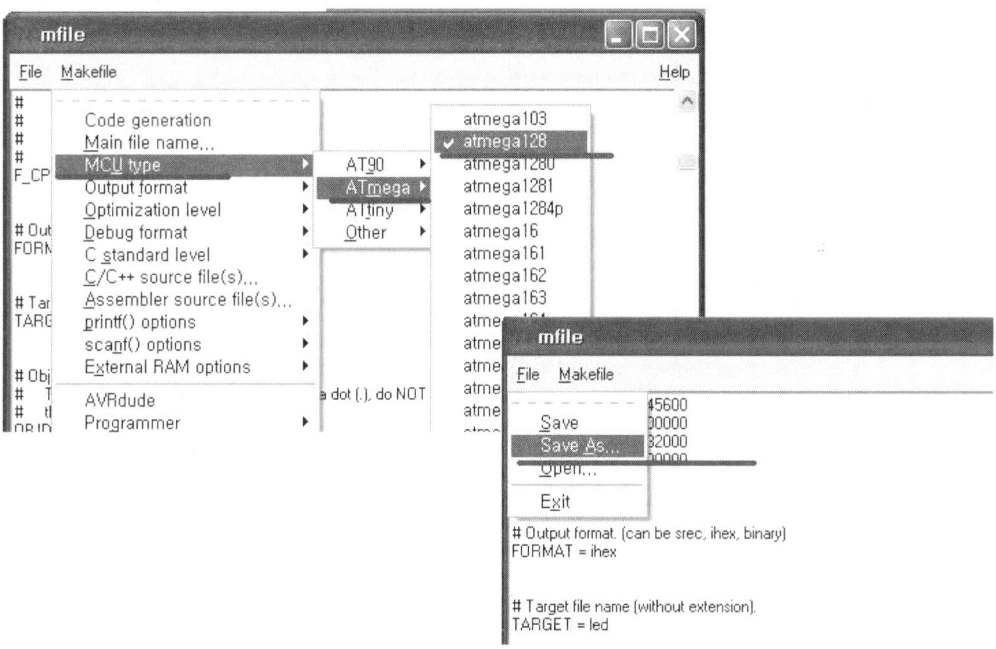
mfile
File
Makefile
Help
Code generation
Main file name...
MCU type
Output format
Optimization level
Debug format
C standard level
C/C++ source file(s)...
Assembler source file(s)...
printf() options
scanf() options
External RAM options
AVRdude
Programmer
AT90
ATmega
ATtiny
Other
atmega103
atmega128
atmega1280
atmega1281
atmega1284p
atmega16
atmega161
atmega162
atmega163
Save
Save As...
Open...
Exit
# Output format. (can be srec, ihex, binary)
FORMAT = ihex
# Target file name (without extension).
TARGET = led

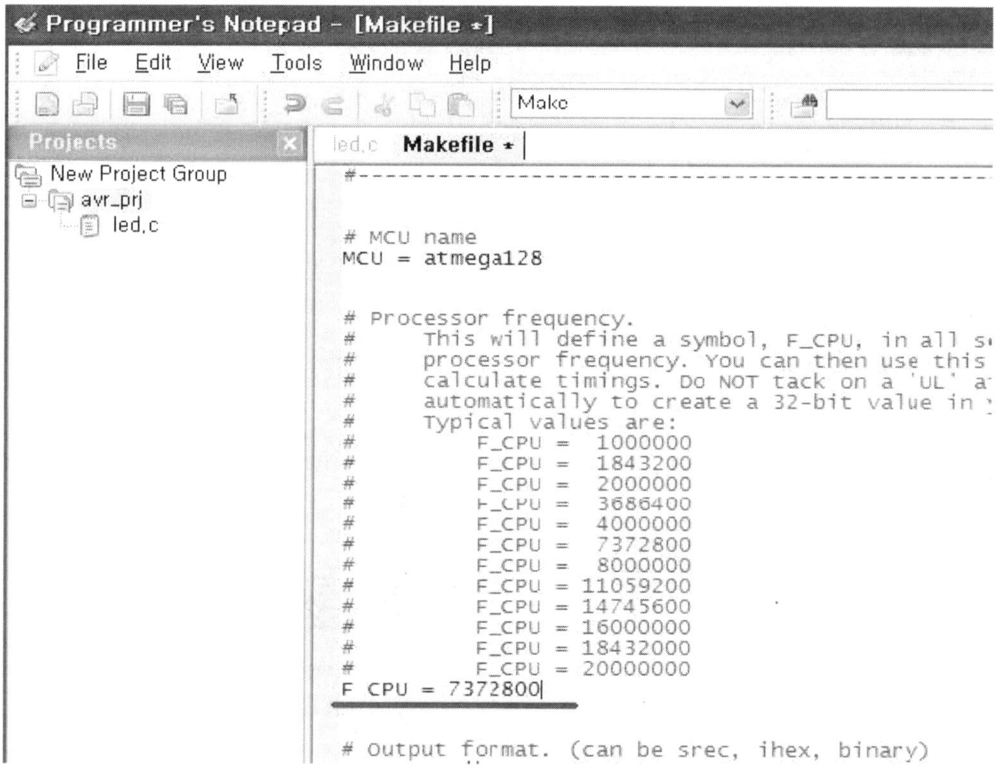
Programmer's Notepad - [Makefile *]
File Edit View Tools Window Help
Make
Projects
New Project Group
avr_prj
led.c
Makefile *
# MCU name
MCU = atmega128
# Processor frequency.
# Typical values are:
F_CPU = 7372800
# Output format. (can be srec, ihex, binary)

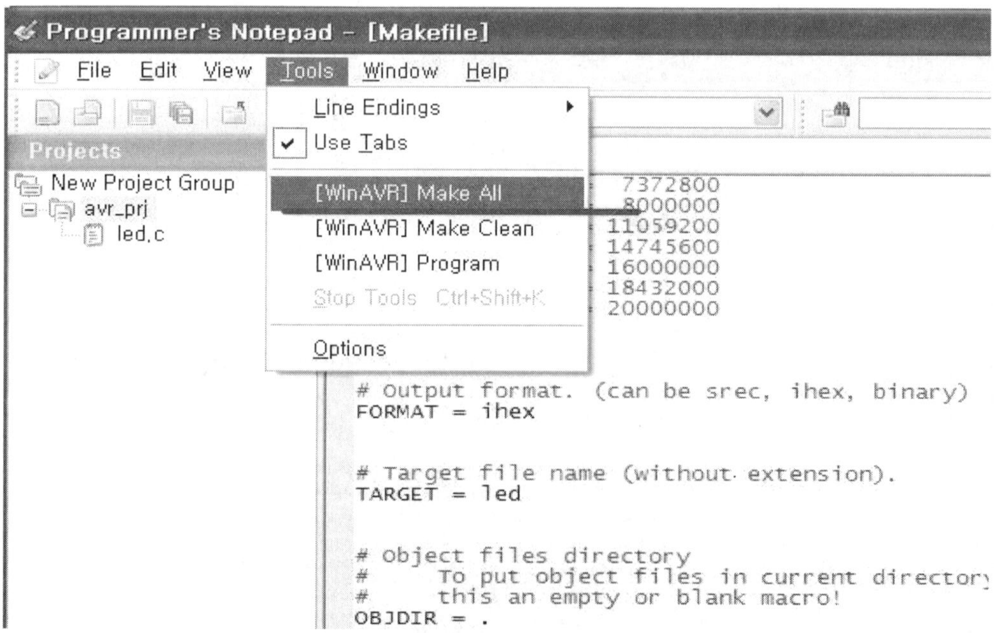
Programmer's Notepad - [Makefile]
File Edit View Tools Window Help
Line Endings
Use Tabs
[WinAVR] Make All
[WinAVR] Make Clean
[WinAVR] Program
Stop Tools Ctrl+Shift+K
Options
Projects
New Project Group
avr_prj
led.c
# Output format. (can be srec, ihex, binary)
FORMAT = ihex
# Target file name (without extension).
TARGET = led
# Object files directory
OBJDIR = .

3. AVR Studio 4 사용하기

(1) 불러오기

시작에서 프로그램을 불러온다.

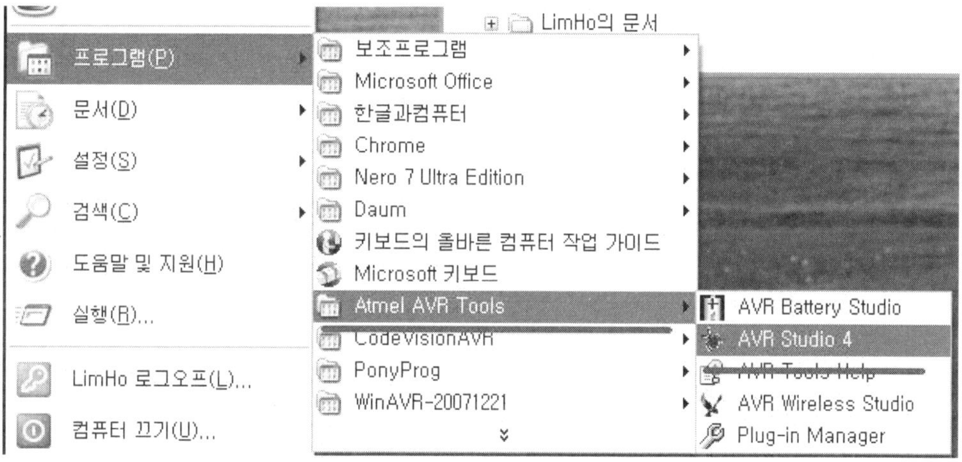

(2) 프로젝트의 선택

새로운 프로젝트의 경우 다음 화면의 New Project 버튼을 클릭한다.

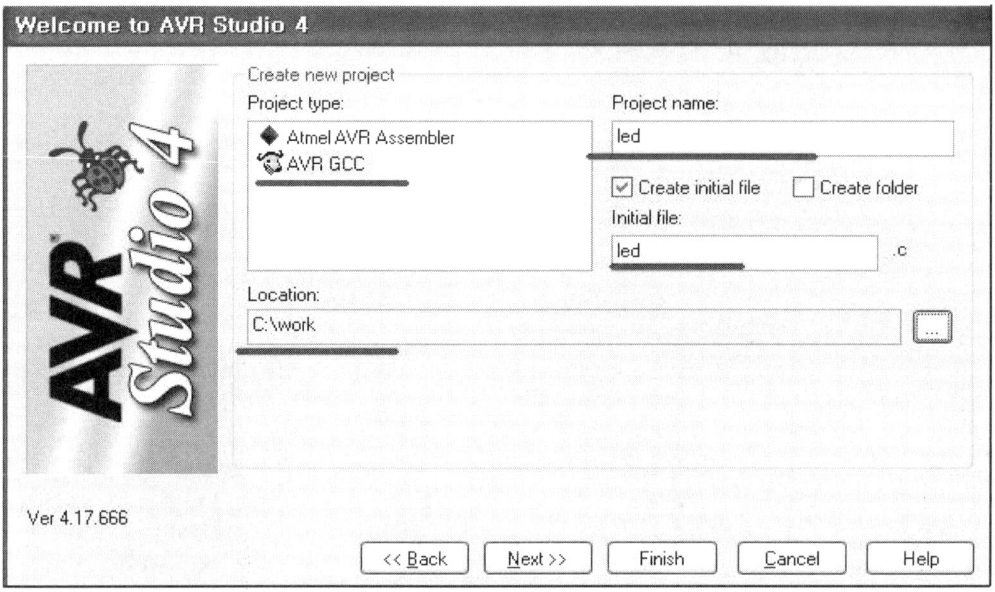
Welcome to AVR Studio 4
Create new project
Project type:
Atmel AVR Assembler
AVR GCC
Project name:
led
Create initial file
Create folder
Initial file:
led
.c
Location:
C:\work
AVR Studio 4
Ver 4.17.666
<< Back
Next >>
Finish
Cancel
Help

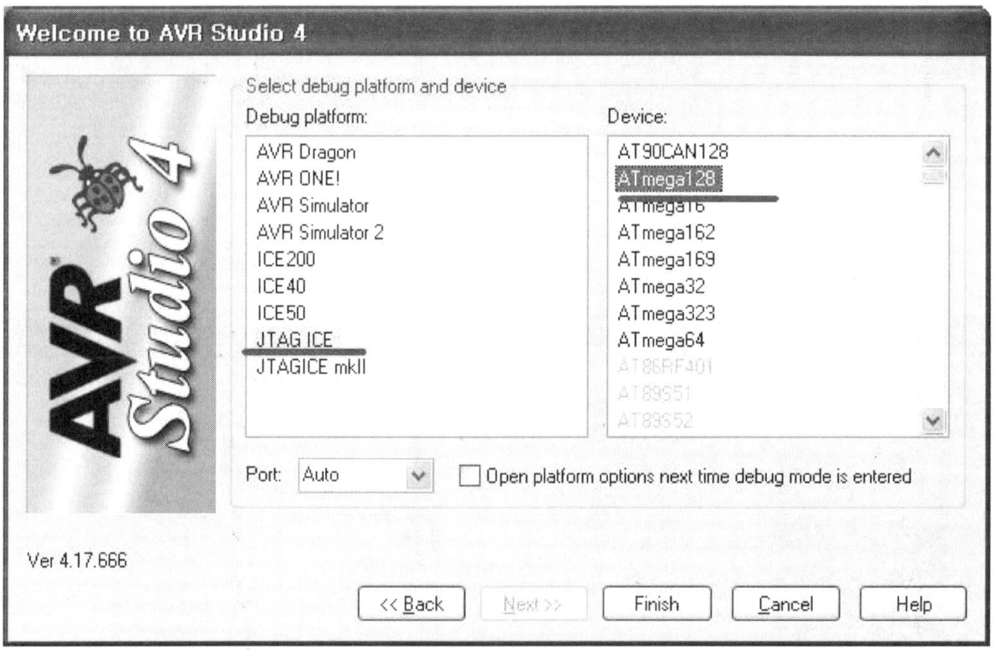
Welcome to AVR Studio 4
Select debug platform and device
Debug platform:
AVR Dragon
AVR ONE!
AVR Simulator
AVR Simulator 2
ICE200
ICE40
ICE50
JTAG ICE
JTAGICE mkII
Device:
AT90CAN128
ATmega128
ATmega162
ATmega169
ATmega32
ATmega323
ATmega64
Port:
Auto
Open platform options next time debug mode is entered
Ver 4.17.666
<< Back
Next >>
Finish
Cancel
Help

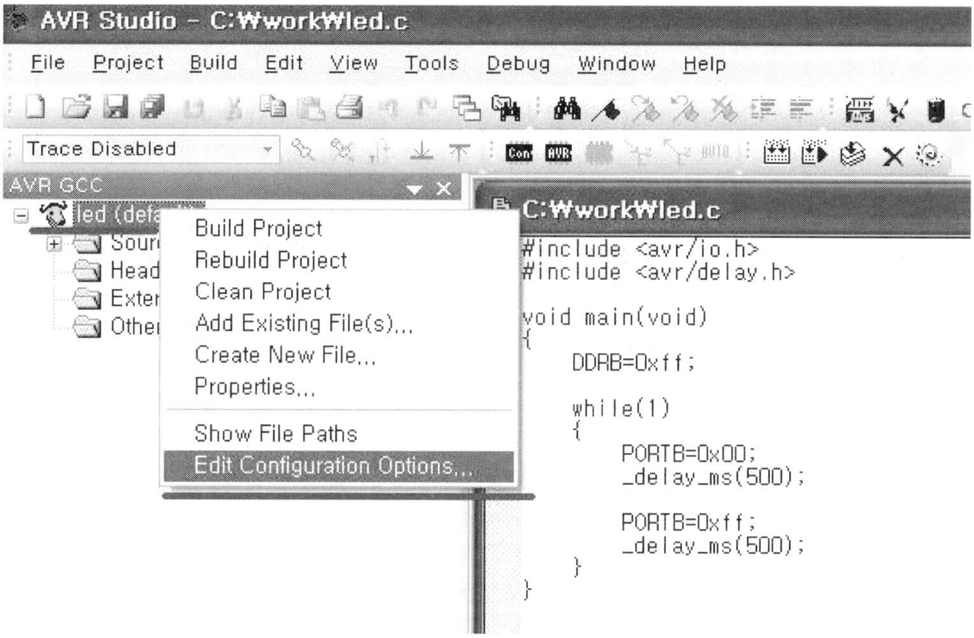

선택한 다음 아래의 팝업창에서 외부의 Makefile를 사용하지 않을 경우 언 체크하고 아래의 Frequency에서 시스템의 클록 주파수를 Hz 단위로 입력한다.

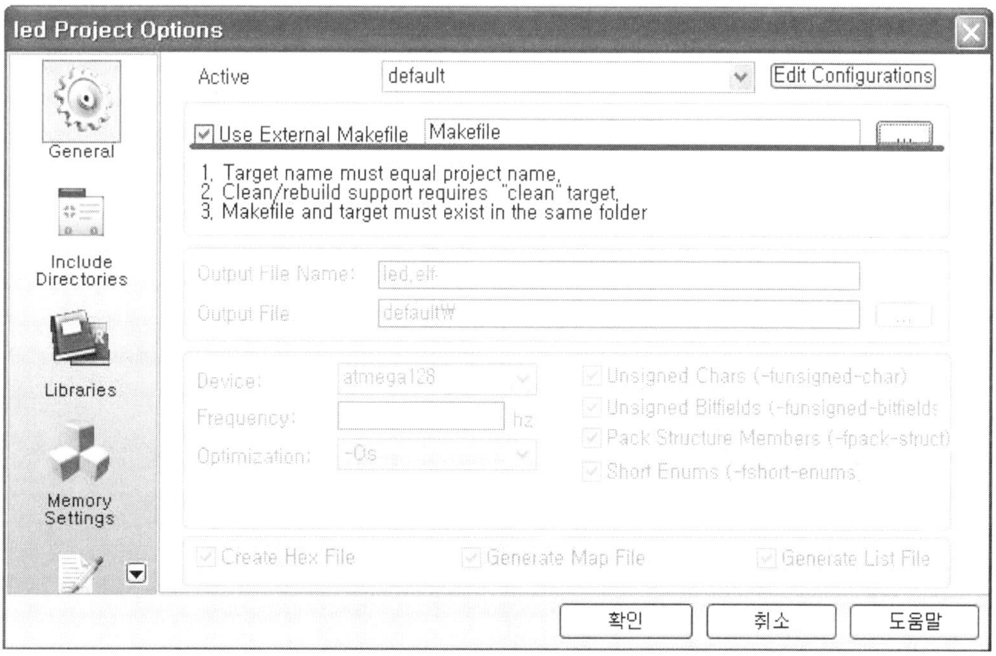

(3) 컴파일(Build)

소스 파일을 작성하든지 아니면 외부에서 복사하여 작성한 다음 빌드 메뉴에서 빌드한다(컴파일).

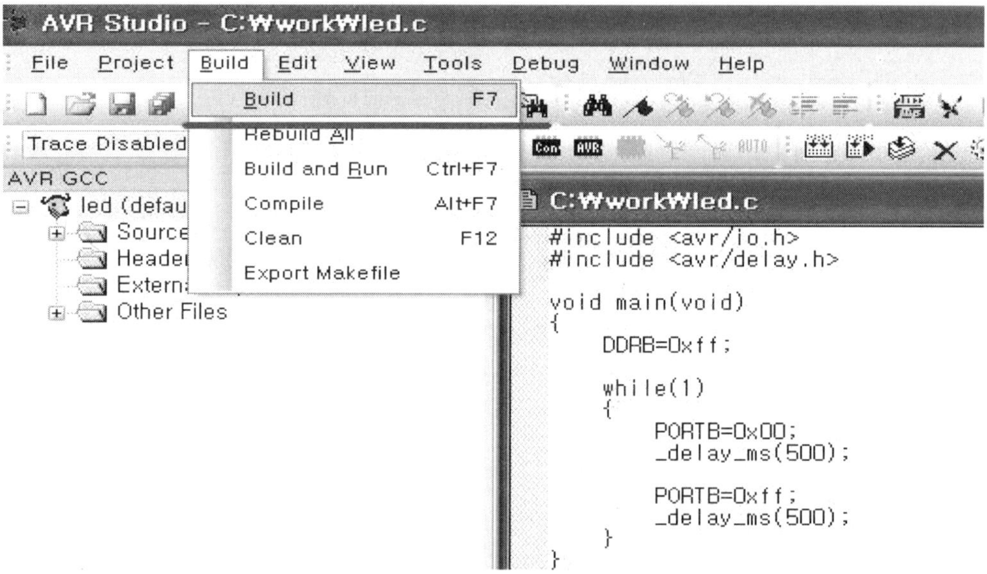

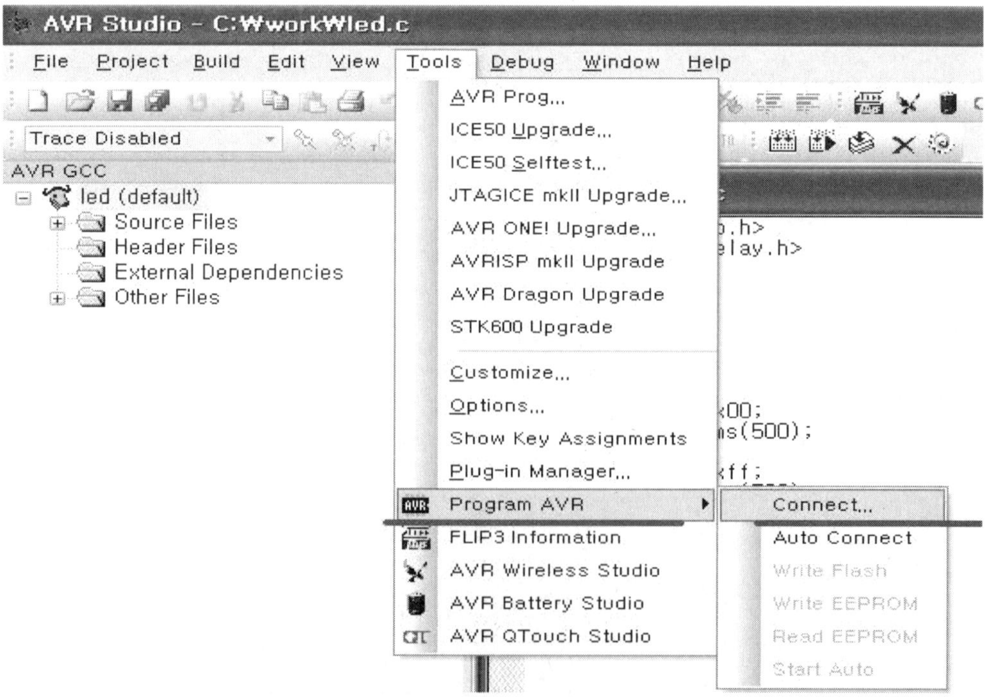

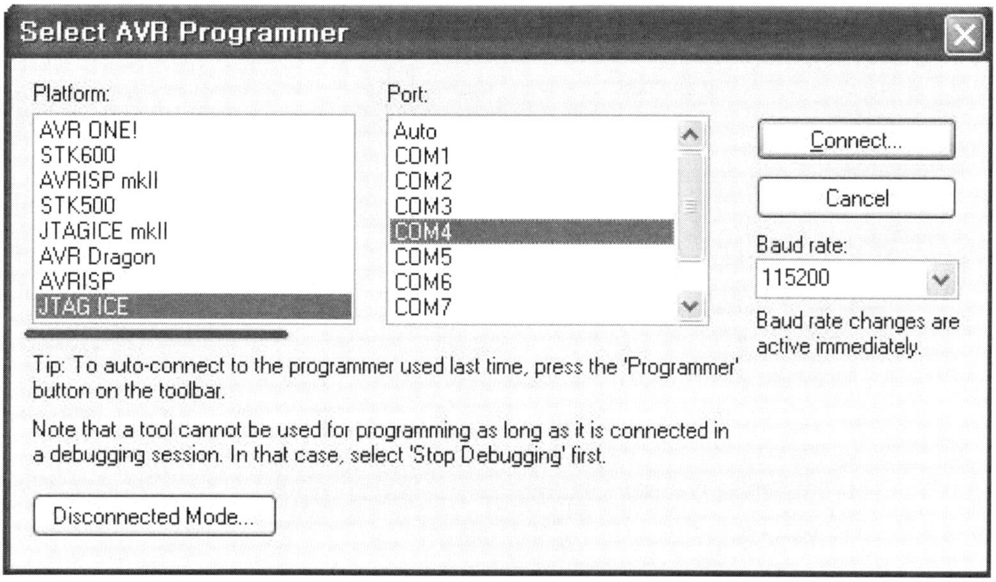

다운로드 창이 나오면 헥사파일의 경로를 반드시 선택하여 다운로드할 파일이 정확한지를 확인한다(*.hex). 맞으면 Program 버튼을 누른다.

(4) 프로젝트 옵션 설정

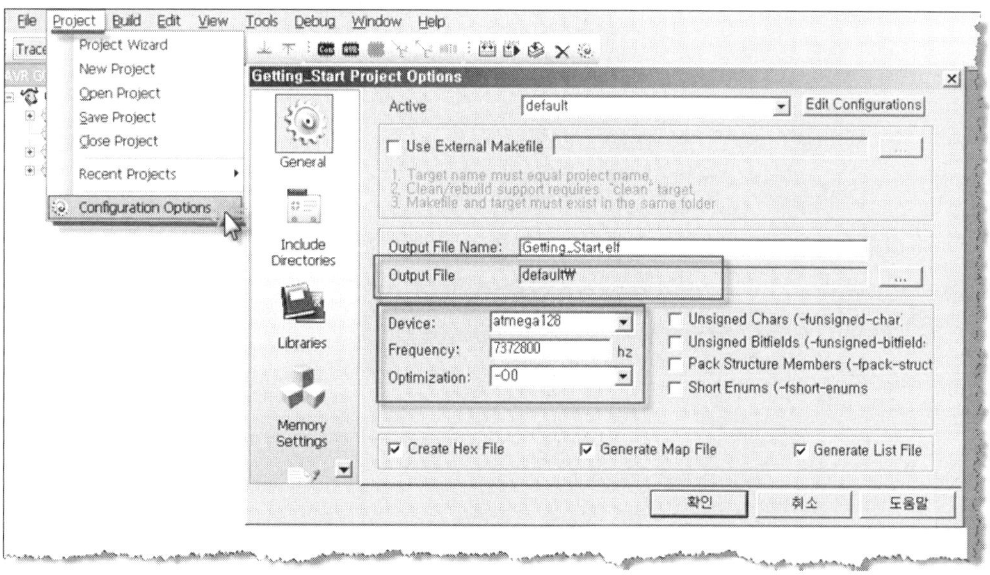

처음 새로운 프로젝트 생성을 완료하면 AVR Studio 메인 화면이 표시된다. 화면에는 공란의 led.c 파일이 표시된다.

코드를 작성하기 전에 Project 메뉴에서 "Configuration Option"을 선택해서 프로젝트 옵션을 실행한다.

프로젝트 옵션창이 나타나면, 위 그림과 같이 Device를 ATmega 128로 설정하고, Frequency와 Optimization을 7372800Hz, -O0로 설정한다.

이 설정은 앞으로 진행할 모든 예제에 적용되는 사항이므로, 만약 예제 프로그램이나 개발 프로그램이 제대로 동작하지 않는다면, 이 설정을 반드시 확인해야 한다.

Output File을 보면 default 폴더로 설정되어 있는데, 이는 컴파일 후 생성되는 파일이 프로젝트 폴더 안의 default 폴더에 생성된다는 의미로 이때 생성된 파일은 확장자가 *.hex인 파일이다.

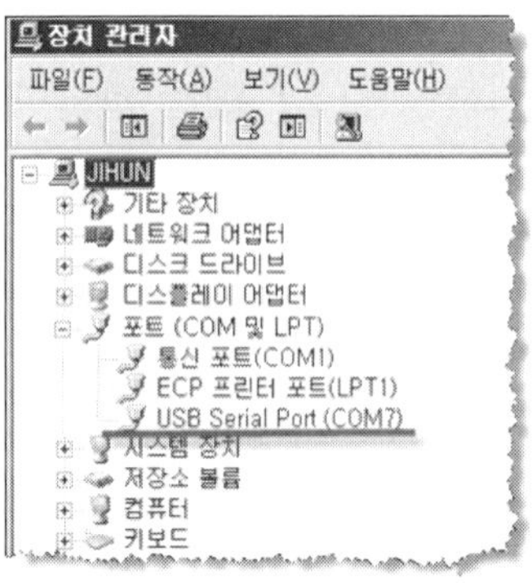

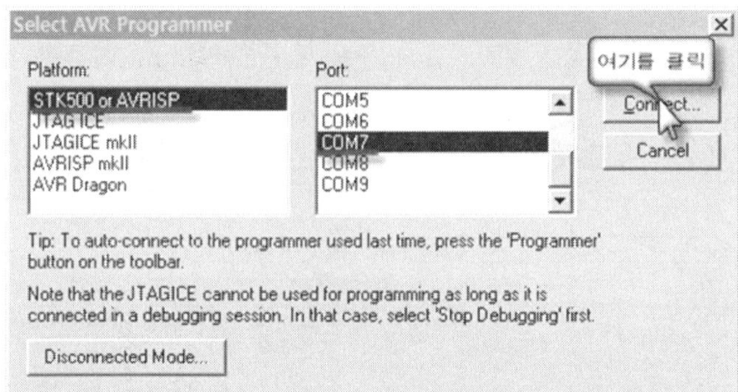

위 그림과 같이 Platform으로 "STK500 or AVRISP"를 선택하고 프로그래머가 연결된 포트를 선택하고 "Connect"를 선택한다(때로는 auto를 선택하여 검색하게 한다).

포트 확인은 제어판→시스템→시스템 등록정보 창의 하드 위에 탭→장치관리자에서 확인할 수 있다.

(5) 프로그램 코드 다운로드

Device를 "ATmega 128"로 선택하며 Programming mode를 "ISP mode"로 선택한다.

Build 과정에서 프로그램 다운로드에 필요한 HEX 파일이 생성되었는데 이 파일은 프로젝트 폴더에 있는 default라는 폴더에 저장되어 있다.

이 파일을 Flash 항목에 입력하고 프로그램 버튼을 누르면 프로그램 다운로드가 진행된다.

프로그램 다운로드가 완료되면 다음 메시지 창에서 다운로드가 정상적으로 완료되었음을 알린다.

(6) 파일 추가·삭제 방법

추후에 여러 소스 파일과 헤더 파일을 프로젝트에 추가하려면, 다음 그림과 같이 AVR GCC 창의 Source Files과 Header Files에서 마우스 오른쪽 버튼을 눌러 파일을 추가한다.

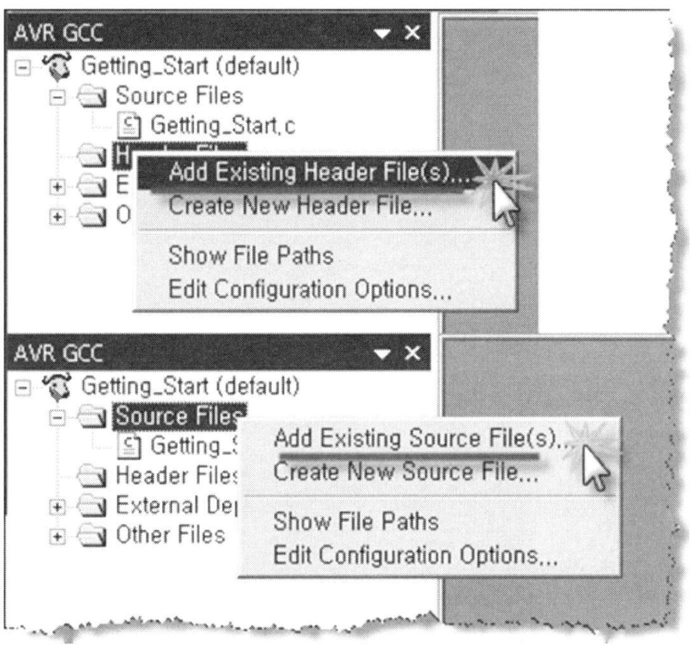

현재 프로젝트에 등록되어 있는 소스 프로그램 파일의 이름을 확인한다. 이미 사용하던 파일이 현재 프로젝트에 등록되어 있는데 이를 삭제하고 다른 파일을 등록하려면 프로젝트 창에서 소스 파일의 버튼 위에 마우스 커서를 올려놓고 오른쪽 버튼을 누른다.

팝업창이 뜨면 “add existing files...” 메뉴를 클릭한다. 그러면 새로 등록할 C 언어 소스 파일의 리스트가 나오는데 여기서 등록할 파일 폴더를 찾아 원하는 파일을 선택하고 열기 버튼을 누른다.

프로젝트 소스 창에는 두 개의 파일이 보이는데 삭제하고자 하는 파일명 위에 마우스를 올려놓고 오른쪽 버튼을 누르면 팝업창이 나온다. 여기서 “remove file from project” 메뉴를 클릭하면 이 파일이 현재의 프로젝트에 등록 해제된다. 현재 남아 있는 파일을 클릭하면 오른쪽 작업창에 파일의 소스 내용이 나타나므로 이를 편집하거나 컴파일할 수 있다.

현재의 프로젝트에 새로운 소스 파일을 등록하려면 기존의 파일을 삭제한다. 신규로 등록하려면 소스 파일의 버튼 위에 마우스 커서를 올려놓고 오른쪽 버튼을 누르면 현재의 프로젝트에서 새로운 소스 파일을 작성할 수 있는 팝업창이 뜬다. 여기서 “create new files”를 클릭하면 새로운 파일을 작성하여 저장할 수 있는 화면이 나오는데 여기서 저장할 파일명을 입력하고 ok 버튼을 누른다. 그런 다음 기존에 등록되어 있는 파일을 삭제한다.

chapter **3**

하드웨어 인터페이스

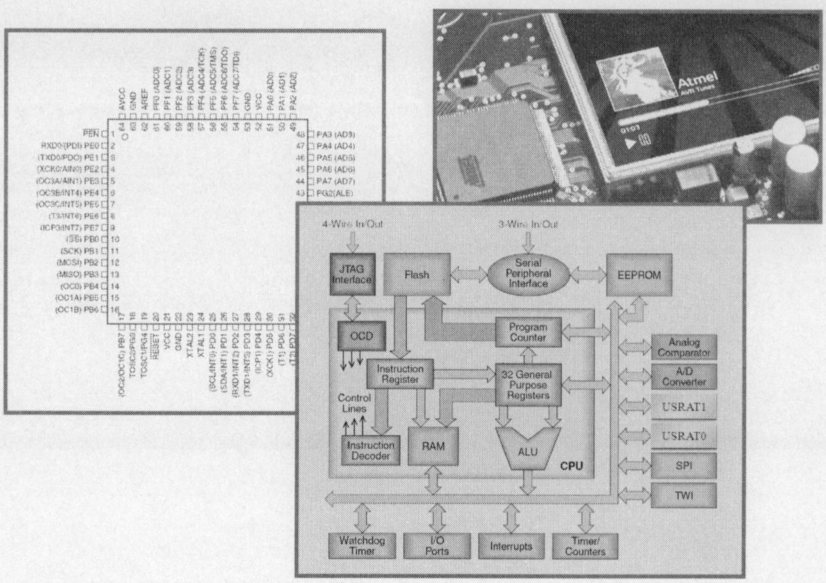

제 1 절 개 요

이 장에서는 마이크로프로세서를 활용하기 위한 시스템의 하드웨어 구성에 관한 전반적인 내용에 대하여 시스템 설계 시 기초가 되는 전자부품 소자에 대하여 알아본다.

전자부품은 전기적 에너지와 관련한 능동적 기능 여부에 따라 크게 수동소자와 능동소자로 분류한다.

제 2 절 수동소자

수동소자(passive element)란 증폭이나 전기 에너지의 변환과 같은 능동적 기능을 가지지 않는 소자로 대표적인 것으로 저항기, 콘덴서, 인덕터, 트랜스, 릴레이 등이 있다. 수동소자는 외부 전원이 필요 없이 단독으로 동작이 가능하다.

수동소자의 하나인 저항은 전류의 흐름을 방해하는 역할을 하는 것으로 여러 종류가 있다. 회로에 저항성분만 있을 때에는 교류든 직류든, 저항에 흐르는 전류가 어떤 형태이든지 그 자체는 저항으로만 동작한다. 그러나 코일이나 콘덴서 성분이 혼합된 유도성 부하나 용량성 부하가 존재할 때에는 다른 특성을 나타내게 된다.

유도성 부하는 직류전원에서는 단지 직류 저항성분만으로 동작하지만 펄스나 교류같이 급격하게 전원이 ON/OFF 되거나 전압이 변동될 경우에는 코일에 역전압이 유기된다. 이 전압을 역기전력이라 하는데 전원의 ON/OFF와 같이 급격한 변동이 있을 때는 정상 시보다 훨씬 큰 역기전력이 발생하여 소자를 파괴할 수도 있다. 또한 교류전원에서만 갖는 교류의 저항성분을 가진다.

용량성 부하는 흐르는 전류를 담아놓는 축전지로 생각하면 되는데 직류는 흐르지 않고 교류전원에서는 임피던스 성분이 없는 것처럼 동작한다.

1. 저 항

저항은 전류의 흐름을 방해하는 요소를 말하는 것으로 전류의 흐름을 조절한다. 저항값이 커지면 전류의 흐름이 어렵게 되어 실제로 회로에 흐르는 전류량이 감소하는 효과를 보게 한다. 즉, 저항값이 클수록 전류가 적게 흐름을 의미한다.

저항은 만드는 재료의 종류에 따라 탄소형, 금속피막형 등이 있으나 극성은 없다.

저항값의 표기는 대체적으로 저항의 몸체가 작기 때문에 다른 부품과 같이 몸체에 숫자를 표시할 수 없어 소형인 경우 색 띠로 표시된 색 저항이 있다. 흘릴 수 있는 전류의 크기에 따라 대체적으로 1W 미만의 전력용량을 가진다.

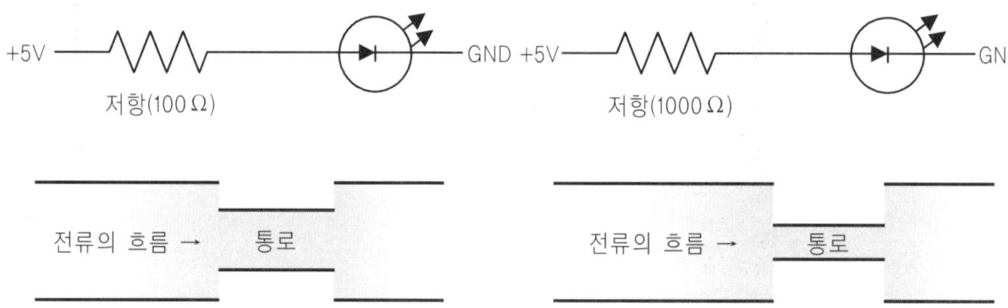

(a) 저항이 작은 경우 (b) 저항이 큰 경우

[그림 3-1] 저항의 특성

[그림 3-1]과 같이 저항이 발광 다이오드에 직렬연결이 된 상태에서 그림 (a), (b) 중에서 밝기는 당연히 100Ω에 연결된 발광 다이오드가 더 밝을 것이다. 왜냐하면 1000Ω보다 100Ω이 저항값이 작아 전류가 훨씬 많이 흐르기 때문이다. 전류가 많이 흐르면 그만큼 할 수 있는 일이 더 많아지며, 발광 다이오드의 경우 밝기는 더 밝을 것이다. 저항의 단위는 옴(Ω)으로 표기한다.

2. 콘덴서

콘덴서(capacitor)는 두 개의 전극이 마주 보는 형태로 두 개의 전극에 전하를 대전시켜 일정 크기의 전기량을 축적하게 하는 원리이다. 축전되는 전하량의 크기를 증가시키기 위한 방법으로는 두 개의 전극면적을 크게 하거나 전극 사이에 유전체라 불리는 물질을 넣는 방법으로 구성된다. 유전체를 전극 사이에 넣고 롤 형태로 감은 것으로, 재질과 절연물질에 따라, 필름 콘덴서, 전해 콘덴서, 오일 콘덴서, 탄탈 콘덴서 등으로 나누어진다.

일반적으로 필름 콘덴서는 저주파, 고주파 특성이 뛰어나지만 부피가 크고 가격이 비싼 편이다. 전해 콘덴서는 고용량을 저가로 만들 수 있어서 전원장치의 평활용으로 많이 사용되고 마이카와 세라믹, 폴리스티롤은 특히 고주파 특성이 좋아 고주파 회로에 많이 사용된다. 콘덴서를 축전기라고도 하는데, 전기를 유전체 사이의 전극에 충전하거나 방전하는 기능을 한다. 콘덴서는 직류보다는 교류를 잘 통과시키고, 충전시킨 전기를 항상 일정하게 방전하는 특성이 있어서 직류를 차단하고 교류신호를 통과시키는 커플링(coupling) 콘덴서, 맥류상태의 불완전한 직류를 완전한 직류로 만들어 주는 평활회로에 평활 콘덴서로 많이 사용된다.

콘덴서의 단위로는 패럿(farad : F)이 사용되지만 일반적으로 콘덴서에 축적되는 전하용량은 매우 작기 때문에, μF나 pF의 단위를 사용한다. 콘덴서의 용량을 읽는 방법을 살펴보면, 콘덴서에는 용량과 내압이 표기되어 있는데 용량은 세 자리의 숫자로 구성되어 있다. 앞의 두 숫자는 유효숫자를, 뒤의 숫자는 10의 배수(승수)를 뜻하며, 이때의 단위는 pF이다. 예를 들면 103이면 $10\times10^3=10{,}000\text{pF}=0.01\mu\text{F}$로 된다. 224는 $22\times10^4=220{,}000\text{pF}=0.22\mu\text{F}$이다. 100pF 이하의 콘덴서는 용량을 그대로 표시한다. 즉, 47은 47pF를 의미한다. 세 자리의 숫자 다음에는 알파벳 문자가 있는데 콘덴서의 오차등급을 말한다. 10pF 이상의 콘덴서에서는 오차는 %로, 10pF 이하에서는 pF으로 표시한다.

내압은 콘덴서 양단에 가할 수 있는 전압의 최댓값을 의미하는 것으로 사용 시 전압은 내전압보다 낮은 범위 내에서 사용해야 한다. 내압보다 큰 전압을 가하면 콘덴서가 파괴되므로 사용 시 전해 콘덴서는 내압과 극성에 주의해야 한다. 전해 콘덴서는 다리가 긴 쪽이 (+)극성이고, (−)전극은 대개 검은 띠로 표시된다.

콘덴서에 63.2%가 충전되는 데 걸리는 시간, 또는 36.8%까지 방전하는 데 걸리는 시간을 시정수(τ)라 하는데 발진주파수나 지연시간의 표준으로 이용된다. 콘덴서 C의 용량은 대향하는 금속판의 면적이 넓을수록, 그리고 대향하는 전극의 간격이 좁을수록 증가한다.

콘덴서는 직류는 통과시키지 않고 교류는 얼마든지 통과시키는 성질이 있는데 콘덴서가 교류회로에서 나타내는 저항, 즉 콘덴서의 임피던스 $X_c=\frac{1}{2\pi fc}$이다. 여기에서 주파수가 작으면 임피던스가 커지고 주파수가 높아지면 임피던스가 작아지는 것을 알 수 있다. 만약 주파수가 0이라면 이때의 임피던스는 무한대가 된다. 다시 말해 직류에서는 저항값이 무한대가 되어 전류가 흐르지 못하게 됨을 의미한다.

3. 인덕터

1) 코일의 개요

코일이란 동선과 같은 선재를 나선 모양으로 감은 것을 말한다. 코일의 성질 정도를 나타내는 단위로 헨리(henry : H)를 사용하는데 도선을 감는 횟수가 증가하면 증가할수록 코일의 성질이 강해지며 헨리의 값도 커진다. 코일은 내부에 아무것도 넣지 않은 공심으로 하는 것보다 철심에 감거나 코어라 부르는 철 분말(페라이트 코어 : 압분철심)을 응고시킨 것에 감는 편이 보다 큰 헨리값이 얻어진다. 통상 전기회로에서 사용하는 코일은 마이크로헨리(μH)부터 헨리(H)까지 폭넓게 사용된다.

코일을 인덕터(inductor) 또는 인덕턴스(inductance)라고 하는 경우가 있으나 인덕턴스라고 하는 것은 코일 성분의 정도를 나타내는 것이며, 부품 그 자체를 나타내는 말이 아니다. 콘덴서의 경우는 커패시턴스(capacitance), 저항의 경우는 레지스턴스(resistance)라는 것이 각각 성질의 정도를 나타내는 것과 같다.

코일에 교류전류가 흐른 경우, 코일에 발생하는 자속이 변화한다. 그 코일에 다른 코일을 가까이 했을 경우, 상호유도작용(mutual induction)에 의하여 접근시킨 코일에 교류전압이 발생한다. 이 상호유도작용의 정도를 상호 인덕턴스(단위는 헨리 : H)라 한다. 코일이 하나만 있는 경우에도 자신이 발생하는 자속의 변화가 자신에게 영향을 주는데 이것을 자기유도작용이라고 하며, 그 정도를 자기 인덕턴스(self inductance)로 나타낸다.

헨리의 정의는 어떤 코일에 매초 1A의 비율(1A/s)로 전류가 변화할 때, 다른 쪽의 코일에 1V의 기전력을 유도하는 두 코일 간의 상호 인덕턴스를 1헨리(H)라고 한다. 자기 인덕턴스의 경우는 전류의 변화율이 1A/s일 때 1V의 기전력을 발생하는 경우의 자기 인덕턴스는 1H가 된다. 이를 다시 정리하면, 다음과 같다.

① 상호 인덕턴스

전류가 흐르는 코일에 다른 코일을 가까이 했을 경우, 상호유도작용에 의해, 접근시킨 코일에 교류전압이 발생하는 특성으로 이 상호유도작용의 정도를 상호 인덕턴스(단위는 헨리 : H)라고 표현한다. 'H'의 기준은 어떤 코일에 매초 1A의 비율(1A/s)로 전류가 변화할 때, 다른 쪽의 코일에 1V의 기전력을 유도하는 두 코일 간의 상호 인덕턴스를 1헨리(H)로 정의한다.

② 자기 인덕턴스

코일이 하나만 있는 경우에도 자신이 발생하는 자속의 변화가 자신에게 영향을 주게 되는데 이것을 자기유도작용이라고 하며, 그 정도를 자기 인덕턴스라 한다. 자기 인덕턴스의 경우는 전류의 변화율이 1A/s일 때 1V의 기전력을 발생하는 경우의 자기 인덕턴스를 1H로 정의한다.

2) 코일의 분류

① 인덕터의 이용방법에 따른 분류

㉠ 전자석으로 힘이 발생하는 것을 이용 : 릴레이, 솔레노이드
㉡ 교류전류를 저지하는 초크(choke) 코일로서 사용 : RFC, 라인 필터
㉢ 커패시터와 조합하여 공진회로로서 사용 : 동조회로, 밴드 패스 필터
㉣ 2 권선 간의 상호 인덕턴스에 의해 트랜스로서 사용 : IFT(중간 주파 트랜스)
㉤ 인덕터 에너지가 축적되는 것을 이용 : 스위칭 레귤레이터(switching regulator)

② 권선 감는 법

㉠ 한 개의 선 : 감지 않은 하나의 도선. 매우 높은 주파수 영역에서 코일, 또는 노이즈 방지용 페라이트 비즈를 사용할 경우이다.
㉡ 솔레노이드 코일 : 솔레노이드 코일은 코일의 원리를 잘 이용한 것으로서 많이 사용되고 있다.
㉢ 스파이더 코일 : 평면 내에 도선이 감겨 있는 구조로 이전에는 라디오 등에 사용되었지만 오늘날에는 평면 코일, 칩 코일 등에 사용되고 있다.
㉣ 트로이덜 코일 : 솔레노이드 코일을 구부려서 원형으로 만든 것이다.

③ 코어의 형상 및 종류

코일에서는 코어를 사용하지 않을 경우 코일이 발생하는 자계의 분포는 코일 감는 방법에 따라 달라진다. 트로이덜 코일은 사용공간이 넓어지므로 가까이에 도전성 물체가 존재하면 손실이 발생하여 실장밀도를 높일 수 없다. 코일의 작용을 살펴보면 다음과 같다.

㉠ 상호유도작용

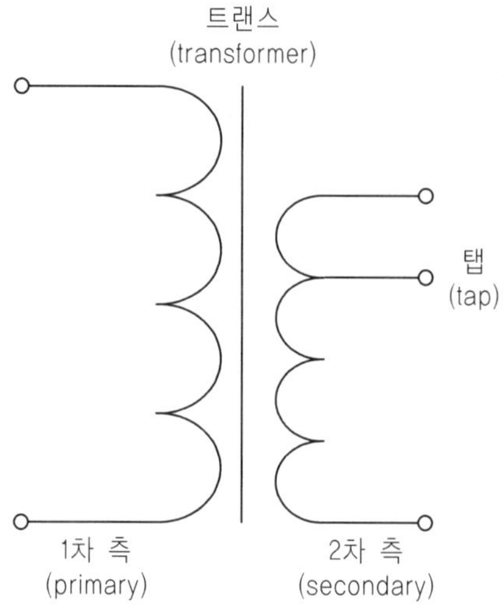

[그림 3-2] 트랜스 구성

두 코일을 가까이 하면 한쪽 코일의 전력을 다른 쪽 코일에 전달할 수 있다는 성질을 이용한 것이 트랜스이다. 전력을 공급하는 쪽의 코일(입력)을 1차 측, 전력을 꺼내는 쪽(출력)을 2차 측이라고 한다. 1차 측 권수와 2차 측 권수의 비율에 따라 2차 측의 전압이 변화한다. 전원 트랜스 등은 2차 측에서 권선의 중간에 선을 내어(센터 탭) 여러 가지 크기의 전압을 얻을 수 있도록 한 것이 많다.

㉡ 공진

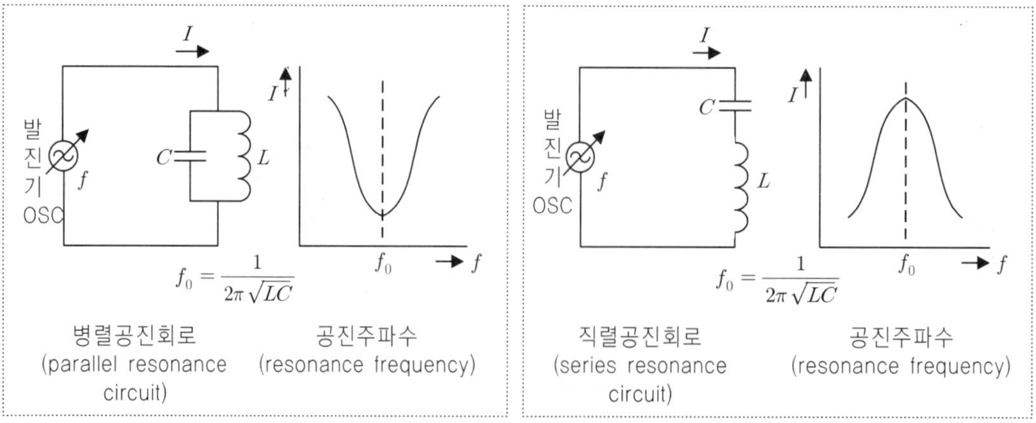

[그림 3-3] 공진특성

코일과 콘덴서를 조합하면 어떤 주파수의 교류전류가 흐르지 않거나, 쉽게 흐르기도 한다. 이것은 전기적인 공진특성이 발생하여 나타나게 되는 것인데 어떤 특정한 주파수만을 통과시키기 위하여 사용되는 필터 회로가 이런 원리를 이용하여 만들어지는 것이다. 라디오의 방송국을 선택하는 튜너는 이 성질을 이용하여 특정한 주파수만을 선택하고 있는 것이다.

공진회로에는 코일과 콘덴서를 직렬로 구성한 직렬 공진회로와 병렬로 구성한 병렬 공진회로가 있다.

㉢ 전원 노이즈 차단기능

코일은 전류의 변화를 안정화시키는 기능을 이용하여 외부로부터 유입되는 노이즈(잡음성분, 불규칙 주파수 성분의 교류)를 효과적으로 차단하는 기능을 가지고 있다.

제 3 절 능동소자

능동소자(active element)란 입력과 출력을 갖추고 있으며 전압을 가한 것만으로 입력과 출력에 일정한 관계를 갖는 소자를 말한다. 에너지의 발생이 있는 것을 능동소자라고 하지만, 에너지 보존 법칙이 성립하여 정상상태에서는 에너지 지수가 0으로 되기 때문에 실제로 에너지가 발생하는 것은 아니며 전원으로부터의 에너지를 써서 신호의 에너지를 발생시키는 등, 에너지 변환을 하는 것이 능동소자이다. 그렇기 때문에 능동소자는 신호단자 외에 전력의 공급이 필요하다.

대표적인 부품으로는 연산증폭기, 다이오드(모든 다이오드가 아니라, 터널 다이오드나 발광 다이오드같이 부성저항 특성을 갖는 다이오드), 트랜지스터, 진공관 등이 있다.

1. 다이오드

다이오드는 전류의 일방통행만 허가하는 소자이다. 순방향으로 전압을 가하면 전류가 흐르고 역방향으로 전압을 가하면 전류가 흐르지 못하는 반도체 소자로 정류

순방향 바이어스(+ : P형, − : N형)

1. 전원인가 전

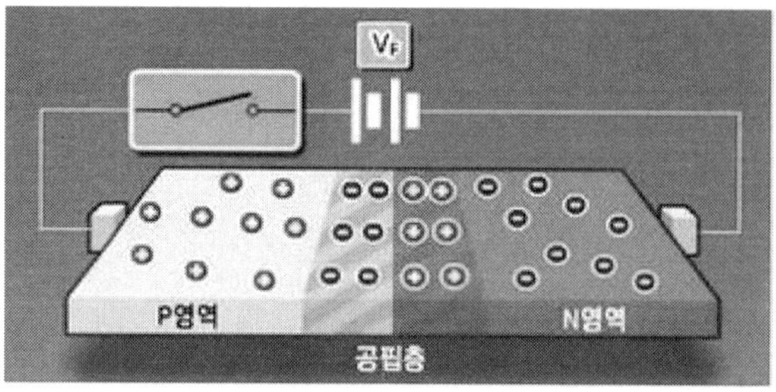

2. 전원인가 후

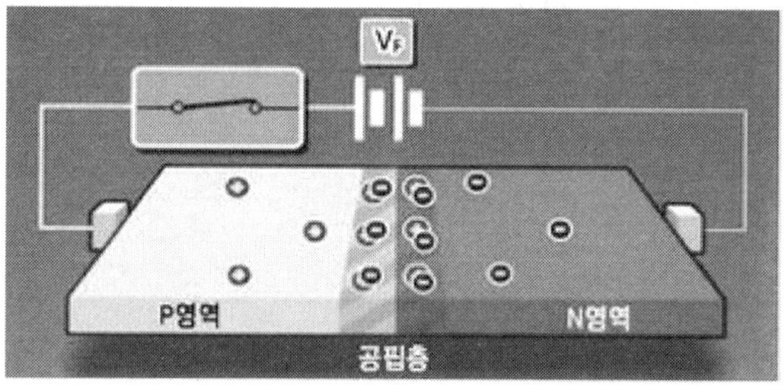

역방향 바이어스(− : P형, + : N형)

1. 전원인가 전

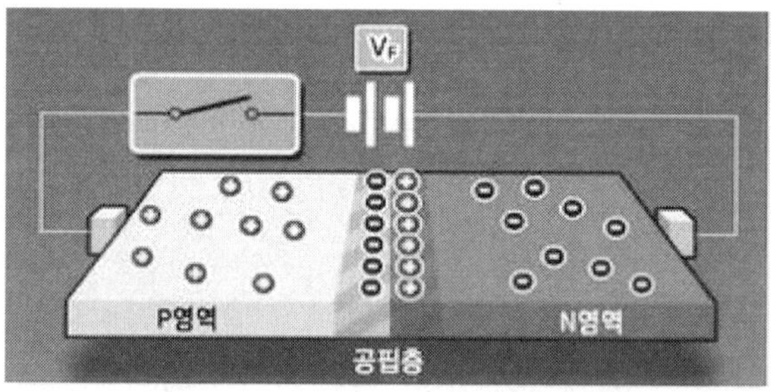

2. 전원인가 후

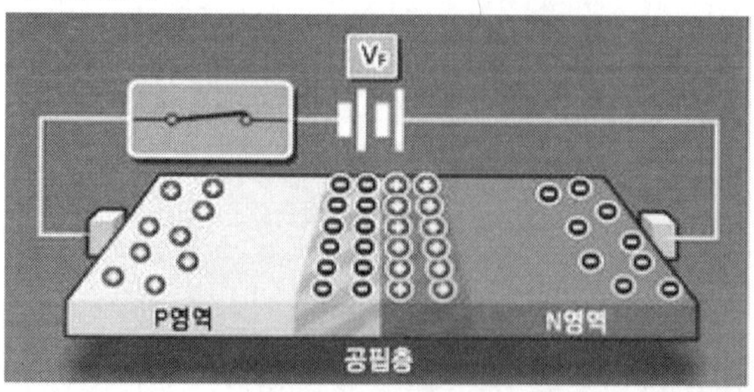

[그림 3-4] 다이오드의 바이어스에 따른 접합층 변화

작용 등 전류의 흐름을 제어하는 데 이용된다. 여기서 바이어스라고 하는 것은 소자에 전압을 가하는 것으로 순방향 바이어스라 하면 이는 다이오드에 전류가 흐를 수 있도록 전압을 가하는 것을 말하며 역방향 바이어스는 가해진 전압의 극성에 의해 접속된 상태에서의 전류흐름이 없는 것을 말한다. 따라서 다이오드의 동작은 가해지는 전압의 극성에 따라 전류의 흐름을 ON/OFF시킬 수 있다.

또 하나의 특성은 순방향 전압을 가했다 하더라도 다이오드 반도체 재질인 Si, Ge 등에 따라 달라지는데 Si의 경우 최소 전압이 0.6~0.7V 이상의 전압, Ge의 경우 0.2~0.3V의 전압을 인가해야만 전류가 흐른다. 반대로 역방향 바이어스의 경우는 전류가 흐르지 않음이 원리적으로 맞으나 실제는 불순물 혼입 정도에 따라 아주 미소한 전류(μA)가 흐르는데 이를 역방향 전류라 하며 이 전류의 크기는 온도 증가에 따라 증가한다.

역방향 바이어스 상태에 인가되는 전압의 크기가 일정 전압을 초과하면 다이오드를 구성하는 두 개의 반도체 P, N 반도체의 접합부 경계가 파괴되어 다이오드의 특성을 잃는 현상이 발생하는데 이를 전자사태라 하며 이 같은 현상이 발생한 이후 그 소자는 사용할 수 없게 된다. 다시 말해 가할 수 있는 최대 역전압 이상을 인가한 경우 그 소자가 견딜 수 있는 최대한도의 전류 이상이 도통된 경우 우리는 이를 소자파괴라 한다.

[그림 3-4]는 다이오드의 전압인가 전 상태와 순방향·역방향 전압의 인가에 따른 내부 접합부의 상태를 도식화한 것이다. 두 개의 접합부 간격이 멀어진 것은 전류의 흐름이 어려운 상태를 의미한다. 순방향 바이어스는 P형 반도체에 전압극성 (+)의 전압을 인가하는 것을 의미한다.

2. 트랜지스터

물질 중에서 전기를 잘 통하는 물질은 전도체, 통하지 않는 물질은 부도체, 전기가 조건에 따라 전도체와 부도체의 성질을 갖는 것을 반도체라 하는데 서로 다른 반도체를 접합하면 전원의 방향에 따라 도체처럼 전류가 흐르기도 하고 부도체처럼 전류가 흐르지 않기도 한다. 이런 성질을 이용하여 만들어진 것이 다이오드이다. 이와 같이 반도체의 특이한 성질을 이용하여 만들어낸 소자들 중 가장 널리 사용하고 있는 것이 트랜지스터이다.

기초 반도체 소자인 트랜지스터는 증폭기능과 스위칭 기능을 가지고 있다.

마이크로프로세서에서는 대부분 스위칭 기능으로 쓰인다. 트랜지스터는 다이오드에서 쓰인 P형 반도체와 N형 반도체를 접합하여 만들어진 소자이다. 접합된 모양에 따라서 즉 두 개의 불순물 반도체 소자 배열순서인 형태에 따라 PNP형 트랜지스터와 NPN형 트랜지스터로 나뉜다.

베이스에 전압을 인가하거나 차단하는 것에 따라서 컬렉터와 이미터는 ON/OFF 동작을 할 수 있게 된다. 이런 구조를 통하여 트랜지스터를 적용하는 방법이 트랜지스터의 스위칭 동작이다. NPN형이나 PNP형은 전압을 가하는 방향이 반대일 뿐 동작원리는 같다.

마이크로프로세서 회로에서 트랜지스터는 일반 출력신호가 구동하고자 하는 소자가 원하는 전류보다 낮은 전류를 출력하는 경우의 증폭을 위하여도 쓰인다.

[그림 3-5]는 트랜지스터의 구조와 기호를 보인 것이다.

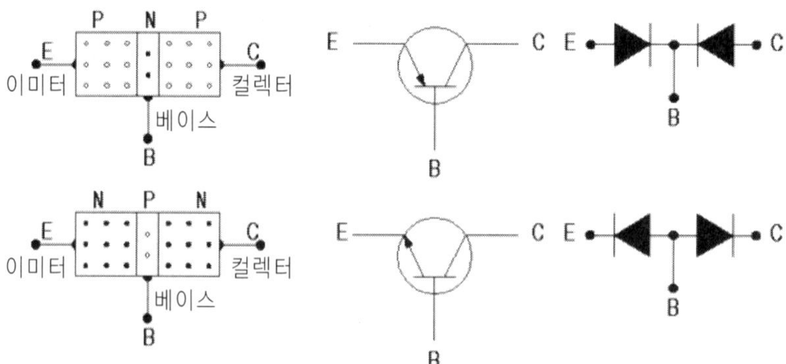

(a) 트랜지스터의 구조 (b) 트랜지스터의 기호

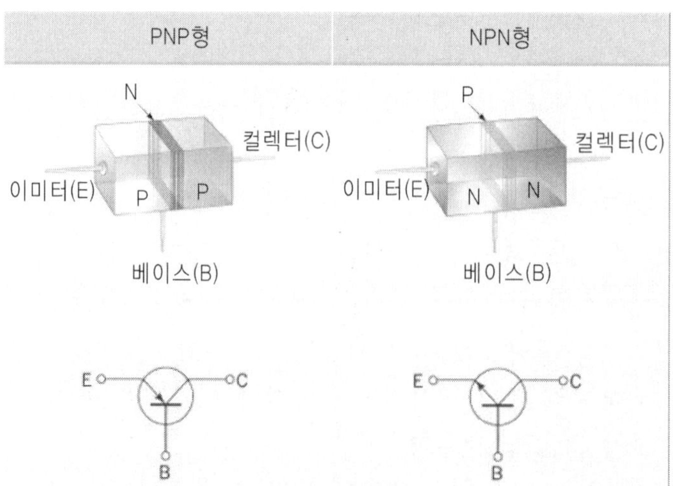

[그림 3-5] 트랜지스터의 구조와 기호

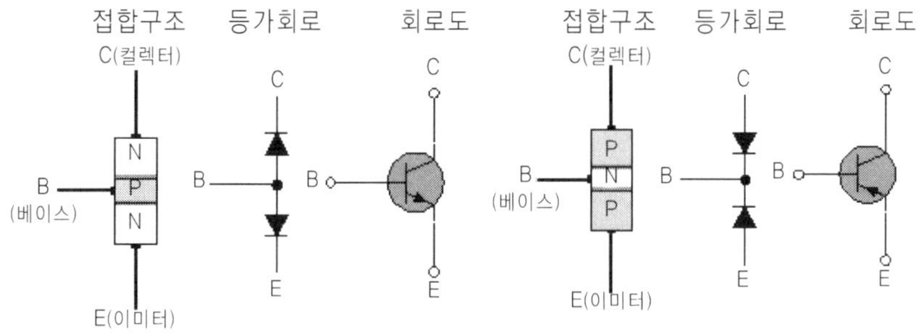

[그림 3-6] 트랜지스터의 외형과 배열

트랜지스터는 베이스의 전류를 증가시키면 이에 따라 컬렉터 전류도 베이스 전류의 증가율에 따라서 증가를 한다. 즉, 베이스 전류의 증가에 따라 컬렉터 전류가 증가를 하다가 베이스 전류가 어느 전류 이상에서 계속 증가를 하여도 컬렉터 전류는 더 이상 증가하지 않는 상태가 된다. 이를 트랜지스터가 포화상태가 되었다고 하는데 트랜지스터를 회로에 이용하는 것은 이 성질을 이용하는 것이다. [그림 3-7]은 트랜지스터의 표기방법에 대한 설명을 보여준다.

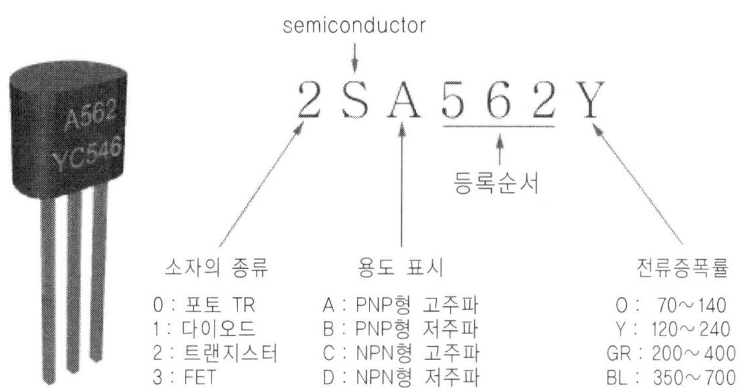

[그림 3-7] 트랜지스터의 형명 표기

3. 집적회로(IC)

마이크로프로세서 하드웨어는 TTL(Transistor Transistor Logic), CMOS(Complementary Metal Oxide Semiconductor) 등의 칩을 사용하여 회로를 구성한다. 디지털 회로에서 가장 많이 사용하는 반도체 소자는 TTL이지만 CMOS, HCMOS(High Speed CMOS) 등의 사용빈도가 증가하고 있다. TTL은 저렴한 가격에 사용할 수 있기 때문에 논리회로의 대명사로 불리는데 많은 종류가 생산되고 있다. TTL IC는 가격도 저렴하고 속도도 빠르지만 소비전력이 크고 집적이 용이하지 않은 단점이 있다. 그래서 최근에는 마이크로컴퓨터 관련 소자는 HMOS(High Density NMOS)나 CMOS의 논리회로를 많이 이용하고 있다.

논리회로의 High와 Low의 문턱전압(threshold voltage)을 〈표 3-1〉에 나타내었다.

〈표 3-1〉 논리회로의 문턱전압 비교

논리회로	최소 High Level 출력전압(V)	최대 Low Level 출력전압(V)
TTL	2.4	0.4
CMOS($V_S=10$)	9.0	1.0
CMOS($V_S=5$)	4.5	0.5
DTL	2.4	0.4
ECL	−0.96	−1.62

HMOS는 NMOS의 개량형으로 NMOS, PMOS보다 처리속도가 빠르다. CMOS는 HMOS 소비전력의 1/15~1/30로 배터리를 이용하는 휴대용 장비에 적합하다. 교류전원을 사용할 때 전원부를 간소화할 수 있고 백업이 용이하며 배터리의 수명도 연장할 수 있으며 열 발생도 적고 신뢰성을 향상시킬 수 있으나 앞에서 언급한 것처럼 수행속도가 느린 단점이 있다.

HCMOS는 CMOS의 저소비전력과 HMOS의 속도를 보완한 IC로 산업현장에서 널리 사용되고 있는 추세이다.

마이컴은 TTL이나 CMOS 레벨로 설계되어 있지만 전압 레벨의 차이가 있을 때는 조정해 주는 인터페이스 회로가 필요하다. 마이컴을 구성하는 CPU, ROM, RAM, I/O 장치용의 IC는 TTL과 호환이 되는 전기적 특성을 갖고 있는데 실제의 회로구성에는 TTL과 CMOS가 혼재되어 있다. 일반적으로 하드웨어의 소형화, 고밀도화, 고신뢰도화, 저소비전력을 중시한 시스템에서는 CMOS나 LS-TTL을 사용하는 것이 좋고 고속동작을 요구하는 시스템에서는 S-TTL, F-TTL, ALS-TTL 또는 ECL을 사용하는 것이 좋다.

TTL은 트랜지스터를 이용하여 IC를 만든 것으로 산업용 74 시리즈와 군사용 54시리즈가 있다. 차이는 군사용은 환경이 악조건일 때에도 동작이 가능하도록 설계되어 있는 점을 제외하고는 산업용과 같다. 산업용은 74xxx, 74LSxxx, 74Sxxx, 74Lxxx, 74ALSxxx, 74Fxxx 등으로 표기되어 있다. 여기에서 S, L, LS 등은 TTL의 속성을 나타내는 것으로 특성에 따라 다음과 같이 여러 가지 타입으로 분류할 수 있다.

- 74LSxxx(Low Power Shottkey)
- 74xxx(Normal)
- 74Sxxx(Shottkey)
- 74ALSxxx(Advanced LS)
- 74Fxxx(Fast)

예를 들어 'SN 74 LS 160' TTL의 경우, SN은 제조회사(TI사), 74는 산업용, LS는 저소비 쇼트키를, 그리고 160은 고유명사로 기능을 나타낸다. TTL의 속성을 분석하는 데 있어 속도-전력곱(speed-power product)이 게이트의 특성을 분석하는 데 가장 중요한 인자로 적을수록 좋다. 여기에서 속도, 전파지연을 줄이려면 RC의 값, 즉 저항을 감소하여야 하고, 반대로 소비전력을 줄이려면 저항을 증가하여야 하기 때문에 2개의 특성을 잘 절충할 필요가 있다. TTL에 대한 속도-전력곱을 〈표 3-2〉에 나타내었다.

〈표 3-2〉 TTL IC의 비교

버전	전파지연(ns)	전력소비(mW)	속도-전력곱(PJ)
표준형	10	10	100
LS	9.5	2	19
L	33	1	33
H	6	22	132
S	3	19	57
AS	1.7	8	13.6
ALS	4	1.2	4.8

〈표 3-3〉은 이 중에서 LS형과 표준형 TTL의 최대 정격에 대한 기본적인 특성을 나타낸 것이다. 이 값을 초과할 경우 열적파괴의 원인이 되고 그 순간에 파괴되지 않았다 하더라도 그 IC의 성능을 보장할 수 없기 때문에 사용할 때 주의하여야 한다.

〈표 3-3〉 TTL의 최대 정격

상태 \ 구분		표준형	LS형
공급전압 V_{CC}(그라운드 핀과 V_{CC} 핀과의 전압)		7	7
입력전압		5.5	5.5
오픈 컬렉터형의 OFF 시의 컬렉터 전압		7	7
3-스테이트형의 OFF 시의 출력 핀 인가전압		V_{CC}	7
동작온도	군사용	−55~125℃	−55~125℃
	산업용	0~70℃	0~70℃

마이컴 회로나 인터페이스 회로를 설계하기 위해서는 TTL의 전류특성과 전압특성을 알아야 한다. TTL의 전류특성과 전압특성을 〈표 3-4〉에 나타내었다. 회로를 설계할 때 이 특성들을 보고 확인할 필요가 있는데 이 조건이 맞지 않을 때는 I_{OH}, I_{OL}이 큰 버퍼용 IC를 사용하여야 한다.

〈표 3-4〉 TTL IC의 전류특성

기 호	설 명	조 건	7400			74LS00			단위
			최소	평균	최대	최소	평균	최대	
I_{IH}	Input High 전류	$V_{CC}=5.5V$ $V_{IH}=2.4V$			40			20	μA
I_{OH}	Output High 전류				−400			-400	μA
I_{IL}	Input Low 전류	$V_{CC}=5.5V$	−1.6			−0.4			mA
I_{OL}	Output Low 전류				16			8	mA
I_{OS}	Output Short 전류	$V_{CC}=5.5V$	−18		−55	−20		−100	mA

〈표 3-5〉 TTL IC의 전압특성

기 호	설 명	조 건	7400			74LS00			단위
			최소	평균	최대	최소	평균	최대	
V_{IH}	Input High 전압		2			2			V
V_{OH}	Output High 전압	$V_{CC}=\text{min}$ $V_{IL}=0.8\text{V}$ $I_{OH}=-400\mu\text{A}$	2.4	3.4		2.7	3.4		V
V_{IL}	Input Low 전압				0.8			0.8	V
V_{OL}	Output Low 전압	$V_{CC}=\text{min}$ $V_{IL}=2\text{V}$ $I_{OL}=\text{max}$		0.2	0.4		0.25	0.5	V

4. TTL의 출력

TTL을 이용하여 인터페이스 회로를 설계하기 위해서는 TTL의 특성을 이해하여야 한다. TTL IC는 출력단의 형태에 따라 오픈 컬렉터, 토템폴, 3-스테이트의 3가지 타입이 있다.

(1) 오픈 컬렉터 출력

오픈 컬렉터(Open Collector : O.C.) 출력은 내부에 풀업 TR이 사용되지 않는다. 그 대신 O.C. 출력회로는 외부에 풀업 저항을 연결해 주어야 한다. 이 때문에 느린 스위칭 동작을 하게 된다. 여러 개의 O.C. 소자들이 연결될지라도 하나의 풀업 저항만 사용한다(그림 3-9).

어느 소자 하나가 0으로 구동되면 공통출력 F는 0, 1이면 1이 출력된다. 이와 같이 $F=A \cdot B$가 된다. 이런 연결을 Wired AND, Wired OR라 부른다. AND나 OR 게이트가 없이 단순한 결선으로 논리적 효과를 볼 수 있다. 이런 특성은 별개의 멀티플렉스 소자를 사용하지 않고, 이 출력들은 멀티플렉스할 수 있다. 따라서 같은 버스(bus)에 여러 소자들을 연결할 수 있다.

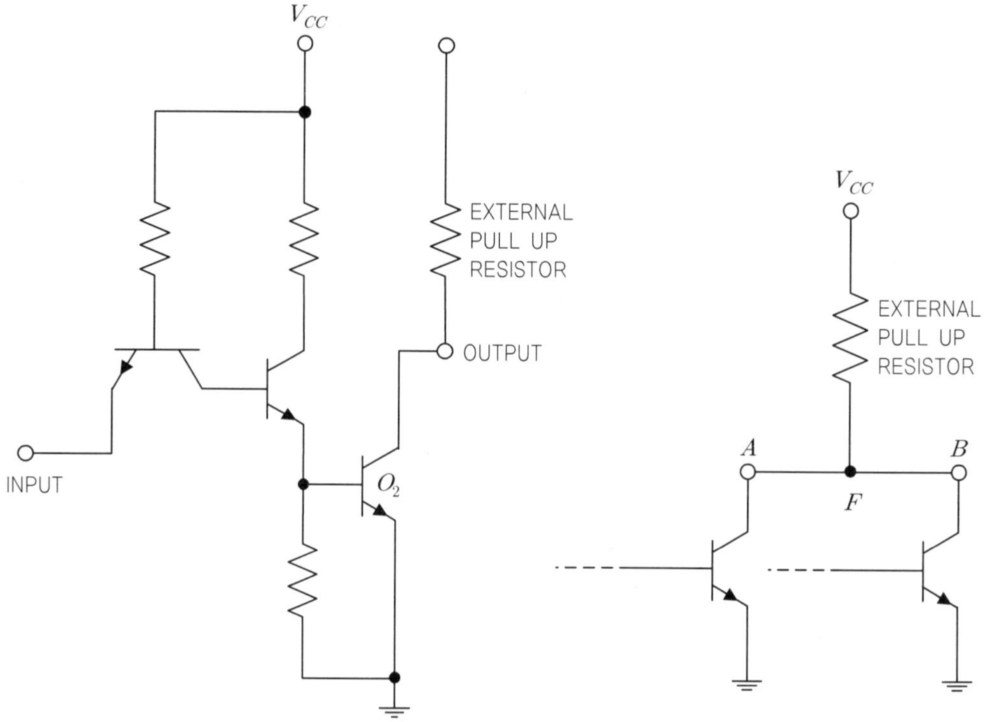

[그림 3-8] 오픈 컬렉터 출력

① 공통 버스를 형성하는 오픈 컬렉터 게이트

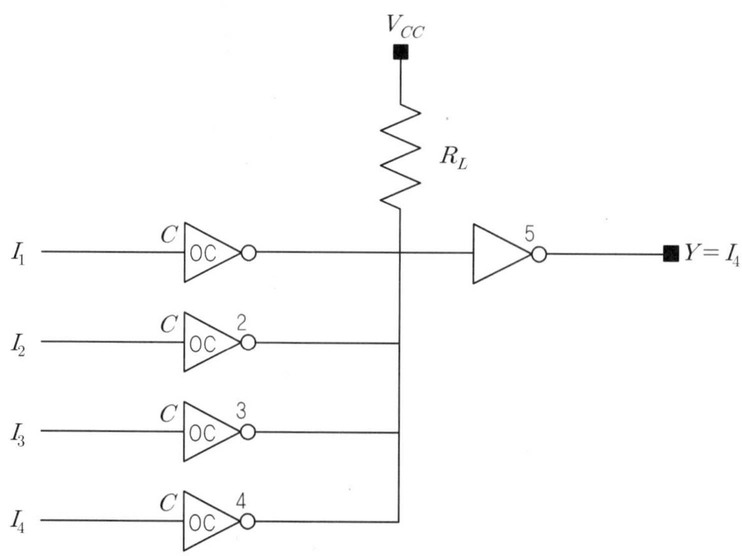

[그림 3-9] 공통 버스를 형성하는 오픈 컬렉터 게이트

② 배선 AND 논리(wired AND logic)

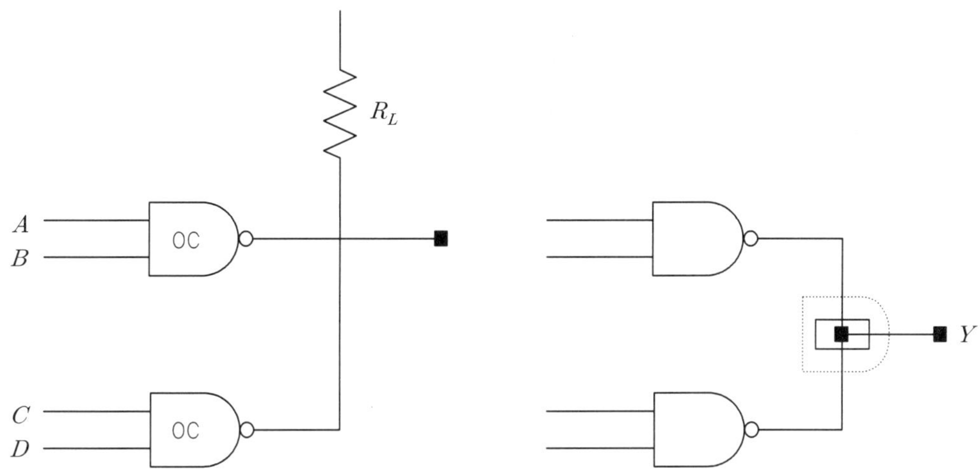

[그림 3-10] NAND 게이트 이용 wired AND 동작

(2) 토템폴 출력

토템폴 출력(totempole output)은 [그림 3-11]에서처럼 TR Q_1과 TR Q_2로 구성되어 있다. 그림 (a)에서 TR Q_1이 ON이고 TR Q_2가 OFF이면 논리가 1이 출력된다. 즉 두 TR 중 어느 하나가 ON이 되면 다른 하나는 항상 OFF가 되도록 설계되어 있다.

장점은 큰 용량성 부하를 구동할 때에는 스위칭 속도가 빠른 점이다. 논리회로가 토템폴 출력을 갖는 소자들로 구성될 때에는 이 출력들은 다른 논리소자들의 입력에만 연결되어야 한다.

토템폴 출력을 갖고 있는 소자들의 출력들이 서로 연결되어서는 안 된다. [그림 3-11 (b)]에서처럼 출력 A가 1이고, B가 0인 상태로 연결되어 있으면 V_{CC}와 접지 사이에 작은 저항을 갖게 되고, 이로 인한 과다한 전류로 흐르게 되고, 전압은 비정상적인 레벨로 변하게 된다. 이에 따라 소자에 무리가 올 수 있다. 따라서 토템폴 출력을 가지는 소자는 절대로 서로 연결할 수 없다. 다시 말하면, A측 좌측의 토템폴 출력과 B측 우측의 토템폴 출력이 서로 연결될 수 없다.

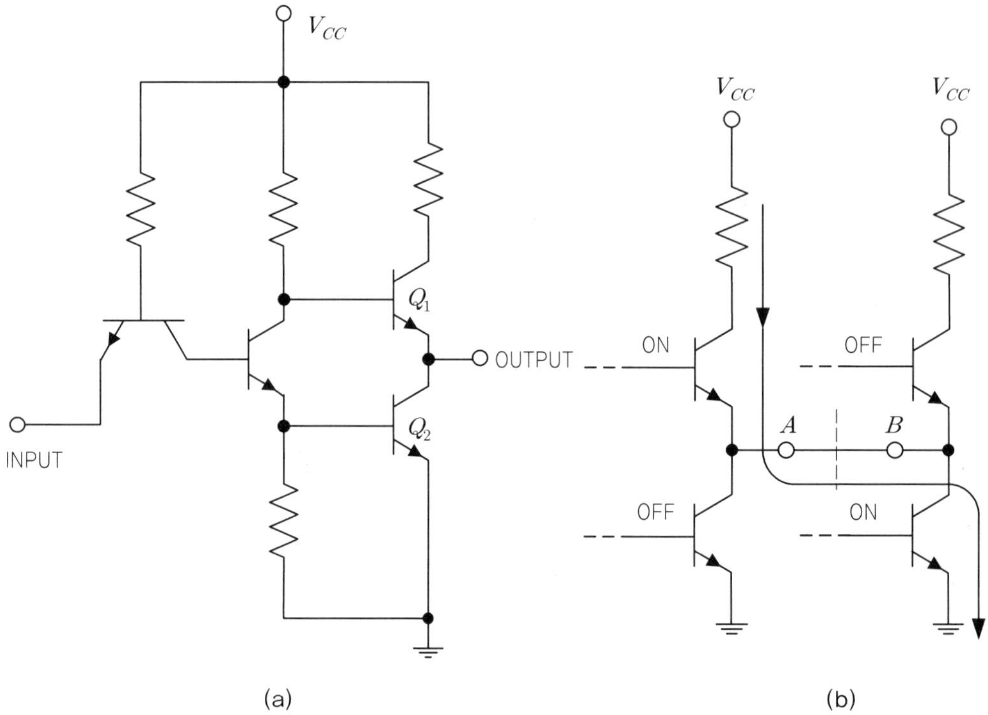

[그림 3-11] 토템폴 출력

(3) 3-스테이트 출력

3-스테이트 출력(three-state output)은 3가지 출력을 제공한다. 하나는 높은 전압 레벨(논리 1)의 낮은 임피던스, 두 번째는 낮은 전압 레벨(논리 0)의 낮은 임피던스, 마지막으로 하이 임피던스(high-impedance) 상태가 된다. 하이 임피던스란 출력이 실제로는 연결되어 있으나 전기적으로 다른 소자와 단절되어 있는 것을 말한다.

3-스테이트 TTL은 토템폴의 회로를 수정하여 구현하였는데, [그림 3-13]과 같이 게이트(gate)를 Enable 또는 Disable하는 제어단자를 두어 3가지의 출력을 얻도록 설계되어 있다. TTL은 Enable 되었을 때는 토템폴과 같은 속도로 동작을 하지만 오픈 컬렉터와 같이 Wired Logic으로는 연결할 수 없다. 그러나 토템폴은 할 수 없지만 오픈 컬렉터는 가능한 공통 버스(common bus)의 사용이 3-스테이트 TTL에서도 가능한데 여기에서 주의할 점은 공통 버스에 연결된 소자 중 하나만 Enable 시키고 나머지는 하이 임피던스 상태가 되어야 한다.

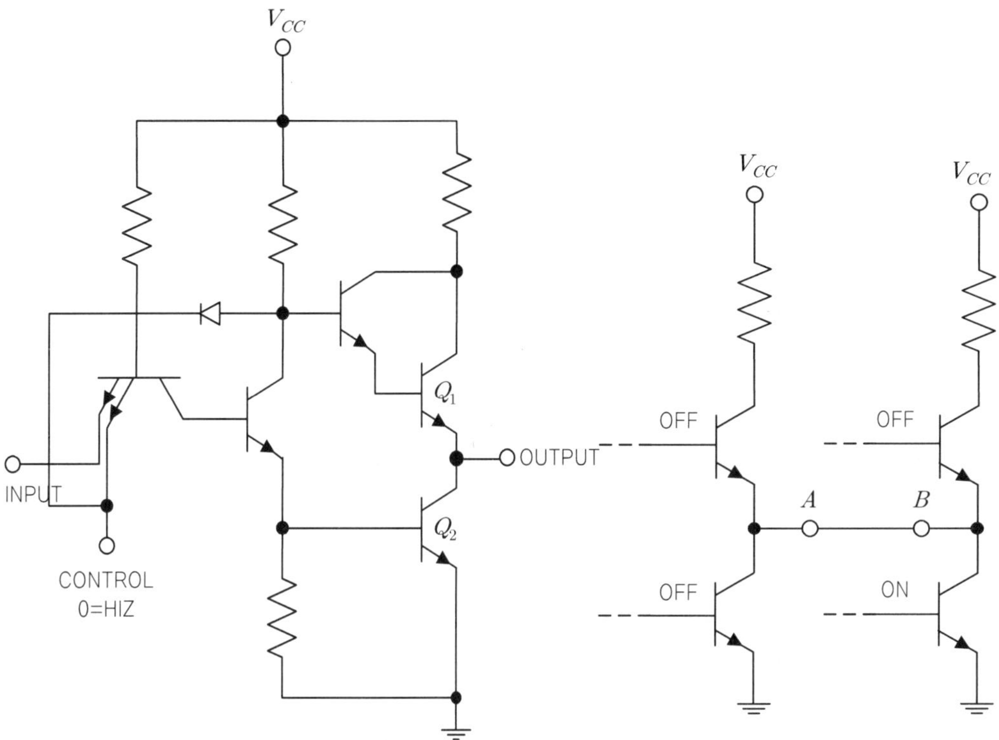

[그림 3-12] 3-스테이트 출력

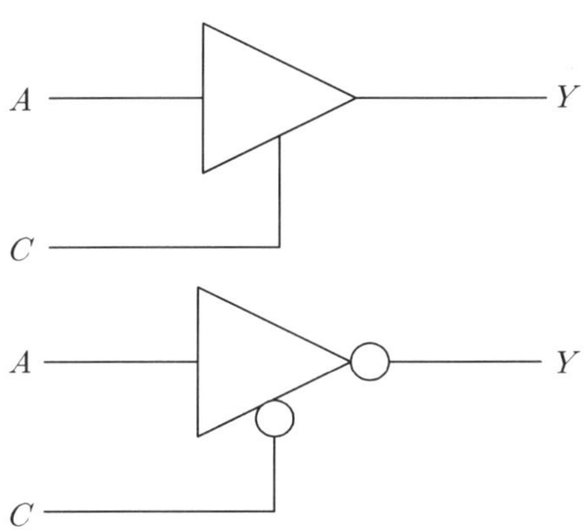

C(제어단자)	Y(출력)
0	High Z
1	A

C(제어단자)	Y(출력)
1	High Z
0	A

[그림 3-13] 3-스테이트 TTL

5. 인터페이스

인터페이스의 필요성은 두 가지 측면에서 고려할 수 있는데 하나는 출력전압과 이에 결합될 입력전압의 불평형을 해결하고자 하는 것이며 두 번째는 출력 측과 입력 측의 임피던스 정합을 위한 회로의 결합을 목적으로 한다.

(1) 동종 인터페이스

1) TTL과 트랜지스터의 인터페이스

[그림 3-14]는 TTL과 TR과의 인터페이스 관계를 나타낸 것으로 저항 R_1은 TTL과 트랜지스터의 종류에 따라 저항의 크기가 틀려지겠지만 일반적으로 너무 고저항을 사용하는 것은 좋지 않다. 왜냐하면 TTL에서 트랜지스터로 흐르는 전류 I_{OH}(소스 전류라 한다)로 컬렉터 전류를 충분히 흐르게 할 필요가 있기 때문이다. 또 R_1을 너무 적게 하면 TTL에서 너무 큰 전류가 나와서 TTL 내의 컬렉터 저항에서 열이 생길 뿐 아니라 TTL 출력의 High 전압이 떨어지게 되고 그 결과 다른 IC를 구동할 때는 출력이 High일지라도 잡음 등의 영향으로 오동작하는 원인이 될 수 있다.

저항 R_2는 트랜지스터가 OFF 상태일 때 트랜지스터의 베이스-이미터 간의 전하를 방전시켜서 베이스의 전위가 그라운드(GND) 전위가 되기 때문에 이 저항을 너무 적게 하면 트랜지스터의 베이스에 걸리는 전압이 작게 된다. 그렇기 때문에 일반적으로 저항 R_1의 2배 또는 그 이상으로 저항 R_2를 정하는 것이 바람직하다.

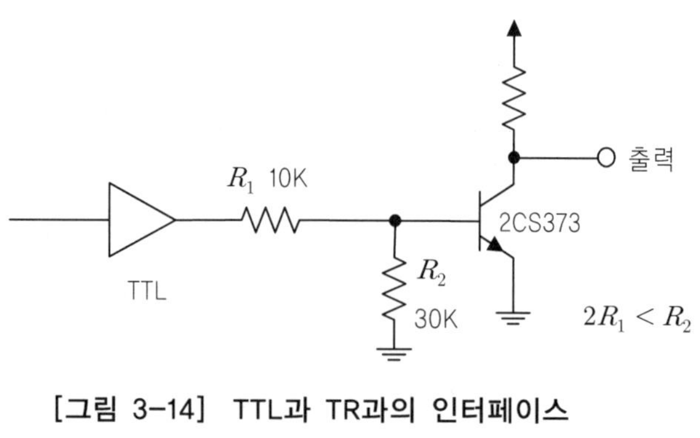

[그림 3-14] TTL과 TR과의 인터페이스

[그림 3-15]는 TTL에 이미터 폴로어(emitter follower)를 인터페이스 시킨 경우인데 여기에서 트랜지스터의 입력 임피던스는 $h_{fe} \times R_E$가 된다. $h_{fe} = 220$인 트랜지스터라고 하면 R_E를 100Ω으로 할지라도 입력 임피던스는 $220 \times 100 = 22\text{k}\Omega$이 되기 때문에 이 임피던스만으로도 TTL에서 출력되는 전류를 줄일 수 있고 따라서 TTL과 트랜지스터 사이에 저항을 연결하지 않고도 인터페이스가 가능하다. 즉 이미터 폴로어는 모든 TTL과 직접연결이 가능하다.

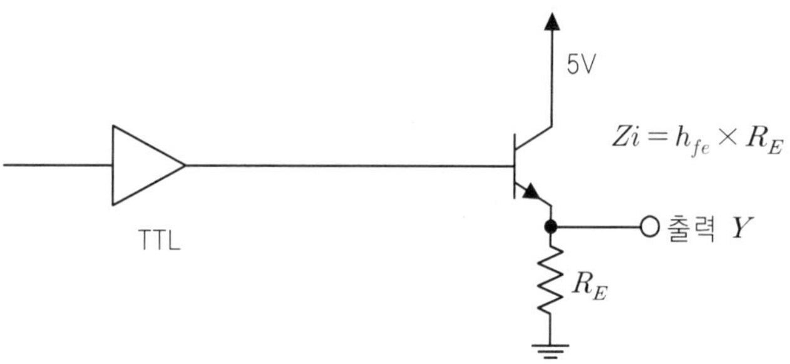

[그림 3-15] TTL과 이미터 폴로어 인터페이스

그런데 [그림 3-16]에서 출력 Y는 TTL의 출력보다 V_{BE}(≒0.7V)만큼 전압이 감소가 된다. 이를 해결하기 위해서는 풀업 저항을 [그림 3-16]과 같이 달아야 한다.

TTL 레벨에서 풀업 저항의 크기는 일반적으로 수$\text{k}\Omega$이 적당하며 출력 Y를 TTL과 접속할 때에는 R_E의 저항을 너무 큰 것을 사용하여서는 안 된다.

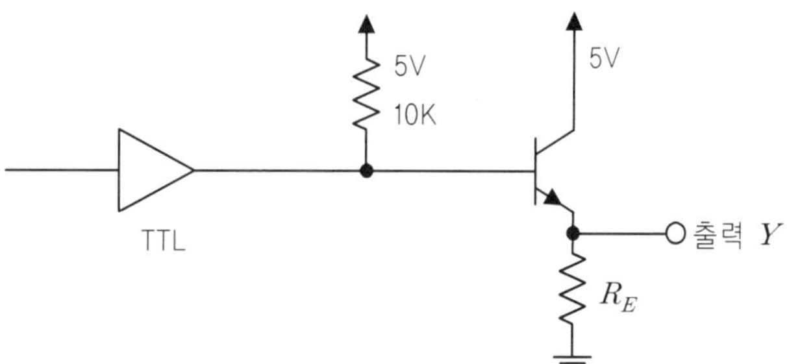

[그림 3-16] 풀업 회로

다음은 PNP형 트랜지스터를 사용해서 TTL의 싱크 출력으로 부하를 구동하는 인터페이스 회로를 [그림 3-17]에 나타내었다. 여기에서 TTL의 싱크 전류(I_{IH})를 크게 하려면 저항 R_1은 작아야만 되고 컬렉터 전류 IC가 큰 트랜지스터를 사용하면 부하에 1A까지도 전류공급을 할 수 있다.

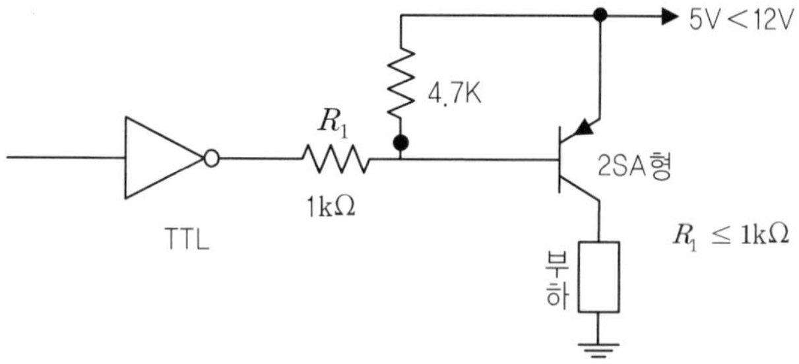

[그림 3-17] TTL을 싱크로 사용한 회로

2) CMOS에서 TTL의 인터페이스

CMOS로 TTL을 구동하고자 할 때에는 CMOS의 출력전류(I_{OH})의 크기를 먼저 파악하여야 한다. CMOS의 출력전류가 적을 때에는 TTL을 직접 구동할 수 없기 때문에 [그림 3-18]과 같이 CMOS과 TTL 사이에 이미터 폴로어 회로를 사용해서 TTL을 구동하여야 하며 CMOS의 출력전류가 클 때에는 TTL과 직접 연결하여 사용할 수 있다.

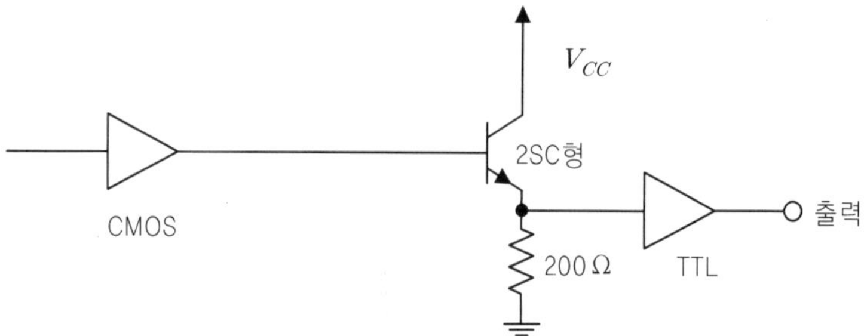

[그림 3-18] CMOS와 TTL 인터페이스

CMOS에서 High로 출력할 때는 위에서 설명한 것같이 가능하지만 CMOS의 출력이 Low 상태일 때는 CMOS가 싱크 능력이 없기 때문에 이런 때는 인터페이스 시키는 것이 곤란하다. 하지만 CMOS일지라도 싱크가 큰 버퍼 등은 이 상태에서 직접 인터페이스 시키는 것도 가능하다. CMOS 버퍼 CD4049A를 사용한 예를 [그림 3-19]에 나타내었다.

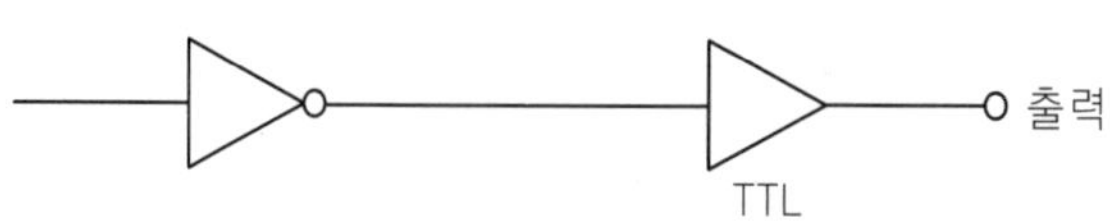

[그림 3-19] CMOS 버퍼와의 인터페이스

3) 트랜지스터에서 TTL, CMOS로의 인터페이스

트랜지스터와 TTL 간의 인터페이스는 트랜지스터의 출력을 컬렉터에서 TTL로 연결하는 방법과 이미터 폴로어와 TTL을 연결하는 방법이 있다. 이 예를 [그림 3-20]과 [그림 3-21]에 나타내었다.

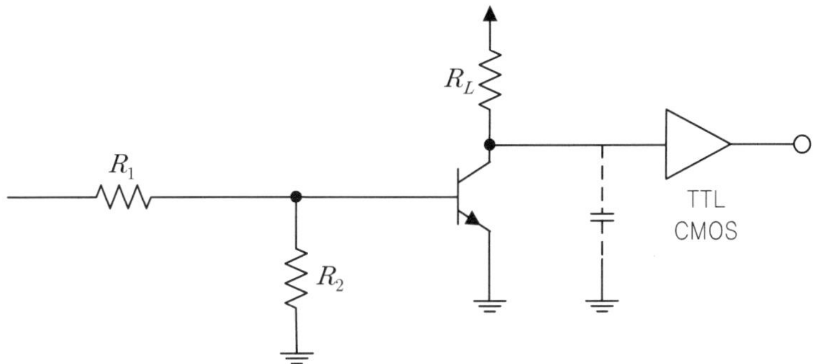

[그림 3-20] 트랜지스터와 TTL과의 인터페이스

[그림 3-21]에서 R_1은 TR의 베이스 전류의 크기를 제한하는데 저항 R_1 값의 선정은 베이스 전류가 컬렉터 전류의 $1/h_{fe}$ 이상 되는 값을 갖도록 해야 한다. 또한 R_L은 일반적으로 TTL인 경우는 수kΩ 정도, CMOS인 경우는 수십 kΩ 정도이다.

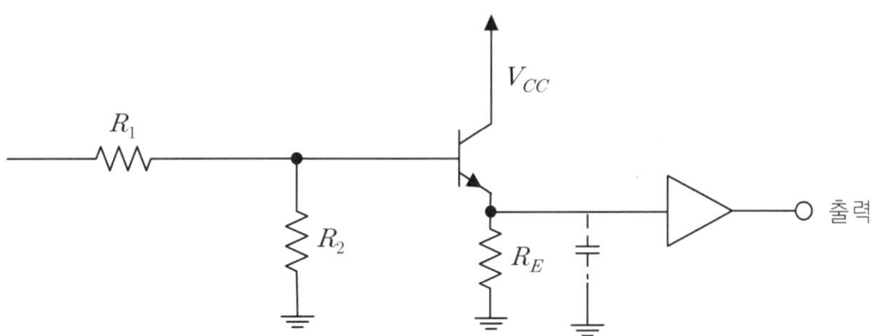

[그림 3-21] 이미터 폴로어 회로 간의 인터페이스

일반적으로 이미터 폴로어 형태에서 저항 R_E 값은 TTL인 경우는 수백 Ω 이하, CMOS인 경우는 수kΩ 정도가 적당하다(정확한 값은 TR과 TTL의 데이터시트를 보고 계산하여야 한다). 이미터 폴로어 형태에서 또 하나 고려해야 할 점은 R_E와 부유용량 C에 의한 시정수로 동작 속도가 결정되기 때문에 R_E와 C가 너무 큰 경우는 고속동작이 곤란하다는 점이다. 부유용량은 배선의 길이라든지 IC 등이 접지에 대해서 갖고 있는 것으로 수pF에서 수십 pF 정도이다.

4) CMOS 인터페이스

CMOS는 소비전력이 적기 때문에 큰 출력전류를 기대할 수는 없다. 따라서 CMOS로 전자 릴레이라든지 LED 표시기 등 큰 전류를 구동하기 위해서는 트랜지스터로 증폭할 필요가 있다.

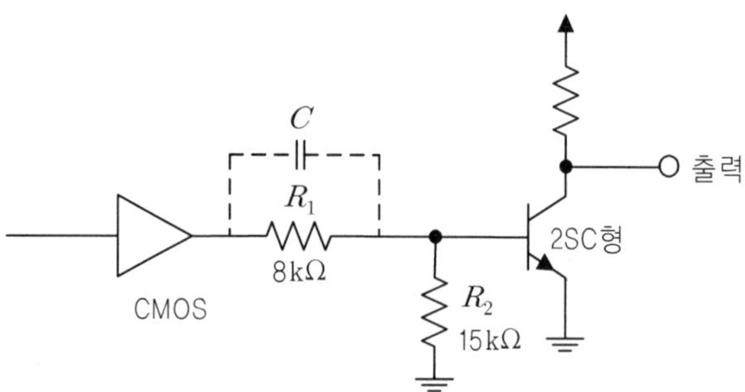

[그림 3-22] CMOS 인터페이스

[그림 3-22]는 그 예를 나타낸 것으로 일반적으로 저항 R_1은 수kΩ 정도가 적당하고, R_2는 없어도 되지만 앞에서 설명한 것처럼 $2R_1$보다 큰 값을 선정함으로써 신뢰도를 향상시킬 수 있다. 또한 동작 속도를 향상시키기 위해서 R_1과 병렬로 스피드 업 콘덴서 C를 연결하기도 한다.

5) TTL에서 CMOS로의 인터페이스

TTL과 CMOS를 연결시킬 때는 TTL의 출력이 High일지라도 충분한 전압으로 나오지 않기 때문에 [그림 3-23]과 같이 수kΩ 정도의 풀업 저항을 연결하는 것이 좋다.

TTL이 오픈 컬렉터형일 경우는 CMOS 구동전원이 15V라 하더라도 TTL의 내압이 높기 때문에 직접 인터페이스가 가능하다.

TTL과 CMOS의 인터페이스를 하기 위해서는 TTL과 CMOS의 차이점을 알아둘 필요가 있다.

TTL에서 CMOS로 인터페이스를 할 때 TTL의 High 출력이 2.4V에서 5V까지로 5V와 같이 충분한 전압이 나오지 않기 때문에 1~10kΩ 정도의 풀업 저항을 [그림 3-23]처럼 연결해 주어야 한다. 이렇게 하면 TTL의 출력이 High인 경우 5V로 나타나게 된다.

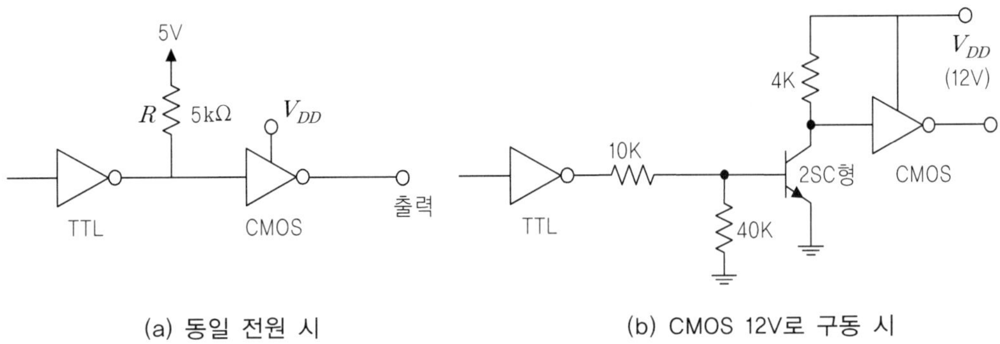

[그림 3-23] TTL과 CMOS 인터페이스

CMOS의 전압이 12V나 15V처럼 높을 경우는 트랜지스터를 이용하여 TTL과 인터페이스를 하든지 아니면 내압이 높은 TTL의 오픈 컬렉터를 사용하면 쉽게 인터페이스가 가능하다.

(2) 인터페이스 설계상의 주의

CMOS나 TTL 디바이스를 설계할 때에는 다음과 같은 사항에 주의를 하여야 한다.

1) 와이어드 결선의 금지

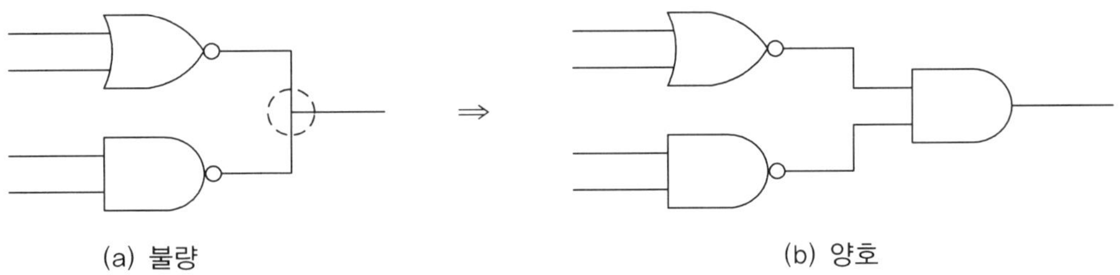

[그림 3-24] 와이어드 결선의 금지

2) 입력단자의 개방 금지

입력단자의 개방상태로 하면 노이즈 등에 의한 오동작의 원인이 된다.

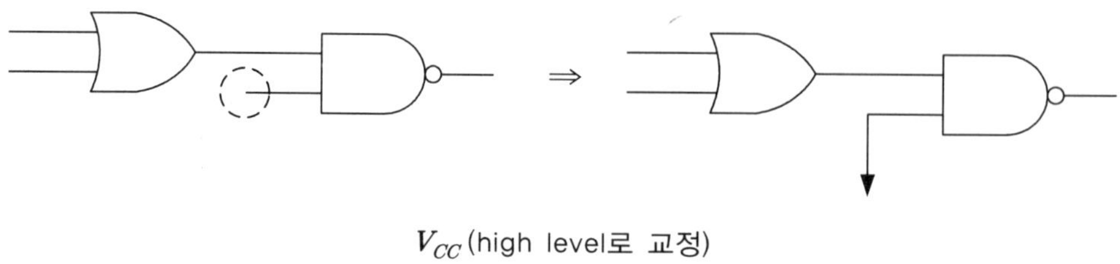

(a) 불량 (b) 양호

[그림 3-25] 입력단자의 개방 금지

3) 같은 입력의 단락(short) 금지

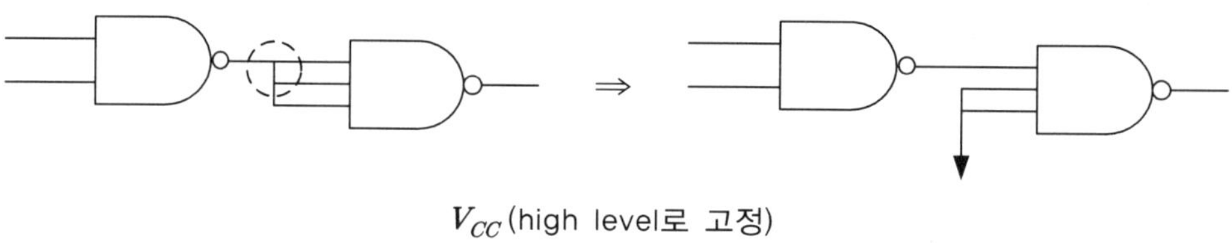

(a) 불량 (b) 양호

[그림 3-26] 같은 입력의 단락 금지

4) 초퍼 회로 금지

초퍼(chopper) 파형을 얻고자 할 때 게이트에 의한 지연회로보다 클록에 동기를 맞춘 출력파형을 발생회로를 이용하도록 한다.

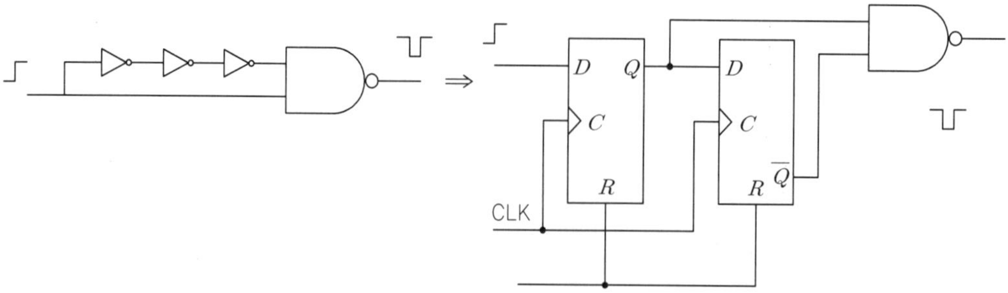

[그림 3-27] 초퍼 회로 금지

(3) 구동회로 인터페이스

퍼스컴이나 마이컴에서 나오는 신호, 전류나 전압은 액추에이터를 구동하기에는 아주 작기 때문에 직접 연결하는 것은 불가능하다. 따라서 퍼스컴이나 마이컴에서 나오는 신호를 증폭하여 액추에이터를 구동하여야 한다.

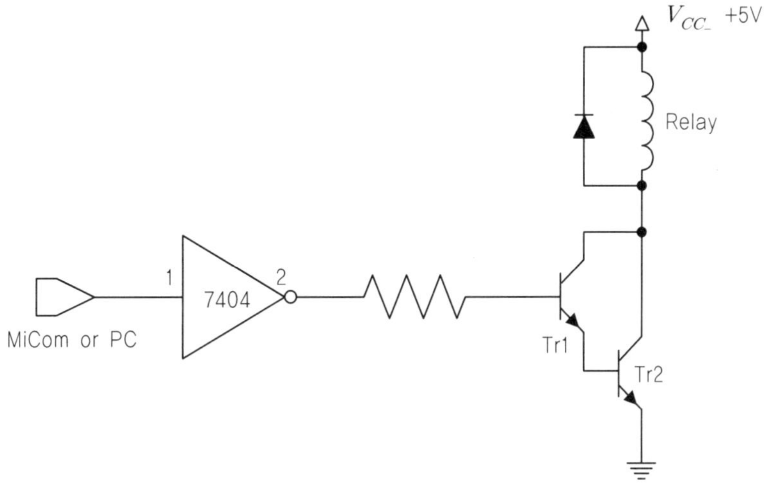

[그림 3-28] 릴레이 구동회로

트랜지스터는 스위칭과 증폭을 해주는 기능을 갖고 있다. 여기에서는 트랜지스터의 스위칭 기능을 이용하여 릴레이를 구동하는 회로를 설계하는 방법에 대해 설명한다. [그림 3-28]은 마이컴에서 Low를 출력하면 인버터에 의해 High로 반전되고 트랜지스터는 ON 상태로 되고 컬렉터 전류 I_c가 흘러 릴레이는 구동하게 된다. 반대로 마이컴에서 High가 출력되면 릴레이는 동작하지 않는다.

이 회로에서 저항 R을 구해 보면,

$$R = \frac{V_R}{I_B}, \quad V_{OH} = V_R + V_{BE}$$

이므로

$$R = \frac{V_{OH} - V_{BE}}{I_B}$$

로 계산된다. 여기에서 V_{OH}는 인버터의 출력 최소 전압으로 2.4V, V_{BE}는 베이스와 이미터 간의 전압으로 0.7V, I_{OH}는 인버터의 최대 출력전류=0.4mA, I_B는 베이스 전류=0.4mA로 I_{OH}보다 작거나 같다. 이 경우 저항 R은

$$R = \frac{2.4 - 0.7}{0.4 \times 10^{-3}} = 4.25\text{k}\Omega$$

여기에서 여유를 고려하여 3kΩ의 저항을 사용한다. 저항 R이 결정되면 컬렉터 전류 I_C와 트랜지스터 증폭률 h_{FE}의 관계를 고려하여 트랜지스터와 릴레이를 결정한다. 릴레이를 〈표 3-6〉과 같은 사양의 5V 정격의 직류 릴레이를 사용하였을 때 이 릴레이에 흐르는 전류는 5V/43.4Ω=115mA이다.

〈표 3-6〉 릴레이 사양의 예

코일 정격	5V
개방전압	정격전압의 10%V 이상
정격여자전류	115mV
정격소비전력	576mW
코일 저항	43.4Ω
감동전압	정격전압의 80%V 이하

컬렉터 전류 $I_C = 115\text{mA}$이므로 이를 이용하여 트랜지스터의 전류증폭률을 계산하면,

$$h_{FE} = \frac{I_C}{I_B} = \frac{115}{0.4} = 287$$

이 된다. 즉, 트랜지스터를 선정하는 데 있어서 h_{FE}가 287 이상이 되는 트랜지스터를 사용한다. 예를 들어 2SC372의 경우 $I_C = 150\text{mA}$, $h_{FE} = 70 \sim 400$이므로 이 경우 사용이 가능하다.

지금까지 설명한 $V_{OH} = 2.4\text{V}$는 TTL 출력의 최악의 조건전압이다. 이상적인 경우 $V_{OH} = 5\text{V}$이다. 저항 $R = 3.0\text{k}\Omega$, $V_{OH} = 5\text{V}$일 때 베이스 전류를 구해 보면,

$$I_B = \frac{V_{OH} - V_{BE}}{R} = \frac{5-0.7}{3.0 \times 10^{-3}} = 1.43\text{mA}$$

이 전류는 TTL의 출력전류 $I_{OH} = 0.4\text{mA}$ 보다 크기 때문에 TTL에 무리가 갈 수 있다. 이를 해결하기 위해서 트랜지스터를 [그림 3-29]와 같이 2개를 사용하여 트랜지스터 1은 h_{FE}가 큰 것을 선택하고 트랜지스터 2는 컬렉터 전류가 큰 것을 사용한다.

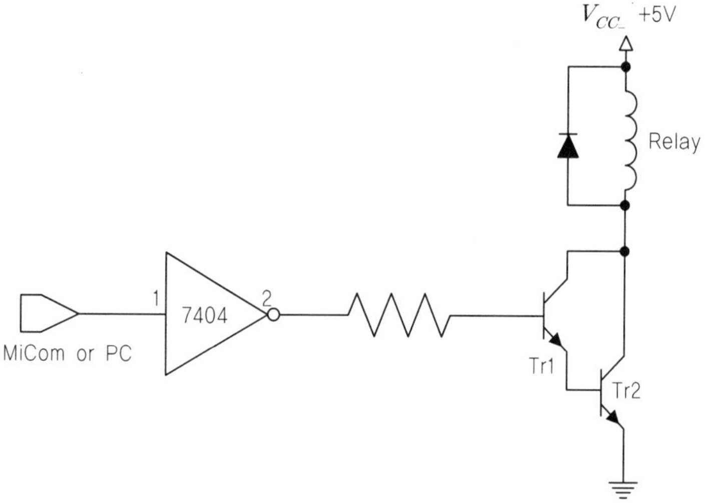

[그림 3-29] 2개의 트랜지스터를 사용한 구동회로 예

이와 같이 트랜지스터 2개를 사용하는 방법을 달링턴이라 한다. 이와 같이 달링턴 회로를 사용하면 TTL에 무리가 되지 않으면서 릴레이를 구동할 수 있다. 릴레이나 액추에이터 같은 코일 성분은 ON/OFF 시 순간적으로 높은 역기전력(서지전압)이 발생하여 인터페이스 회로를 망가뜨릴 수 있다. 이를 해결하기 위해서 역기전력을 흡수할 수 있도록 다이오드를 코일과 병렬로 연결한다. 여기에서 다이오드는 일반적으로 1S1588을 사용한다.

전류증폭률을 높이기 위해서 달링턴 트랜지스터를 사용하지만 이 경우 $V_{CE}(\text{sat})$가 높기 때문에 컬렉터 손실이 크게 된다. 이를 해결하기 위해서 트랜지스터에 공급되는 전원을 달리해서 사용하는 경우가 많다.

설계 및 트랜지스터를 선정하는 방법은 앞에서 설명하였지만 실제로는 트랜지스터 어레이나 SSR을 이용하여 액추에이터나 릴레이를 구동한다. 릴레이는 유접점이지만 SSR(Solid State Relay)은 무접점 스위치로 노이즈에 강하고 신뢰성이 높을 뿐만 아니라 사용이 간단하기 때문에 편리하다. SSR의 기본회로와 이를 이용한 인터페이스 회로를 [그림 3-30]과 [그림 3-31]에 나타내었다.

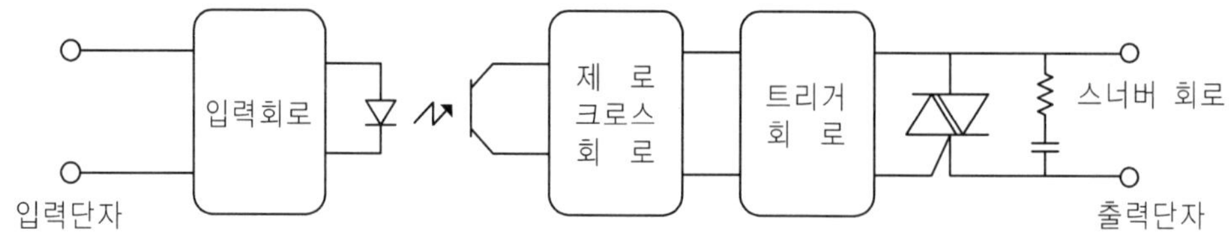

[그림 3-30] SSR 기본회로

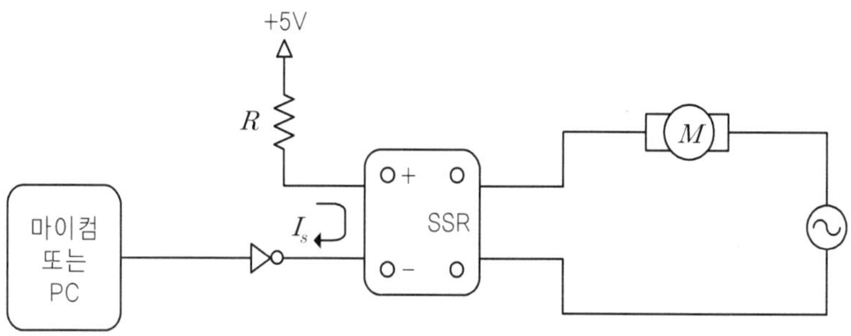

[그림 3-31] SSR 응용회로

chapter **4**

C 언어의 기본 익히기

- ❑ 제 1 절 개 요
- ❑ 제 2 절 프로그래밍 언어
- ❑ 제 3 절 언어 활용

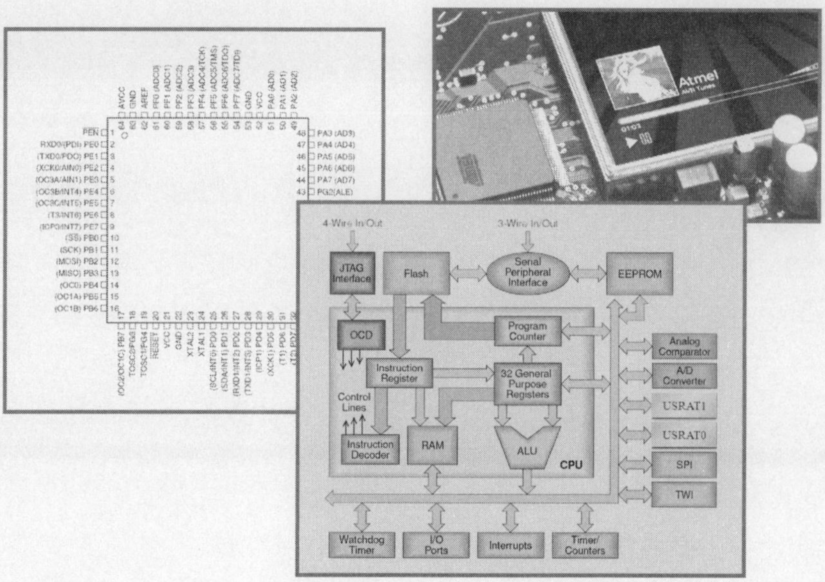

제1절 개 요

이 장에서는 마이크로컨트롤러의 프로그래밍에서 사용하는 C 언어의 기본적인 문법과 활용법에 대하여 살펴본다.

C 언어를 포함한 언어에서 프로그램을 잘하려면 전체적인 동작의 구성에 대한 이해와 더불어 작성된 각 문장에 대하여 시스템에서 요구하는 마이크로컨트롤러의 수행동작을 정확히 파악해야 한다. 때문에 C 언어로 프로그램을 작성할 때 문법에 오류가 발생되면 컴파일러가 지적해 주므로 수정이 가능하지만 문법적으로는 문제가 없는 프로그램이 목적하는 대로 수행되지 않을 때는 오류의 원인을 파악하고 수정하는 것이 매우 힘들게 된다. 이때 이를 수정하기 위한 작업을 디버깅(debugging)이라 하며 프로그래머의 능력은 전체적인 프로그램을 얼마나 짜임새 있게 구성하느냐와 바로 이 디버깅을 얼마나 현명하게 할 수 있는가에 좌우된다.

제2절 프로그래밍 언어

1. C 언어 구성

C 언어는 대문자와 소문자를 구별하여 프로그램을 작성하여야 한다. 대부분의 함수나 키워드는 소문자이므로 주의를 요한다.

(1) C 언어의 특징

- 범용 프로그램인 언어
- 중급 수준의 언어
- 구조적 프로그래밍 지원
- 풍부한 내장함수 제공

• 실행 파일 크기가 작아 빠른 성능 구현이 가능

(2) 프로그램 개발 순서

원시 파일 → 목적 파일 → 컴파일 → 링킹

(3) C 프로그램 일반 형식

```
#include <stdio.h>
int a;
void function();
void main(){
int i;
i=10;
a=10;
function();
printf("I = %d", i);
printf("A= %d", a);
}void function()
{
a++;
}
```

2. 예약어

〈표 4-1〉의 단어는 예약어인데 이들 예약어에 해당되는 단어를 변수로 설정할 수 없다.

〈표 4-1〉 예약어

auto	continue	default	do-while	double	entry
break	extern	float	for	goto	if-else
case	int	long	register	return	short
char	sizeof	static	struct	switch	typedef
union	unsigned				

제 3 절 언어 활용

1. 문 법

(1) 숫자표기

C 언어에서 정수와 실수는 다음과 같이 표기한다.

1) 정수

정수표현방법은 〈표 4-2〉에서와 같이 8진, 10진, 16진 표현방법이 있다.

〈표 4-2〉 정수표현방법

8진수	0으로 시작되는 숫자	012
10진수	+, −와 0 이외의 숫자로 표시되는 숫자	123, −10
16진수	0X, 0x로 시작되는 숫자	0X1c, 0x1d

2) 실수

실수는 부동 소수점으로 취급된다. 10진수로 표기하며, 가수부와 지수부로 나누어지고, 가수부의 마지막에 e 또는 E를 붙여 그 이후에 지수를 표기한다.

(2) 연산자

C 언어에서는 많은 연산자(operator)가 사용되며, 어셈블리어에서와 같이 비트 단위로 조작할 수 있다.

〈표 4-3〉 C의 연산자

<table>
<tr><th>연산자 기호</th><th>기 능</th><th colspan="2">연산 예(x=0x11=17, y=0x27=39인 경우)</th></tr>
<tr><td rowspan="2">+, -, *, /</td><td rowspan="2">사칙연산[1]</td><td>$z=x+y;$</td><td>$z=0x38=56$</td></tr>
<tr><td>$z=y/x;$</td><td>$z=0x2=2$</td></tr>
<tr><td>%</td><td>모듈러스 연산자
(나머지 계산)</td><td>$z=y \% x;$</td><td>$z=5;$</td></tr>
<tr><td rowspan="2">〈〈, 〉〉</td><td rowspan="2">왼쪽/오른쪽 자리이동[2]</td><td>$z=x \ll 1;$</td><td>$z=0x22=34$</td></tr>
<tr><td>$z=y \gg 2;$</td><td>$z=0x9=9$</td></tr>
<tr><td>&</td><td>비트 AND</td><td>$z=x \;\&\; y;$</td><td>$z=0x1=1$</td></tr>
<tr><td>|</td><td>비트 OR</td><td>$z=x \mid y;$</td><td>$z=0x37=55$</td></tr>
<tr><td>^</td><td>비트 XOR</td><td>$z=x \,\hat{}\, y;$</td><td>$z=0x36=54$</td></tr>
<tr><td>~</td><td>비트 NOT</td><td>$z=\sim x;$</td><td>$z=0xD8$
$=216$</td></tr>
<tr><td rowspan="2">++, --</td><td rowspan="2">증가, 감소[3]</td><td>$z=++x;$</td><td>$z=0x12=18$</td></tr>
<tr><td>$z=--x;$</td><td>$z=0x10=16$</td></tr>
<tr><td>〈, 〈=, 〉, 〉=</td><td>비 교</td><td>if $(x > y)$ z =0x0;
else z =0x1;</td><td>$z=0x1=1$</td></tr>
<tr><td>==, !=</td><td>등 가</td><td>if (x == 0x11) z =0x0;
else z =0x1;</td><td>$z=0x0=0$</td></tr>
<tr><td>&&</td><td>논리 AND</td><td>if ((x ==0x11) && (y ==0x11))
z =0x1; else z =0x2;</td><td>$z=0x2=2$</td></tr>
<tr><td>||</td><td>논리 OR</td><td>if ((x ==0x11) || (y ==0x11))
z =0x1; else z =0x2;</td><td>$z=0x1=1$</td></tr>
<tr><td>?:</td><td>조건 연산자[4]</td><td>z = (x !=0x11) ? 0x1:0x2;</td><td>$z=0x2=2$</td></tr>
<tr><td>sizeof</td><td>변수가 차지하는 메모리의 바이트 수를 나타내어 준다.</td><td>unsigned int16 x;
z =sizeof(x);</td><td>$z=2$</td></tr>
<tr><td>(type)</td><td>캐스트 연산자[5]</td><td>signed int8 x; signed int16 z;
z =(signed int16) x;</td><td></td></tr>
<tr><td rowspan="2">+=, 〈〈=, …</td><td rowspan="2">대입 연산자[6]</td><td>$x+=y;$</td><td>$x=x+y;$</td></tr>
<tr><td>$x \ll= 3;$</td><td>$x=x \ll 3;$</td></tr>
</table>

(1) 연산 결과 오버플로가 발생되는 경우에 대한 조치는 전적으로 프로그램 작성자의 몫이며 정수 나눗셈의 경우에는 몫만이 결과로 저장된다.

(2) 정수를 왼쪽으로 자리이동하면 한 비트씩 왼쪽으로 이동될 때마다 MSB는 사라지게 되고 LSB에 영이 추가되므로 자리이동하기 전의 수에 2를 곱한 결과와 동일하게 된다. 단, 사라지는 MSB가 1인 경우에는 2를 곱한 결과와 같지 않게 된다. 예를 들어 0x4의 숫자를 왼쪽으로 1번 자리이동하면 0x8이 되므로 2를 곱한 결과와 같지만 0x80을 왼쪽으로 1번 자리

이동하면 0x0이 되므로 2를 곱한 결과와 같지 않게 된다. 따라서 주어진 수에 2^n을 곱하는 경우에는 곱셈을 하기보다는 자리이동 연산자를 이용하는 것이 수행속도 측면에서 유리하다. 마찬가지로 주어진 수를 2^n으로 나누는 경우에는 왼쪽으로 n번 자리이동시키는 연산자를 이용할 수 있다.

(3) 증가 및 감소 연산자는 전위형(prefix type)과 후위형(postfix type)이 있다. 표에 나타난 예제는 전위형으로서 x의 값을 증가시킨 후 z에 대입하게 되므로 $x=z$가 된다. 그러나 '$z=x$++;'와 같이 후위형으로 증가 연산자를 사용하면 x의 값을 z에 대입한 후 x를 증가시키게 되므로 이 문이 수행되고 나면 $z=x-1$이 된다. 감소 연산자의 경우에도 동일한 방식이 적용된다.

(4) 조건 연산자는 '?' 기호 앞의 수식표현이 참(true)이면 ':' 기호 좌측의 값이 대입되고 거짓인 경우에는 우측의 값이 변수에 저장된다. 예제의 경우에는 x=0x11이므로 수식표현은 거짓이 되어 변수 z에는 0x2가 대입된다.

(5) 캐스트 연산자는 변수의 형을 일시적으로 바꾸어 주는 것으로 예에서와 같이 부호가 있는 8비트 정수변수인 x를 부호가 있는 16비트 정수변수인 z에 대입하려면 상위 8비트가 변수 x에서는 정의되지 않으므로 변수 z에 대입될 수 없다. 이러한 경우에 캐스트 연산자를 사용하면 8비트로 정의된 변수 x에 대하여 (unsigned int16)인 경우에는 상위 바이트를 0x0, (signed int16)의 경우에는 상위 바이트를 0xFF로 확장하여 16비트 변수 z에 대입된다.

(6) 대입 연산자는 사칙 연산자(+=, -=, *=, /=), 모듈러스 연산자(%=), 자리이동 연산자(〈〈=, 〉〉=), 비트 연산자(&=, |=, ^=)에 대해서 정의된다.

[주] 대입 연산자는 비교 연산자(〉=, ==, 〈=)와 의미가 다름을 주지하여야 한다.

2. 데이터 형식

(1) 확장문자열

• 형식 : ＼ + 1문자

〈표 4-4〉

표 기	의 미
\a	벨을 울린다(alarm).
\b	앞의 한 문자를 삭제한다(back space).
\f	출력용지를 1 페이지 전진시킨다(form feed).
\n	줄을 바꾼다(new line).
\r	그 줄의 처음 위치로 이동한다(carriage return).
\t	수평으로 소정의 칸을 띄운다(tab).
\\	다음 줄로 계속됨을 의미한다(back slash).
\'	' (single quotation)
\"	" (double quotation)
\0	문자열의 끝을 나타냄(null 문자).

(2) 자료형 범위

C 컴파일러에서도 다른 C 언어에서와 같이 변수를 사용할 경우에는 〈표 4-5〉에 있는 데이터 형식을 선언하여야 한다. 데이터의 크기는 CPU마다 조금씩 다르기 때문에 사용자는 다른 컴파일러에서도 반드시 확인하여야 한다.

〈표 4-5〉

데이터형	내 용	기억 범위	크 기
bit	비트	0 혹은 1	1 비트
unsigned char	부호 없는 정수	0~255	1 바이트
char(or signed char)	부호 있는 정수	−128~+127	1 바이트
enum		−32768~+32767	2 바이트
unsigned int	부호 없는 정수	0~65535	2 바이트
int(or signed int)	부호 있는 정수	−32768~+32767	2 바이트
unsigned short	부호 없는 단정수도 정수	0~655535	2 바이트
short(or signed short)	부호 있는 단정수도 정수	−32768~+32767	2 바이트
unsigned long	부호 없는 배정도 정수	0~4294967295	4 바이트
long(or signed long)	부호 있는 배정도 정수	−2147483648~ +2147483647	4 바이트
float	실수	±1.175191E−38~ ±3.402823E+38	4 바이트
sfr	8 비트 SFR 어드레스	0x00~0xff	1 바이트
sbit	SFR 비트 번호	0x00~0x80	1 비트

(3) 데이터 입출력

〈표 4-6〉

종 류	의 미
printf	자료를 화면에 출력
putchar	화면에 1문자를 출력
putc	스트림(stream)에 1문자를 출력
puts	화면에 문자열을 출력
scanf	키보드로부터 자료를 입력받음
getchar	키보드로부터 1문자를 입력받음
getc	스트림에 1문자를 입력받음
gets	키보드로부터 문자열을 입력받음

1) printf

- 형식 : printf("출력양식", 출력대상);
- 예 printf("x=%d₩n", x);

〈표 4-7〉

문 자	내 용	
a	일반문자열	출력양식
%d	변환문자	
n	확장문자열	
x	변수, 상수, 수식, 함수	출력대상

함수 printf에서 사용하는 데이터형을 지정하는 문자

〈표 4-8〉

변환문자	내 용
%d	인수를 10진수로 변환
%ld	인수를 long형 10진수로 변환
%u	인수를 부호 없는 10진수로 변환
%o	인수를 8진수로 변환
%x	인수를 16진수로 변환
%p	인수를 16진수 대문자로 출력
%c	인수를 문자로 출력
%s	인수를 문자열로 출력
%f	인수를 실수로 출력
%e	인수를 지수로 출력
%g	%e, %f에 따라 자리수가 적은 쪽으로 출력
%%	%를 출력

2) scanf

- 형식 : scanf("입력양식", 입력대상);
- 예 scanf("%d₩n", &a);
- scanf() 함수로 자료를 입력받을 때
  일반변수 앞 : 반드시 '&'를 붙여야 한다.
  배열, 포인터 변수 앞 : '&'를 붙이지 못한다.

(4) 포인터

C 언어에서는 변수 앞에 * 기호를 사용하여 포인터 변수로 선언할 수 있다.

포인터(pointer)는 표에서 설명한 것과 같이 메모리 형태를 저장하는 1 바이트, 메모리 어드레스를 나타내는 2 바이트의 총 3 바이트 크기이다.

〈표 4-9〉

메모리형	포인터값	설 명
idata	1	간접 액세스할 수 있는 내부 데이터 메모리(256 바이트)
xdata	2	외부 데이터 메모리(64K 바이트)
pdata	3	페이지화된 외부 데이터 메모리(256 바이트)
data	4	직접 액세스할 수 있는 내부 데이터 메모리(128 바이트)
code	5	프로그램 메모리(64K 바이트)

3. 제어문

- 선택구조(selection) : if, if-else, switch
- 반복동작(repetition of action) : while, for, do
- 기타구조 : goto, break, continue

```
if 조건제어문
if (조건) 실행문;          (또는 복합문)
```

```
#include <stdio.h>
void main()
{
char a;
a= 'A';
if(a=='A') putchar(a);
putchar(a); //A
}
```

```
while 반복문
while (수식)
{
        문장;
} /* 수식이 거짓일 때까지 수행 */
```

```
#include <stdio.h>
void main()
{
char c;
while(1){
scanf("%c", &c);
printf("%d₩n", c);
}
}
```

```
do-while 반복문
do{
        문장1;
        문장2;
}while(수식) /*수식이 거짓일 때까지 수행, 조건이 거짓이면 실행 않고 종료됨 */
```

```
#include <stdio.h>
void main()
{
int a, sum=0;
a=1;
do{
sum += a;
a++;
}while(a<=10);
printf("Sum=%d₩n", sum); //답: 55
}
```

```
for 반복문
for(수식1;수식2;수식3)
{
        문장1;
        문장2;
}
// 수식1 : 초기 조건 설정
// 수식2 :
```

```
#include <stdio.h>
void main()
{
int a, b, c;
for(a=1; a<3; a++)
for(b=1; b<3; b++)
for(c=1; c<3; c++)
printf("%d * %d * %d = %d₩n", a, b, c, a*b*c);
}
결과
1*1*1=1
......... 2*2*2=8
```

4. 주 석

주석(comment)이란 프로그램 작성자가 프로그램의 의미를 보다 신속하고 명확하게 이해할 수 있도록 덧붙인 설명으로 C 컴파일러는 프로그램에서 주석에 해당되는 부분은 무시하게 된다.

CCS C에서는 주석임을 나타내는 방법으로 2개의 슬래시(slash) '//' 이후에 주석의 내용을 기록하거나 쌍으로 이루어진 2개의 기호로서 '/*'와 '*/'로 감싸여진 내부의 내용을 주석으로 사용할 수 있다. 여기서 전자의 주석표시는 한 줄에서만 유효하며 후자의 경우에는 '/*' 기호로 시작해서 '*/' 기호로 종료되는 위치까지 모두 주석으로 처리되는 것이 다르다.

• 헤더 파일

WINAVR의 C 컴파일러에서 사용하는 헤더 파일(header file)을 살펴보면 다음과 같다.

① C:/WINAVR/avr/include/
② C:/WINAVR/avr/include/avr/
③ C:/WINAVR/avr/include/compat/
④ C:/WINAVR/avr/include/util/

사용자 프로그램에서 헤더 파일의 기본 폴더인 C:/WINAVR/avr/include/에 위치하는 헤더 파일을 인클루드할 때는

```
#include<avr/io.h>
#include<compat/ina90.h>
#include<util/delay.h>
```

와 같이 그 경로를 표시해야 한다.

• #include 〈AVR128.h〉

#은 C 언어의 선행처리기(preprocessor)에서 처리됨을 나타내며 선행처리기는 이름 그대로 C 컴파일러가 사용자가 작성한 프로그램을 기계어 명령으로 변환하기 전에 해야 할 일들을 처리한다. 선행처리기의 명령에는 여러 가지가 있으며 여기서 사용한 명령은 ATmega 128.h의 파일을 포함시켜서 컴파일하라는 의미이다. ATmega 128.h는 헤더 파일로서 컴파일러를 설치한 폴더에 위치하고 있으며 ATmega 128의 동작과 주변장치의 설정과 관련된 상수 등이 정의되어 있다.

컴파일 시 필요한 파일을 포함시킬 때 쓸 수 있는 다른 형식은 포함되는 파일을 인용부호(")로 감싸서 나타내는 것이며 꺾인 괄호(〈〉)를 사용하는 방식과의 차이점은 파일의 위치를 찾기 위하여 검색하는 폴더의 순서에 있지만 대부분의 경우에 포함되는 파일이 헤더 파일인 경우에는 컴파일러가 설치된 폴더에, 사용자가 작성한 파일은 메인 함수가 정의된 파일이 위치한 폴더에 두므로 차이가 없다.

• 전역변수 선언

C 언어에서 선언되는 변수는 크게 전역변수(global variable)와 지역변수(local

variable)로 구분되며 전자는 메인 함수의 시작 전에 선언되어 프로그램의 전 영역에서 사용될 수 있다. 이에 비하여 지역변수는 사용자가 정의하는 함수 내에서 선언되며 그 함수를 수행하는 동안에만 유효하게 된다.

전역변수와 지역변수는 모두 사용자가 초기값을 지정할 수 있으나 초기값이 지정되지 않는 경우에는 전역변수만이 자동적으로 영으로 초기화되고 지역변수는 초기화되지 않아 임의의 값을 갖게 된다. 또한 전역변수와 지역변수를 초기화하여 사용하는 경우에도 전역변수는 프로그램의 수행이 시작될 때 한 번만 초기화되지만 지역변수는 선언된 함수를 수행할 때마다 초기값으로 지정되는 점이 다르다. 변수를 선언하는 방식은 변수형(variable type)과 뒤에 해당되는 변수명을 콤마로 분리하여 나타낸다.

마이크로컨트롤러용 프로그램 개발에서는 항상 프로세서의 롬과 램의 용량을 고려하여야 한다.

[주1] float 변수형을 제외하고 모든 변수형은 기본적으로 부호가 없는 수를 나타내며 signed 또는 unsigned 형으로 선언될 수 있다. 따라서 부호를 갖는 정수일 경우에만 signed로 변수를 선언하여도 무방하지만 필자는 선언된 변수의 부호를 확실히 나타내기 위해 signed 또는 unsigned를 항상 사용하여 변수를 정의하였다.

[주2] 변수명은 임의로 지정하는 것보다는 프로그램에서 변수가 수행하는 기능 및 역할을 고려하여 이를 잘 나타낼 수 있는 용어로 선정하도록 신중하게 결정하는 습관을 들여야 한다. 그래야만 주석문과 더불어 프로그램을 쉽게 이해할 수 있으며 새로운 기능을 구현하거나 디버깅 시에 유리하다. 특히, 프로그램을 작성하고 난 후 오랜 시간이 지나서 다시 살펴보게 되면 자신이 작성한 프로그램일지라도 내용을 이해하는 것이 쉽지 않으므로 가능하면 모든 변수명을 정할 때 기능을 잘 나타내도록 적절한 용어를 선정하고 상세히 주석문을 이용한 프로그램을 작성하는 습관이 필요하다. 변수명을 설정할 때 변수명을 대표할 수 있는 의미의 단어를 2개 내지 3개 정도 정해서 각 단어의 첫 문자는 대문자로 나타내는 것이다. 선택된 단어가 다소 긴 경우에는 변수명이 길어져서 프로그램을 타이핑하는 데 많은 시간이 걸리고 다소 귀찮지만 프로그램을 이해하는 데 절대적으로 도움이 되기 때문에 장기적으로 보면 프로그램을 개발하는 시간이 단축된다. 따라서 지나치게 길지 않은 경우에는 될 수 있는 한 생략되지 않는 단어를 그대로 사용하는 것이 좋다.

[주3] C 언어에서는 여러 가지의 형태로 변수가 차지하는 메모리를 지정할 수 있으므로 제한된 메모리를 효율적으로 사용할 수 있게 해준다. 여기서 효율적이란 프로그램에서 사용되는 변수의 범위를 고려하여 이에 적절한 형태로 변수형을 지정할 수 있다는 의미이다. 표준 C에서 사용되는 'short', 'int', 'long'의 변수형은 변수가 차지하는 메모리 공간을 잘 나타내지 못하므로 이를 대신해서 'int8', 'int16', 'int32'의 변수형을 사용하도록 권한다.

• 비트 단위 데이터 처리

헤더 파일 〈sfr_defs.h〉에는

```
#define _BV(bit)     (1 <<(bit))
```

가 정의되어 있다.

IO 레지스터의 특정 비트를 세트하거나 리셋시키는 데 아래와 같이 사용한다.

```
PORTB = PORTB | _BV(1);         // sbi(PORTB, 1)
PORTB = PORTB & ~_BV(3);        // cbi(PORTB, 3)
```

그리고 레지스터의 특정 비트가 세트되어 있는지 리셋되어 있는지 조사하는 매크로

```
#define  bit_is_set(sfr, bit)      (_SFR_BYTE(sfr) & _BV(bit))
#define  bit_is_clear(sfr, bit)    (!(_SFR_BYTE(sfr) & _BV(bit))
```

와 레지스터의 특정 비트가 세트되거나 리셋될 때까지 기다리는 매크로

```
#define loop_until_bit_is_set(sfr, bit)    do  {} while (bit_is_clear(sfr, bit))
#define loop_until_bit_is_clear(sfr, bit)   do  {} while (bit_is_set(sfr, bit))
```

가 정의되어 있어 사용이 편리하다.

• 레지스터의 비트 처리

프로그램에서 많이 사용하는 일은 어떤 레지스터의 특정 비트를 세트 또는 리셋하는 일인데 상태 레지스터 SREG에 대한 비트 처리는 BSET/BCLR 명령이 따로 있다.

```
SBI   PORTB, 7          ; PORTB <--1
CBI   PORTB, 4          :PORTB4 <--0
BSET   7                ;(SREG)7 <---1
```

그러나 프로그래머가 I/O 레지스터의 비트 번호를 기억하기 어려울 때는 비트 번호를 상수로 정의하면 편리하다.

```
.equ  LED1 = 4
.equ  LED3 = 6
   SBI  PORTB, LED4
   CBI  PORTB, LED1
```

chapter 5

LED 제어

❑ 제 1 절 개 요
❑ 제 2 절 LED 제어의 이해

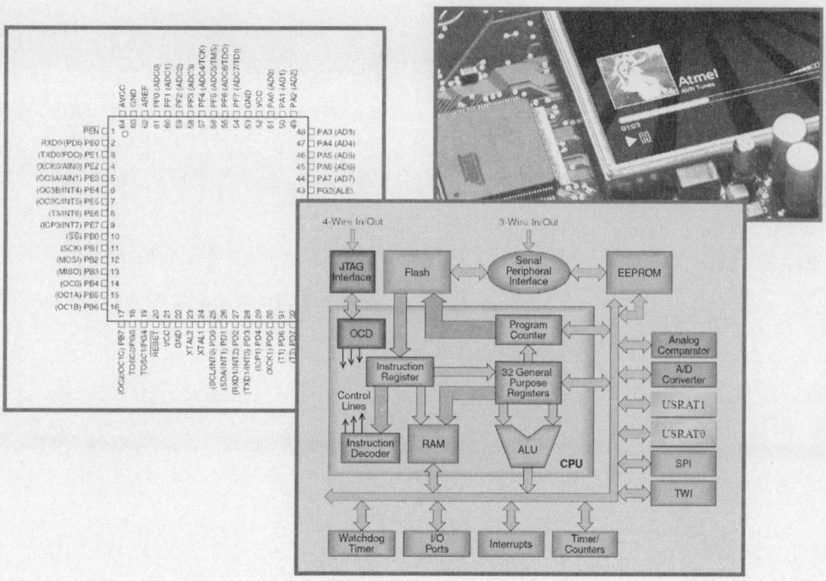

제 1 절 개 요

이 장에서는 ATmega 128을 이용하여 I/O 포트에 LED를 연결하고, 이를 프로그램으로 제어하는 방법에 대하여 알아봄으로써 포트 제어방법을 이해하도록 한다.

LED는 동작상태를 눈으로 쉽게 확인이 가능하다는 점과 응답속도가 빠르며 가격이 저렴하고 수명이 반영구적인 반도체 조명이란 점에서 각종 조명장치의 광원으로, 그리고 장치의 표시등으로 널리 쓰이고 있다.

제 2 절 LED 제어의 이해

시스템에서 LED를 구동하기 위한 전류공급방법으로는 2가지 형태가 있는데 하나는 싱크 전류를 이용하는 것이고, 다른 하나는 소스 전류를 이용하는 방식이다. 각각을 알아보자.

1. 싱크 전류

부하 측에서 전원 쪽으로 거꾸로 흘러들어가는 전류를 말한다. 일반적으로 전원은 부하로 전류(source current)를 공급하는 장치이나 동작에 따라서는 부하 측에서 전원방향으로 전류가 거꾸로 흘러들어가기도 하는데 이러한 전류가 정상동작일 수도 있지만 때로는 과도한 전류로 전원이 제어 능력을 상실해 고장을 일으키는 원인이 될 수도 있다. 집적회로에서는 출력을 통해서 공급할 수 있는 전류의 양을 의미한다.

예를 들어 전원(+5V)에서 부하를 거쳐 출력(low)으로 흐를 때는 출력은 외부 전류를 받아들이는 입장이 되는데 이때를 싱크라 하고 여기서 흘릴 수 있는 최대 전류가 싱크 전류(sink current)이다.

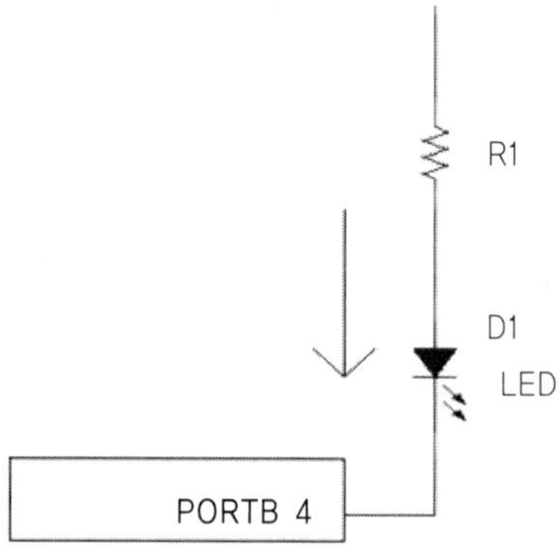

[그림 5-1]

2. 소스 전류

디바이스, 예를 들면 마이크로프로세서 시스템에서 출력 레벨이 논리값 “1”인 때 LED 점등회로가 구성되어 점등되도록 되었다면 칩에서 제공되는 출력값(“1” 또는 high)에 의해 LED가 구동될 때 이때 시스템에서 흘려주는 전류를 소스 전류(source current)라 하며 하나의 시스템이 발전기, 즉 전류원으로서 동작할 때 공급되는 전류를 말한다.

프로그램의 하드웨어적인 구성은 [그림 5-2]와 같다. 여기서 전류 구동 형태는 출력이 “1”인 때 LED가 점등되므로 흐르는 전류는 소스 전류가 된다.

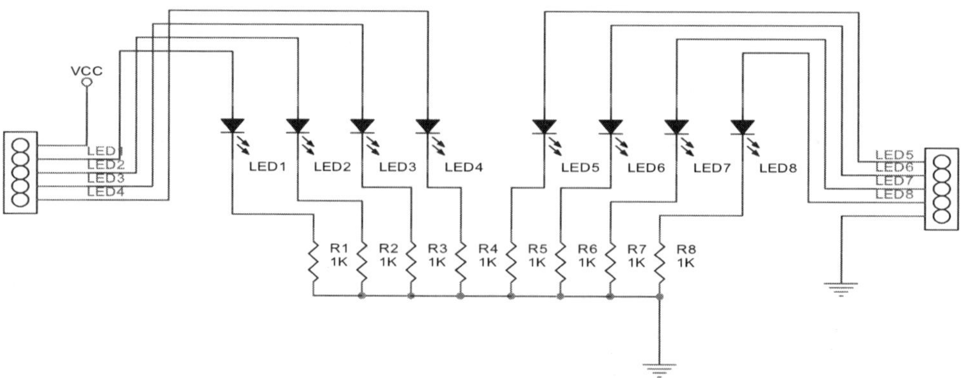

[그림 5-2]

3. 응용 프로그램

예제 1

1. LED가 포트 A 출력으로 약 0.5초 간격으로 무한히 구동되도록 하는 프로그램
2. 프로그램

```
#include <avr/io.h>
#include<util/delay.h>                    // 포트 레지스터 및 어드레스 선언


void init_port(void)
{
DDRA = 0xff;                              // PA 포트를 출력으로 설정한다.
PORTA = 0xff;
}
void delay_msec(unsigned int time)
{
  unsigned int i, j;
  for(i=0; i<time; i++)
      for(j=0; j<1220; j++);              // 7.372800MHz 사용 시 약 1msec 시간 지연
}

void main(void)
{
   init_port();
   while(1)
   {
     PORTA = 0x0f;
     delay_msec(500);                     // 약 0.5초간 지연
     PORTA = 0xf0;                        // PA 포트의 상위 니블(4 비트)을 high로
     delay_msec(500);                     // 약 0.5초간 지연
     }
}
```

예제 2

1. LED가 포트 A 출력으로 약 1초 간격으로 무한히 구동되는 프로그램
2. 프로그램

```
#include <avr/io.h>
#include<util/delay.h>


void init_port(void) {
  DDRA = 0xff;                          // 포트 A를 출력으로 사용
  PORTA = 0xff; }

void delay(unsigned int time) {
  unsigned int i, j;
  for(i=0; i<time; i++)
    for(j=0; j<1220; j++); }           // 7.372800MHz 사용 시 약 1msec 시간 지연

void main(void)
{
  init_port();
  for(;;)
  {
      PORTA=0x55;                      // 첫 번째(비트 0) LED 출력이 되기 위한 PA 포트값
      delay(1000);                     // 약 1초간의 시간 지연

      PORTA=0xaa;
      delay(1000);

      PORTA=0xc3;
      delay(1000);

      PORTA=0x3c;
      delay(1000);

      PORTA=0x99;
      delay(1000);

      PORTA=0xe7;
      delay(1000);

      PORTA=0xff;
      delay(1000);
  }
}
```

예제 3

1. PB0~PB7에 연결된 LED가 약 0.5초 간격으로 LED1~LED8 순으로 ON되면서 시프트(이동)하도록 하고, LED8이 점등되면 다시 LED1으로 되돌아가서 반복하는 프로그램
2. 프로그램

```
#include <avr/io.h>
#include<util/delay.h>

void init_port(void)
{
  DDRB = 0xff;                          // 포트 B를 출력으로 사용
  PORTB = 0xff;
}

void delay (unsigned int time)
 {
    unsigned int i, j ;
    for ( i = 0 ; i < time ; i++)
     for ( j = 0 ; j < 1220 ; j++) ;    // 7.72800MHz 사용 시 약 1msec 시간 지연
 }

void main(void)
 {
    char A=1;
    char i ;

    init_port();

    for(;;)
    {
      for( i=0; i<8; i++)
      {
         PORTB = A;                     // 포트 A의 최하위 비트 출력 high
         delay(500);                    // 약 0.5초간의 시간 지연
         A=A<<1;                        // 1 비트씩 좌로 시프트
         if(i==0) A=1;
      }
    }
 }
```

예제 4

1. PC0~PC7에 연결된 LED가 약 1초 간격으로 LED8~LED1로 내려가면서 OFF되면서 시프트(이동)하도록 하고, LED1까지 시프트하면 다시 LED8로 되돌아가서 반복하는 프로그램
2. 프로그램

```
#include <avr/io.h>
#include<util/delay.h>

void init_port(void)
{
  DDRC = 0xff;                          // 포트 C를 출력으로 설정
  PORTC = 0xff;
}

void delay (unsigned int time)
 {
    int i, j ;
    for ( i = 0 ; i < time ; i++)
     for ( j = 0 ; j < 1220 ; j++) ;    // 7.72800MHz 사용 시 약 1msec 시간 지연
 }

void main(void)
{
  unsigned char A=0x80;

  init_port();                          // 포트 C 초기화

  while(1)
 {
    PORTC = ~A;
    delay(1000);                        // 약 1초간 시간 지연

    if(A==0x01) A=0x80;
    else
      A=A>>1;                           // 1 비트씩 방향 우로 이동
  }
}
```

예제 5

1. PD0~PD7에 연결된 LED가 약 0.5초 간격으로 LED1~LED8 순으로 ON 되면서 시프트(이동)하도록 하고, LED8까지 도착하면 역순으로 LED8~LED1 순으로 ON 되면서 시프트 되면서 반복하는 프로그램
2. 프로그램

```
#include <avr/io.h>
#include<util/delay.h>

void init_port(void) {
  DDRD = 0xff;                          // 포트 C를 출력으로 사용
  PORTD = 0xff; }                       // 포트 C를 high 출력으로 초기화

void delay(unsigned int time) {
    int i, j ;
    for ( j = 0; j < time; j++)
     for ( i = 0; i < 1220; i++) ; }    // 7.72800MHz 사용 시 약 1msec 지연

void main(void)
{
  unsigned char i, A;
  init_port();                          // 포트 C 초기화 함수
  while(1)  {
    A= 0x01;
    for(i =1; i<8; i++) {
      PORTD = A;
      delay(500);                       // 약 0.5초간 시간 지연
      A=A<<1; }                         // 1 비트씩 좌로 이동
    for(i =1; i<8; i++) {
      PORTD = A;
      delay(500);                       // 약 0.5초간 시간 지연
      A=A>>1; }                         // 1 비트씩 우로 이동
  }
}
```

예제 6

• 프로그램

```
#include <avr/io.h>
#include <util/delay.h>
void delay (int) ;
void main (void) {
  unsigned char button  ;
  DDRB = 0xff ; DDRE = 0x00 ;
  PORTE = 0xff ;
  while (1) {
    button = PINE ;
    PORTB = ~button ;
    delay (100) ;
  }
}
void delay (int d) {
   int i;
   for (i=0;i<d;i++) _delay_ms (1) ;
}
```

예제 7

• 프로그램

```
#include <avr/io.h>
#include <util/delay.h>
void display (unsigned int) ;
void delay (int) ;

void main (void) {
  unsigned char d  ;
  unsigned int dp = 0x0001 ;
  DDRB = 0xff ; DDRE = 0xff ;
  d=0 ;

  while (1) {
    display (dp) ;
    delay (100) ;

    if (d==0) {                          // 방향이 좌측 방향인 경우
```

```
                dp = dp << 1 ;
                if (dp==0x8000) d = 1 ;
        }
        else {
                dp = dp >> 1 ;
                if (dp==0x0001) d = 0 ;
      }
    }
}

void display (unsigned int disp) {
    unsigned char pB, pE ;
    pB = disp ;
    pE = disp >> 8 ;
    PORTB = pB ;
    PORTE = pE ;
}

void delay (int d) {
   int i;
   for (i=0;i<d;i++) _delay_ms (1) ;
}
```

예제 8

• 프로그램

```
#include <avr/io.h>
#include <util/delay.h>
void delay (int) ;

void main (void) {
  unsigned char p=0x01, d=0  ;
  DDRB = 0xff ;

  while (1) {
    PORTB = p ;
    delay (100) ;

    if (d==0) {                           // 방향이 좌측 방향인 경우
        p = p << 1 ;
            p++ ;                         // p = p + 1 ;
        if (p==0xff) d = 1 ;              // 전부 다 켜져 있으므로 0xff가 된다!!!
```

```
    }
    else {                                  // 방향이 우측 방향인 경우
        p = p >>  1 ;
        if (p==0x01) d = 0 ;                // 끝에 가서 방향을 바꾼다.
    }
  }
}

void delay (int d) {
   int i;
   for (i=0;i<d;i++) _delay_ms (1) ;
}
```

예제 9

• 프로그램

```
#include <avr/io.h>
#include <util/delay.h>
void delay (int) ;

void main (void) {
     unsigned char p=0x01 , d=0 ;
     DDRB = 0xff ;

     while (1) {
               PORTB = p ;
               delay (500) ;

               if (d==0) {
                         p = p << 1 ;
                         if (p==0x80) d = 1 ;
               }
               else {
                         p = p >>  1 ;
                         if (p==0x01) d = 0 ;
               }
     }
}

void delay (int d) {
   int i;
   for (i=0;i<d;i++) _delay_ms (1) ;
}
```

예제 10

• 프로그램

```
#include <avr/io.h>

void main()
{
int i;
        PORTB = 0x00;
        DDRB = 0x01;
        while(1) {
                PORTB.0 = 1;
                for(i=0;i<10000;i++);
                PORTB.0 = 0;
                for(i=0;i<10000;i++);
        }
}
```

예제 11

1. 1초 주기로 포트에 연결된 LED의 점등동작을 한다.
2. 프로그램

```
#include<avr/io.h>
#include<avr/interrupt.h>
int timer0Cnt=0;
unsigned char data=0 , t=0;
SIGNAL(SIG_OVERFLOW0);                    // 인터럽트 선언
int main(){
DDRE = 0xff;
DDRD = 0xff;
PORTE = 0x00;
PORTD = 0x00;
TCCR0 = 0x07;
TCNT0 = 0xff - 80;
TIMSK |= 1 << TOIE0;
TIFR |= 1 << TOV0;
sei();
while(1){
PORTE = data;
PORTD = ~data;
}
```

```
return 0;
}
SIGNAL(SIG_OVERFLOW0){
cli();
TCNT0 = 0xff - 80;
timer0Cnt++;
if(timer0Cnt ==90){
t = (~(data >>  7)) & 0x01;
data = (data << 1) | t;
timer0Cnt=0;
}
sei();
}
```

3. 프로그램 설명
   - 시스템 클록 주파수 7.3728MHz를 1024로 분주하여 7200Hz(0.138ms)의 타이머0 클록을 설정한다.
   - 타이머0 오버플로의 발생주기를 0.011초로 하기 위해 TNCT0 값을 설정하는데 TCNT0을 0xFF.80로 설정하면, 0.138ms×80=0.011s에 오버플로가 발생된다.
   - 1초의 시간을 얻기 위해 타이머0 오버플로의 횟수가 90이 되면 1초(0.011×90=0.99sec)가 계산된다.
   - 오버플로 주기를 이용하여 1초의 시간을 얻는다. 이로 인해 1초 주기로 출력 포트에 출력이 되면 이와 연결된 LED 회로가 점등동작을 한다. 포트 연결은 포트 E를 출력으로 설정했으므로 LED 모듈을 포트 E에 연결한다.

예제 12

1. 스위치 입력에 의한 LED 점멸
2. 프로그램

```
#include <avr/mega128.h>
#include <util/delay.h>
void main(void)
{
DDRA=0xff;
DDRB=0x00;
while(1)
{
PORTA=PINB;
}
}
```

예제 13

1. LED를 토글스위치 X0, X1의 상태에 따라 동작시킨다.

X1	X0	LED Y0～Y7의 상태
0	0	LED 모두 OFF
0	1	LED Y0 → Y7의 순서대로 ON
1	0	LED Y0 ← Y7의 순서대로 ON
1	1	LED Y0 → Y7의 순서대로 ON

2. 회로구성

   PB0～PB7 ⇒ [LED]Y0 ～ Y7

   PA0, PA1 ⇒ [SWITCH]X0, X1

3. 프로그램

```
#include <avr/io.h>
unsigned char temp;
void delay (unsigned int i)
{
while (i--);
}
void SHIFTL (void)                           // 시프트 레프트
{
if(temp == 0xff)
{ temp = 0xfe;                               // 초기값 저장
return;}
else {
temp = (temp << 1)|0x01;                     // LED ON값 업데이트
if (temp == 0xff) temp = 0xfe;               // 마지막 LED가 ON인 경우 초기값 저장
}
}

void main(void)
{
DDRB = 0xff;      // B 포트 출력
temp = 0xff;      // LED ON/OFF 초기값
do{
PORTB = temp; // PORTB로 출력
delay (65000); // 일정 시간 지연
delay (65000); // 일정 시간 지연
delay (65000); // 일정 시간 지연
SHIFTL(); // X0 스위치="1"인 경우
}while(1); // 무한 루프
}
```

예제 14

• 프로그램

```
#include <avr/io.h>
#include <util/delay.h>
#define cbi(REG8, BITNUM) REG8&=~(_BV(BITNUM))
#define sbi(REG8, BITNUM) REG8|=(_BV(BITNUM))
void delay (int) ;
void getKeyNo(unsigned char outE) ;
void number(char no) ;

void main (void) {

  unsigned char outE  = 0x01 ;  ;
  DDRB = 0xff ; PORTB = 0xf0 ;
  DDRE = 0x0f ; PORTE = outE ;
  while (1) {
    getKeyNo (outE) ; outE = outE<<1 ;
     if (outE==0x10) outE = 0x01 ;
    PORTE = outE ;
  }
}

void getKeyNo(unsigned char outE) {
char poE, a, b, no=0 ;
 poE = PINE ;
 poE >>= 4  ;
 if (poE) {
     a = poE / 2 ;
     if (a>3) a = 3 ;
     b = outE / 2 ;
     if (b>3) b = 3 ;
     no = a*4 + b ;
     number (no) ;
 }
}
void number (char no) {
     sbi (PORTB, no%4) ;
     cbi (PORTB, no/4 + 4) ;
     delay (1000) ;
     cbi (PORTB, no%4) ;
     sbi (PORTB, no/4+4) ;
}
void delay (int d) {
   int i;
   for (i=0;i<d;i++) _delay_ms (1) ;
}
```

예제 15

1. 동작 형태 : 4거리의 교통신호등
   . G1, R2만 4초 동안 점등
   . R2는 점등상태에서 G1만 0.5초 간격으로 4번 ON/OFF
   . Y1, R2만 2초 동안 점등
   . R1, G2만 4초 동안 점등
   . R1은 점등상태에서 G2만 0.5초 간격으로 4번 ON/OFF
   . Y2, R1만 2초 동안 점등
2. 회로구성
   PB0~PB7 ⇒ [LED]Y0 ~ Y7
   PA0, PA1 ⇒ [SWITCH]X0, X1
3. 프로그램

```
#include <avr/io.h>
unsigned char temp;

void delay (unsigned int i)
{
while (i--);
}
void SHIFTL (void)
{
if(temp == 0xff)
{ temp = 0xfe;
return;}
else {
temp = (temp << 1)|0x01;
if (temp == 0xff) temp = 0xfe;          // 마지막 LED가 ON인 경우 초기값 저장
}
}
void main(void)
{
DDRB = 0xff;
temp = 0xff;
do{
PORTB = temp;                           // PORTB로 출력
delay (65000);
delay (65000);
delay (65000);
SHIFTL();                               // X0 스위치="1"인 경우
}while(1); }
```

예제 16

1. 동작은 인터럽트 0번에서 홀수 LED를 점등, 인터럽트 1번에서 짝수 LED를 점등, 인터럽트 2번에서는 홀수 LED가 켜져 있을 때 짝수 LED가 켜지게 하고, 짝수 LED가 켜져 있을 때 홀수 LED가 켜지게 하였다.
2. 프로그램

```
#include <avr/io.h>
#include <avr/interrupt.h>
#include <util/delay.h>

int main(void)
{
    DDRA = 0xFF;
    DDRD = 0xF8;
    DDRG = 0x1F;
    EICRA = 0x2C;
    EIMSK = 0x07;
    PORTG = 0xFF;
    PORTA = 0xFF;
    sei();

    while(1)
    {
    }

    return 0;
}

ISR(INT0_vect)
{
    PORTA = ~(0x55);
}

ISR(INT1_vect)
{
    PORTA = ~(0xAA);
}

ISR(INT2_vect)
{
    PORTG ^= 0xFF;
}
```

chapter 6

7-세그먼트 회로 제어

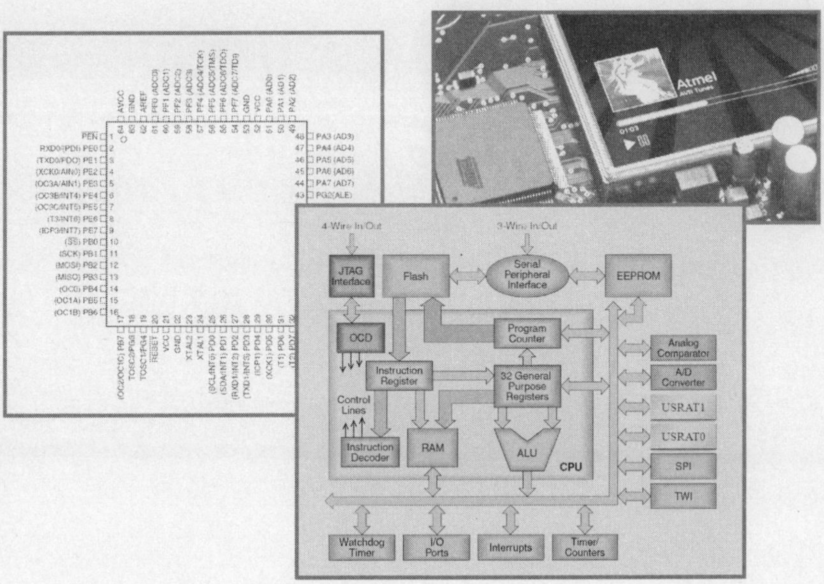

제1절 개 요

이 장에서는 ATmega 128을 이용하여 I/O 포트에 7-세그먼트를 연결하고, 이를 프로그램으로 제어하는 방법에 대하여 알아봄으로써 7-세그먼트 제어방법을 이해하도록 한다.

7-세그먼트는 숫자를 표시하기 위한 디스플레이 소자로서 시스템의 표시장치 등, 여러 분야에서 각종 데이터의 표시소자로서 널리 이용되는 소자이다. 그렇지만 전력소모가 많으며 표시기능이 숫자로 국한된다는 점 때문에 최근에는 점진적으로 LCD로 대체되는 상황이지만 야간에 식별이 용이하다는 점 때문에 활용도는 많은 편이다.

제2절 7-세그먼트 회로 제어의 이해

1. 7-세그먼트의 종류

종류로는 크기와 모양 등으로 여러 가지로 분류되지만 공통단자에 의한 종류로 구분할 때 공통 애노드(common anode) 방식과 공통 캐소드(common cathod) 방식으로 분류된다.

공통 애노드 소자는 싱크 전류를 이용하는 방식에 쓰이며 공통 캐소드 소자는 소스 전류를 이용하는 회로설계에 적용된다. 공통 애노드형은 각 LED의 애노드 단자들이 공통으로 묶여 있으며 이 공통단자에 V_{CC}(+5V)를 직접 연결하고 a, b, … 등의 각 입력단자에는 저항을 하나씩 직렬로 연결한 후, 이 저항 끝에 접지(0V)를 연결하면 대응되는 LED에 불이 켜진다. 물론 저항 끝에 V_{CC}(+5V)를 연결하면 LED 양단전압이 같게 되어 LED는 켜지지 않는다.

입력단자 쪽에 저항을 직렬연결하여 사용하는 이유는 만일 저항을 연결하지 않고 a, b, … 등의 입력단자에 직접 접지(0V)를 연결하면 LED에 과전류가 흘러 고장의 원인이 되기 때문이다. 일반적으로 사용되는 저항값은 수백 옴(ohm, Ω) 정도이다.

공통 캐소드형은 각 LED의 캐소드 단자들이 공통으로 묶여 있으며, 따라서 이 공통단자에 접지(0V)를 연결하고 a, b, … 등의 각 입력단자에는 저항을 하나씩 직렬연결한 후 이 저항 끝에 V_{CC}(+5V)를 연결하면 대응되는 LED에 불이 들어오고 저항 끝에 접지(0V)를 연결하면 불이 꺼진다.

실습에서 널리 쓰이는 IC 7446, 7447 칩은 공통 애노드형 7-세그먼트 표시기를 위한 디코더이며, 7448, 7449는 공통 캐소드형 7-세그먼트 표시기를 위한 디코더이다.

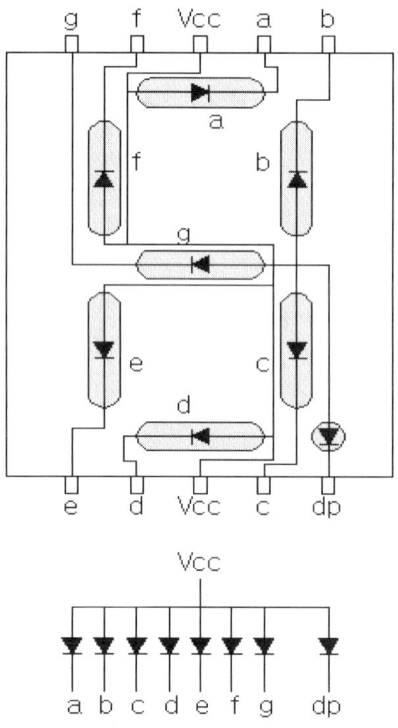

(a) 공통 애노드형

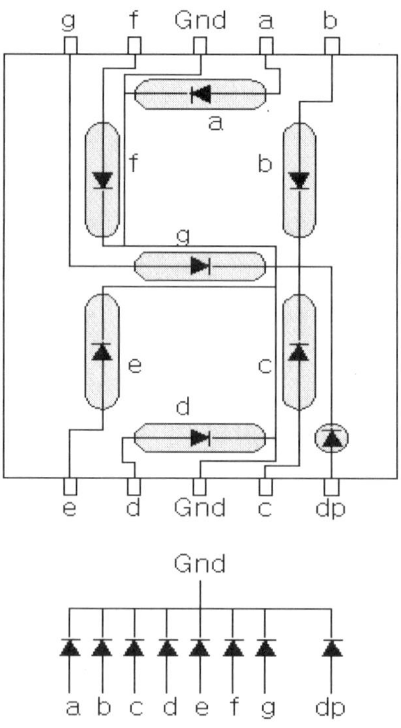

(b) 공통 캐소드형

[그림 6-1]

〈표 6-1〉 공통 캐소드형의 진리표

a	b	c	d	e	f	g	dp	Number(Hexadecimal)
1	1	1	1	1	1	0	0	0
0	1	1	0	0	0	0	0	1
1	1	0	1	1	0	1	0	2
1	1	1	1	0	0	1	0	3
0	1	1	0	0	1	1	0	4
1	0	1	1	0	1	1	0	5
1	0	1	1	1	1	1	0	6
1	1	1	0	0	1	0	0	7
1	1	1	1	1	1	1	0	8
1	1	1	1	0	1	1	0	9
1	1	1	1	1	0	1	1	a
0	0	1	1	1	1	1	1	b
1	1	1	1	1	1	1	1	c
0	1	1	1	1	0	1	1	d
1	1	0	1	1	1	1	1	e
1	0	0	0	1	1	1	1	f

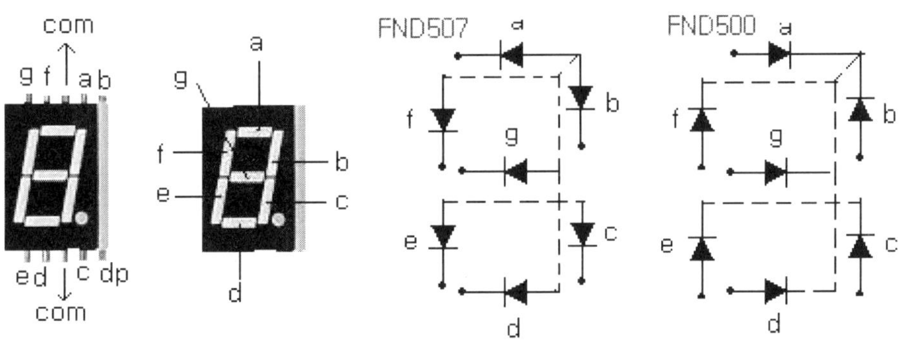

(a) FND 핀 보기 (b) 공통 애노드 (c) 공통 캐소드

[그림 6-2]

2. 구동방법

(1) 동적구동

동적구동 방식은 FND를 여러 개 사용할 경우 전력소모가 증가하는 문제가 있으며 가장 어려움은 포트 수의 증가이다. 예를 들어 FND 4개를 사용하여 숫자를 표시할 경우 하나의 FND 세그먼트가 7개이므로 4개이면 총 출력 포트 수는 28개가 되어 비합리적인 설계가 된다. 이 같은 문제를 해결하기 위한 구동 방식이 동적구동 방식이다.

동적구동을 이용할 경우 소비되는 전력은 순차점등 방식이므로 실제 점등되는 FND의 개수는 1개가 되어 소비전력은 1/4로 저하된다. 이러한 구동 방식에서 FND의 개수가 많아지면 하나의 FND에 대한 점등시간이 짧아짐으로 인해 눈에 어른거림이 심해지며 눈의 잔상효과를 이용한 방식으로 인해 특정 FND에 대한 점등시간이 짧음에 의한 휘도의 저하로 어둡게 된다.

이러한 프로그램의 복잡성과 회로구성의 복잡함이 있지만 가장 큰 장점은 포트 수의 절감에 있기 때문에 널리 사용되는 방식이다.

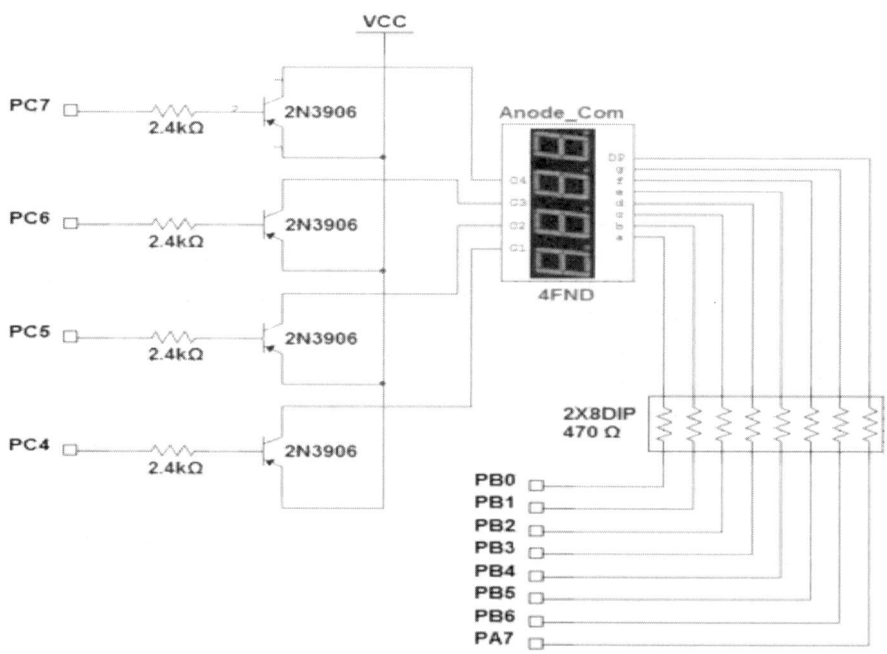

[그림 6-3]

[그림 6-3]에서 7개의 세그먼트에 대한 데이터 신호(A … F)는 구성된 FND에 모두 병렬로 연결되며 트랜지스터 구동에 의해 연결된 공통단자인 제어회로 입력신호 P11, P12, P13은 제어신호로서 프로그램에 의해 순차적으로 신호를 내보내야 한다.

(2) 정적구동

정적구동 방식은 제어신호가 필요 없으며 데이터 신호가 각 FND에 개별적으로 포트에 연결되며 공통단자의 전원은 항상 공급되는 형태로 구성되는 회로결선을 갖는 점등 방식이다. 다시 말해 정적구동에서는 스캔하지 않는다.

정적구동 방식의 특징은 동적구동 방식에 비해 여러 가지 면에서 불리하지만 특수문자를 표시할 수 있다는 점이다. 정적구동 방식에는 디코더 IC를 사용하는데 공통단자의 종류에 따라 디코더 IC를 선택해야 한다(TTL IC 7447, 7448). 이같이 디코더 IC를 사용할 경우는 FND를 직접 포트에 연결하는 경우의 포트 수보다 절감할 수 있는 장점을 가진다. 디코더 IC를 사용할 경우 소요되는 포트 수는 4개가 된다(4 비트 입력 → 16가지 출력).

3. 응용 프로그램

예제 1

1. Switch 모듈의 버튼과 연동하여 버튼을 누를 때마다 버튼의 번호가 FND로 출력이 된다. 이후 다른 버튼을 누르게 되면 전에 입력한 버튼값이 옆으로 시프트하며, 새로 입력한 버튼의 번호가 그 자리에 출력된다.

2. 포트 연결
   1) 포트 B 0~7 핀을 FND 모듈의 SA_A~SA_H 핀으로, 포트 E 0~7 핀은 FND 모듈의 SB_A~SB_H 핀으로 연결한다.
      PB 0~7 → FND 모듈 SA_A ~ SA_H
      PE 0~7 → FND 모듈 SB_A ~ SB_H
   2) 포트 D 0~7 핀은 Switch 모듈의 BT0~BT7에 연결한다.
      PD 0~7 → Switch 모듈 BT0~BT7

3. 프로그램

```
#include<avr/io.h>
#include"avr_lib.h"
#define FND_DDR1 DDRE
#define FND_DDR2 DDRB
#define FND_DATA_OUT1 PORTE
#define FND_DATA_OUT2 PORTB
#define KEY_DDR DDRD
#define KEY_IN PIND
#define NUM(x) (x<=1?0:x-1)
unsigned char FND_DATA_TBL[]=
{0x3F, 0X06, 0X5B, 0X4F, 0X66, 0X6D, 0X7C, 0X07, 0X7F, 0X67, 0X77, 0X7C,
0X39, 0X5E, 0X79, 0X71};
int main(){
FND_DDR1 = 0xFF;
FND_DDR2 = 0xFF;

KEY_DDR = 0x00;
u08 new_FND_Index=0x10, old_FND_Index=0;
FND_DATA_OUT1 = FND_DATA_TBL[16];
FND_DATA_OUT2 = FND_DATA_TBL[16];
while(1){
while( (KEY_IN & 0xff) == 0x00);
old_FND_Index = new_FND_Index;
new_FND_Index = NUM((cal_bit_place(KEY_IN)));
FND_DATA_OUT1 = FND_DATA_TBL[ new_FND_Index ];
FND_DATA_OUT2 = FND_DATA_TBL[ old_FND_Index ];
while( (KEY_IN & 0xff) != 0x00);
};
return 0;
}
```

4. 프로그램 설명

- 사용할 포트를 선언
- 매개변수 x가 1보다 작으면 0을, 그렇지 않으면 x-1을 리턴하는 매크로 함수
- FND 테이블 0부터 시작해서 9까지, A에서 F까지 지정되어 있다.
- 사용할 포트 입출력 선언
- FND에 초기값 0 출력
- 버튼을 누르면, 그 전에 출력한 값은 시프트 되고, 그 자리에 누른 버튼의 숫자를 출력한다.

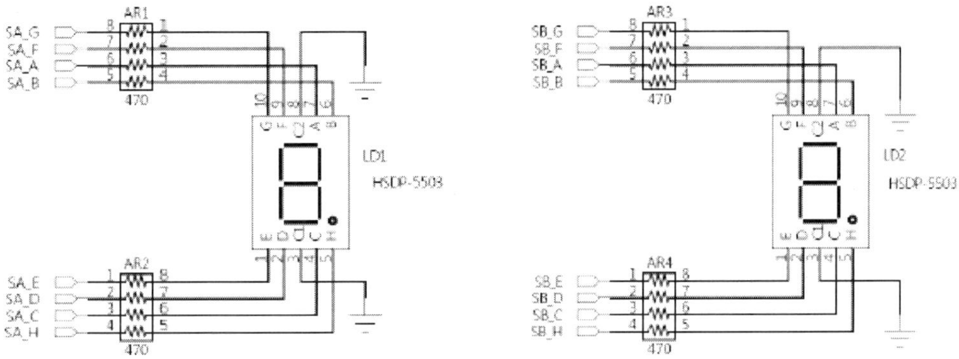

[그림 6-4]

예제 2

• 프로그램

```
#include <avr/io.h>
#include <util/delay.h>
void delay   (int) ;

unsigned char CC[]  = {0x3f, 0x06, 0x5b, 0x4f, 0x66, 0x6d, 0x7d,
    0x27, 0x7f, 0x67, 0x77, 0x7c, 0x58, 0x5e, 0x79, 0x71, 0x80} ;
unsigned char CA[]  = {0xc0, 0xf9, 0xa4, 0xb0, 0x99, 0x92, 0x82,
    0xd8, 0x80, 0x98, 0x88, 0x83, 0xa7, 0xa1, 0x86, 0x8e, 0x7f} ;

main () {
 int  i ;
 DDRB = DDRE = 0xff ;

 while (1)  {
   for(i=0;i<16;i++) {
      PORTB = CA[i]  ;                  // CA타입 FND에 i에 해당하는 숫자를 출력한다.
      PORTE = CC[i]  ;                  // CC타입 FND에 i에 해당하는 숫자를 출력한다.
      delay (400) ;
   }
 }
}

void delay (int d) {
   int i;
   for (i=0;i<d;i++) _delay_ms (1) ;
}
```

예제 3

• 프로그램

```
#include <avr/io.h>
#include <util/delay.h>
void display (void) ;
void time_process (void) ;
void delay   (int) ;

unsigned char CC[]  = {0x3f, 0x06, 0x5b, 0x4f, 0x66, 0x6d, 0x7d,
    0x27, 0x7f, 0x67, 0x77, 0x7c, 0x58, 0x5e, 0x79, 0x71, 0x80} ;
unsigned char CA[]  = {0xc0, 0xf9, 0xa4, 0xb0, 0x99, 0x92, 0x82,
    0xd8, 0x80, 0x98, 0x88, 0x83, 0xa7, 0xa1, 0x86, 0x8e, 0x7f} ;

unsigned char h, m, s ;                    // 변수 선언
main () {
DDRB = DDRE = DDRD = DDRF = 0xff ; // 같은 값이므로 한꺼번에 처리
     h=12; m=59; s=50 ;                    // 초기화(12시 59분 50초)
     while (1) {
          display () ;                     // 시간을 출력한다.
          delay (1000) ;                   // 1초 시간 지연
          time_process () ;                // 경과시간 처리
     }
}

void display (void) {
     PORTB = CA[m / 10]  ;
     PORTE = CA[m % 10]  ;                  // 10으로 나눈 나머지 값을 포트 E에 대입
     PORTD = CC[s/ 10]  ;
     PORTF = CC[s % 10]  ;
}

void time_process (void) {
     s++ ;
     if (s>59) {
               s = 0 ;
               m++ ;
               if (m>59) {
                         m = 0 ;
                         h++;
                         if (h >  12)  h = 1 ;
               }
     }
}
```

```
void delay (int d) {
   int i;
   for (i=0;i<d;i++) _delay_ms (1) ;
}
```

예제 4

1. 회로구성
   PC0 ~ PC7 ⇒ [7-SEGMENT]A ~ P
   PB0 ~ PB3 ⇒ [7-SEGMENT]Q0 ~ Q3
2. 동작
   FND의 Q0부터 a~p까지 순차적으로 ON
   Q1, Q2, Q3 순으로 반복 후 Q0부터 다시 동작
3. 응용 프로그램

```
#include <avr/io.h>
#include <util/delay.h>

unsigned char fnd, temp;
int main()
{
    DDRB = 0xff;  // 포트 B 출력 포트 지정
    DDRC = 0xff;  // 포트 C 출력 포트 지정

    fnd = 0xfe;     // 상수 fnd에 초기값 0xfe값 지정
    temp = 0xfe;  // Q0 7-세그먼트 선택

    do{
        PORTC=fnd;   // 포트 C에 출력
        PORTB=temp;  // 포트 B에 출력

        fnd= ( fnd<<1 ) | 0x01;        // 세그먼트 ON 업데이트

        if(( fnd & 0xff ) == 0xff)
        {
        fnd = 0xfe;      // 만약 fnd값이 0xff와 같으면 fnd에 0xfe값을 넣는다.
            temp = (temp<<1) | 0x01;
        }
        if(( temp & 0xff) == 0xef)    temp = 0xfe;
            _delay_ms(300);
```

```
    }while(1);
      return 0;
}
```

예제 4

1. FND 4개를 다이내믹 점등 방식으로 숫자 16진수를 표시하는 예
2. 배선하기

   포트 A0~A6의 단자에 FND 데이터로서 사용, 스캔 신호는 포트 C의 비트 4~7을 사용한다. FND는 공통 애노드형을 사용한다. FND에 연결되는 데이터라인에는 직렬로 100[Ω] 정도 전류제한용 저항을 삽입한다.

3. 프로그램

```
#include <avr/io.h>
#define S7_1   0x7F
#define S7_2   0xBF
#define S7_3   0xDF
#define S7_4   0xEF

 const char Font[17]  = {0xc0, 0xf9, 0xa4, // '0', '1', '2' ---> FONT[값]
                         0xb0, 0x99, 0x92, // '3', '4', '5'
                         0x83, 0xf8, 0x80, // '6', '7', '8'
                         0x98, 0x88, 0x83, // '9', 'A', 'b'
                         0xc6, 0xa1, 0x86, // 'C', 'd', 'E'
                         0x8e, 0x7f } ;    // 'F', '.'
/* 함수 정의 */
void Control_7Seg(char);
void Control_7Seg(char N)
{
  unsigned int  d, i;
  unsigned char N10, N1 ;

  N10 = N / 10 ;                          //10의 자리 계산
  N1 =  N % 10 ;                          // 1의 자리 계산

   for ( i = 0 ; i < 4 ; i ++ ) {
     PORTC = S7_3;
     PORTA = Font[N10];
     for(d = 0 ; d < 9000 ; d++ ) ;
     PORTC = S7_4 ;
```

```
      PORTA = Font[N1]  ;
      for(d = 0 ; d < 9000; d++ ) ;
   }
 }

void main(void)
{
unsigned char Number =0 ;

PORTA=0x00;
DDRA=0xFF;

PORTC=0x00;
DDRC=0xF0;

while (1)
      {
            Control_7Seg(Number);
            Number ++ ;
            if(Number > 99)                    // 99까지의 값을 디스플레이 한다.
                Number = 0 ;

      };
}
```

chapter 7

인터럽트 제어

❑ 제 1 절 개 요
❑ 제 2 절 인터럽트 제어의 이해

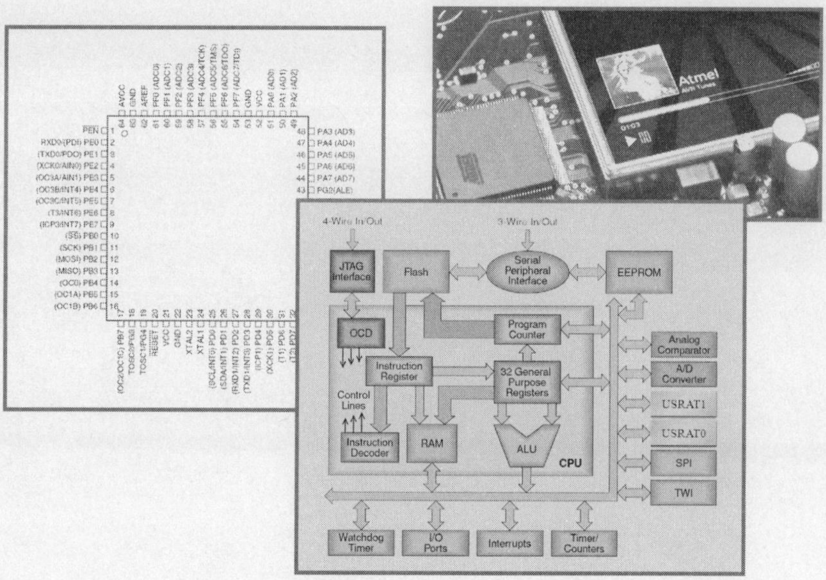

제 1 절 개 요

이 장에서는 ATmega 128을 이용하여 인터럽트(interrupt)를 활용한 제어하는 방법에 대하여 알아봄으로써 포트 제어방법을 이해하도록 한다.

인터럽트라는 뜻은 "끼어들다 또는 방해하다"라고 하는 의미를 갖는데 MCU 시스템에서의 인터럽트라는 개념은 프로그램을 실행하는 도중에 예기치 않은 상황이 발생할 경우, 현재 실행 중인 작업을 즉시 중단하고 발생된 상황을 우선 처리한 후 실행 중이던 작업으로 복귀하여 계속 처리하는 것을 말하며 인터럽트에 대한 Enable은 인터럽트를 허용한다는 의미이다.

제 2 절 인터럽트 제어의 이해

1. 인터럽트 분류

인터럽트를 분류하면 크게 외부 인터럽트, 내부 인터럽트, 소프트웨어 인터럽트로 분류하는데, 외부나 내부 인터럽트는 CPU의 하드웨어에서의 신호에 의해 발생하고 소프트웨어 인터럽트는 명령어의 수행에 의해 발생한다.

(1) 외부 인터럽트

외부 인터럽트는 입출력장치, 타이밍 장치, 전원 등 외부적인 요인에 의해 발생하는 것으로 다음의 4가지 경우를 가진다.

① 전원이상 인터럽트(power fail interrupt) : 정전이 되거나 전원이상이 있는 경우

② 기계오류 인터럽트(machine check interrupt) : CPU의 기능적인 오류동작이 발생한 경우

③ 외부 신호 인터럽트(external interrupt) : 외부 신호의 입력에 의한 인터럽트로
- 타이머에 의해 타임아웃 신호가 발생된 경우
- 키보드에 의해 인터럽트 키가 눌려진 경우(Ctrl + Alt + Delete)
- 외부 장치로부터 인터럽트 요청이 있는 경우

④ 입출력 인터럽트(input-output interrupt)
- 입출력 데이터의 오류나 이상 현상이 발생한 경우
- 입출력장치가 데이터의 전송을 요구하거나 전송이 끝났음을 알린 경우

(2) 내부 인터럽트

내부 인터럽트는 잘못된 명령이나 데이터를 사용할 때 발생하며 일명 트랩(trap)이라고도 불린다.

• 프로그램 검사 인터럽트(program check interrupt)
- "0"으로 나누기가 발생한 경우
- Overflow 또는 Underflow가 발생한 경우
- 프로그램에서 명령어를 잘못 사용한 경우
- 불합리한 메모리 참조와 같은 프로그램 상의 오류

(3) 소프트웨어 인터럽트

소프트웨어 인터럽트는 프로그램 처리 중 명령의 요청에 의해 발생하는 것으로, 가장 대표적인 형태는 감시 프로그램을 호출하는 SVC 인터럽트가 있는데 SVC 인터럽트는 사용자가 SVC 명령을 써서 의도적으로 호출한 경우 또는 복잡한 입출력 처리를 해야 하는 경우와 기억장치 할당 및 오퍼레이터와 대화를 해야 하는 경우 등에 적용된다.

2. 인터럽트 동작

인터럽트의 처리과정에 대하여 살펴보면

① 어떤 명령을 실행하는 도중 인터럽트 요청신호가 발생한다.
② 프로그램 실행을 중단한다 : 현재 실행 중이던 명령어는 끝까지 실행한다.

③ 현재의 프로그램 상태를 보존한다 : 프로그램 상태는 다음에 실행할 명령의 번지를 말하는 것으로서 PC가 가지고 있다. PC가 가지고 있는 값을 메모리에 보관한다(스택에 저장하는 것으로 push라 하며 반대로 꺼내는 것을 pop라 한다).

④ 인터럽트 처리 루틴을 실행한다 : 인터럽트를 요청한 장치 식별

⑤ 인터럽트 서비스 루틴을 실행한다 : 취급 루틴이라고도 함. 실질적인 인터럽트 처리

⑥ 상태복구 : 인터럽트 요청신호가 발생했을 때 보관한 PC의 값을 다시 PC에 저장한다.

⑦ 중단된 프로그램 실행 재개 : PC의 값을 이용하여 인터럽트 발생 이전에 수행중이던 프로그램을 계속 실행한다. 아래 그림을 참조한다.

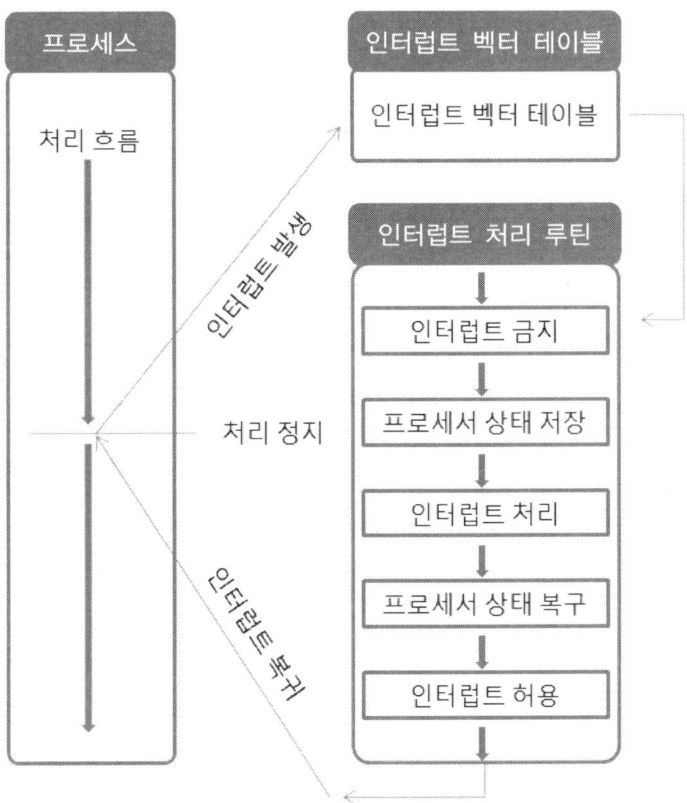

※출처 : IT EXPERT 리눅스 디바이스 드라이버 - 유영창 저

[그림 7-1]

3. 인터럽트 처리과정

ATmega 128에서 인터럽트를 처리하는 과정에 대해서 살펴보자.
인터럽트가 발생되면 다음과 같은 순서로 처리한다.

① 스테이터스 레지스터(SREG)에 있는 전체 인터럽트 허가 비트(I)는 "0"이 되어, 모든 인터럽트 요청은 받을 수 없게 된다.
② 인터럽트 처리 루틴 내에서 다른 인터럽트를 사용할 경우에는 사용자가 소프트웨어로 "I" 비트를 "1"로 써넣어야 "I"가 "1"이 되어 인터럽트를 사용할 수 있게 된다.
③ "I" 비트는 RETI 명령을 실행하면 자동으로 "1"이 된다.
④ 인터럽트 처리 루틴을 실행하기 위하여, 인터럽트 벡터에 따라 인터럽트 처리 루틴의 시작 어드레스가 프로그램 카운터에 로드된다.
⑤ 인터럽트를 요청한 인터럽트 플래그는 "0"이 된다.
  ㉠ 또 인터럽트 플래그에 "1"을 써넣어도 "0"이 된다.
  ㉡ 대응되는 인터럽트 설정 비트가 "0"이 되어 있을 때, 인터럽트 요청이 일어나면, 대응되는 인터럽트 플래그는 "1"이 되고, 인터럽트가 허가되었거나 혹은 소프트웨어로 "0"을 써넣기 전까지 "1"이 되어 있게 된다.
⑥ 전체 인터럽트 설정 비트(I)가 "0"이 되어 있을 때 인터럽트 요청이 있으면, 대응되는 인터럽트 플래그는 "1"이 되고, 전체 인터럽트 설정 비트(I)가 "1"이 되어 인터럽트를 받을 상태가 되면, 인터럽트 우선순위대로 실행된다.
⑦ 외부 레벨 인터럽트는 플래그를 갖고 있지 않으므로, 인터럽트를 허가한 상태에서만 인터럽트를 요청할 수 있다.
⑧ 인터럽트 처리 루틴으로 들어갈 때 스테이터스 레지스터는 자동으로 스택에 저장되지 않으므로, 사용자가 필요하다면, 인터럽트 처리 루틴을 처음에 스택에 저장하였다가 인터럽트를 리턴하기 전에 빼내어야 한다.

4. 인터럽트 우선순위

인터럽트 우선순위 체제는 CPU에 연결되어 있는 여러 장치에서 동시에 하나 이상의 인터럽트가 발생했을 때 먼저 서비스할 장치를 결정하기 위한 것으로 기능은 다음과 같다.

- 각 장치에 우선순위를 부과하는 기능
- 인터럽트를 요청한 장치의 우선순위를 판별하는 기능
- 우선순위가 높은 것을 먼저 처리할 수 있는 기능

인터럽트에 대한 우선순위를 판별하는 방법은 소프트웨어적인 방법과 하드웨어적인 방법이 있다.

(1) 소프트웨어적인 방법

소프트웨어적인 인터럽트 우선순위 판별방법을 폴링(polling)이라고 한다. 이 방식은 인터럽트 발생 시 우선순위가 가장 높은 인터럽트 자원(source)부터 인터럽트 요청 플래그를 차례로 검사하여 찾고 이에 해당하는 인터럽트 서비스 루틴을 수행하는 방식이다.

□ 폴링 방식의 특징

① 우선순위 변경이 쉽다.
② 회로가 간단하고 융통성이 있으며 별도의 하드웨어가 필요 없으므로 경제적이다.
③ 많은 인터럽트가 있을 때 그들을 모두 조사하는 데 많은 시간이 걸려 반응시간이 느리다는 단점이 있다.

(2) 하드웨어적인 방법

하드웨어적인 인터럽트 우선순위 판별방법을 벡터 인터럽트(vectored interrupt)라고 한다. 하드웨어 우선순위 인터럽트는 CPU와 인터럽트를 요청할 수 있는 장치 사이에 장치 번호에 해당하는 버스를 병렬이나 직렬로 연결하여 요청장치의 번호를 CPU에 알리는 방식이다.

1) 벡터 인터럽트의 특징

① 벡터 인터럽트 방식에서는 인터럽트를 발생한 장치가 프로세서에게 분기할 곳에 대한 정보를 제공하는데, 이 정보를 벡터 인터럽트라고 한다.
② 하드웨어적인 방법은 장치판별을 위한 별도의 프로그램 루틴이 없어 응답속도가 빠르다.

③ 회로가 복잡하고 융통성이 없으며 추가적인 하드웨어가 필요하므로 비경제적이다.

④ 하드웨어적인 방법에는 직렬과 병렬 우선순위 부여 방식이 있는데 이러한 직렬·병렬 방식 때문에 벡터 인터럽트는 데이지 체인 방식과 병렬 우선순위 방식으로 나뉜다.

㉠ 데이지 체인(daisy-chain) 방식은 직렬(serial) 우선순위 부여 방식으로 인터럽트가 발생하는 모든 장치를 한 개의 회선에 직렬로 연결한다. 우선순위가 높은 장치를 선두에 위치시키고 나머지를 우선순위에 따라 차례로 연결한다.

㉡ 병렬(parallel) 우선순위 부여방식은 인터럽트가 발생하는 각 장치를 개별적인 회선으로 연결한다. 각 장치의 인터럽트 요청에 따라 각 비트가 개별적으로 세트될 수 있는 마스크 레지스터(mask register)를 사용하며 우선순위

〈표 7-1〉 인터럽트 벡터

벡터 번호	어드레스	인터럽트 원인	인터럽트 정의
1	0x000	RESET	파워 온 리셋, 하드웨어 리셋, 워치도그 리셋
2	0x001	INT0	외부 인터럽트 0
3	0x002	INT1	외부 인터럽트 1
4	0x003	TIMER2 COMP	타이머/카운터 2 비교 결과가 같을 때
5	0x004	TIMER2 OVF	타이머/카운터 2 오버플로
6	0x005	TIMER1 CAPT	타이머/카운터 1 캡처
7	0x006	TIMER1 COMPA	타이머/카운터 1 비교 결과가 같을 때 A
8	0x007	TIMER1 COMPB	타이머/카운터 1 비교 결과가 같을 때 B
9	0x008	TIMER1 OVF	타이머/카운터 1 오버플로
10	0x009	TIMER0 OVF	타이머/카운터 0 오버플로
11	0x00A	SPI, STC	SPI 직렬전송 끝
12	0x00B	UART, RX	수신 끝
13	0x00C	UART, UDRE	송신 데이터 레지스터가 비어 있을 경우
14	0x00D	UART, TX	송신 끝
15	0x00E	ADC	A-D 컨버터 변환 끝
16	0x00F	EE_RDY	EEPROM 액세스 가능
17	0x010	ANA_COMP	아날로그 비교기

는 마스크 레지스터의 비트 위치에 의해서 결정된다. 마스크 레지스터는 우선순위가 높은 것이 서비스 받고 있을 때 우선순위가 낮은 것을 비활성화시킬 수 있다. 우선순위가 높은 인터럽트는 낮은 인터럽트가 처리되는 중에도 우선 처리된다.

2) 인터럽트 종류 및 벡터 테이블

ATmega 128에는 17개의 인터럽트가 있으며, 이 인터럽트와 리셋 벡터는 프로그램 메모리 영역에 각각 프로그램 벡터를 갖고 있다.

인터럽트 벡터를 〈표 7-1〉에 보였다.

인터럽트 벡터 테이블에서 낮은 어드레스를 갖는 인터럽트가 우선순위가 높다. 즉 리셋이 우선순위가 가장 높고, 다음은 INT0, … 등의 순서가 된다.

5. 인터럽트 응답시간

모든 ATmega 128의 인터럽트 응답시간은 최소 4사이클이 걸린다. 인터럽트 플래그가 "1"이 된 후, 4 사이클 후에 실제 인터럽트 처리 루틴이 실행된다.

이 4 사이클 동안 다음과 같은 동작을 한다.

① PC(Program Counter)가 스택에 푸시된다.
② SP(Stack Pointer)는 2 감소된다.
③ 인터럽트 벡터에는 보통 상대 점프 명령을 사용하므로, 이 상대 점프 명령을 실행하는 데 2 사이클이 소모된다.
④ 만약 여러 사이클이 필요로 하는 명령을 실행 중에 인터럽트 요청이 있으면, 이 명령의 실행이 완전히 끝난 후, 인터럽트 처리가 시작된다.
⑤ 인터럽트 처리 루틴 마지막에 사용하는 인터럽트 리턴도 4 사이클이 걸린다. 이 4 사이클 동안 다음과 같은 동작을 한다.
   ㉠ PC(Program Counter)가 스택에서 pop 된다.
   ㉡ SP(Stack Pointer)는 +2 증가된다.
   ㉢ SREG 레지스터에 있는 I 플래그는 "1"이 된다.
⑥ ATmega 128은 인터럽트에서 리턴할 때 항상 메인 프로그램으로 리턴하고, 하나 이상의 명령을 실행하고, 대기 중인 인터럽트가 있으면 다시 인터럽트를 처리하게 된다.

6. 인터럽트 설정 레지스터

(1) 인터럽트 마스크 레지스터

인터럽트 마스크 레지스터인 GIMSK 레지스터는 [그림 7-2]와 같이 구성되어 있으며, 이 중에서 비트 7, 6만 외부 인터럽트 설정에 사용되고 나머지 비트들은 사용되지 않는다.

어드레스	7	6	5	4	3	2	1	0	←비트 번호
0x3B	INT1	INT0	–	–	–	–	–	–	초기값(0x00)

[그림 7-2] GIMSK 레지스터

☞ 각 비트의 기능

- INT1 : 외부 인터럽트 1 설정 비트
  ① INT1=1, I(SREG 레지스터)=1이면 외부 인터럽트(INT1 핀)를 허용한다.
  ② MCUCR 레지스터의 ISC11, ISC10 비트를 이용하여, INT1 핀의 상승 · 하강 모서리, 레벨 중 어느 신호 중에서 인터럽트를 요청하는지 결정한다.
- INT0 : 외부 인터럽트 0 설정 비트
  ① INT0=1, I(SREG 레지스터)=1이면 외부 인터럽트(INT0 핀)를 허용한다.
  ② MCUCR 레지스터의 ISC01, ISC00 비트를 이용하여, INT0 핀의 상승 · 하강 모서리, 레벨 중 어느 신호에서 인터럽트를 요청하는지 결정한다.

(2) 인터럽트 플래그 레지스터

인터럽트 플래그 레지스터인 GIFR 레지스터는 [그림 7-3]과 같이 구성되어 있으며, 읽기/쓰기가 가능하고, 외부 인터럽트가 요청했는지를 검사할 때 사용된다.

어드레스	7	6	5	4	3	2	1	0	←비트 번호
0x3A	INTF1	INTF0	–	–	–	–	–	–	초기값(0x00)

[그림 7-3] GIFR 레지스터(1 : 인터럽트 요청)

☞ 각 비트의 기능

- INTF1 : 외부 인터럽트 1 플래그
  ① INT1 핀이 인터럽트를 요청하면 INTF1 플래그는 "1"이 된다.
  ② 만약 INT1=1(GIMSK 레지스터), I(SREG 레지스터)=1이면, 인터럽트 벡터 0x002로 점프한다.
  ③ 인터럽트 루틴이 실행되면, 이 플래그는 자동으로 "0"이 된다.

- INTF0 : 외부 인터럽트 0 플래그
  ① INT0 핀이 인터럽트를 요청하면 INTF0 플래그는 "1"이 된다.
  ② 만약 INT1=0(GIMSK 레지스터), I(SREG 레지스터)=1이면, 인터럽트 벡터 0x001로 점프한다.
  ③ 인터럽트 루틴이 실행되면, 이 플래그는 자동으로 "0"이 된다.
  (비트열에서 "-" 표시는 예약된 비트. 항상 제로가 리드된다.)

(3) 외부 인터럽트

외부 인터럽트는 INT0(PD2), INT1(PD3) 핀으로 인터럽트 요청을 한다. 인터럽트가 허가되어 있다면, INT0/INT1 핀이 출력으로 정의되어 있다 하더라도 인터럽트를 요청할 수 있으며, 이 기능을 이용하면 소프트웨어로 인터럽트를 요청할 수 있다. 외부 인터럽트 INT0, INT1은 MCUCR 레지스터를 이용하여 INT0/INT1 핀의 하강 모서리, 상승 모서리, 레벨 중에 인터럽트 요청신호를 선택할 수 있다.

1) MCU 컨트롤 레지스터

MCUCR(MCU Control Register)는 외부 인터럽트 및 슬립 모드를 제어한다. MCUCR 레지스터는 아래 그림과 같이 구성되어 있다.

어드레스	7	6	5	4	3	2	1	0	←비트 번호
0x35	-	SE	SM1	SM0	ISC11	ISC10	ISC01	ISC00	초기값(0x00)

[그림 7-4] MCUCR 레지스터

☞ 각 비트의 기능

- - : 예약된 비트. 항상 제로가 리드된다.

• SE : 슬립 모드 허가 비트

① SLEEP 명령을 실행할 때, 슬립 모드로 들어가기 위해서 "1"이 되어야만 한다. 이것은 프로그래머가 의도하지 않은 상태에서 슬립 모드로 들어가는 것을 방지하기 위한 것이다.

② SE 비트를 "1"로 한 후, SLEEP 명령을 사용하여야 한다.

• SM1, SM0 : 슬립 모드 선택 비트

이 비트는 다음과 같이 슬립 모드를 선택한다.

SM1	SM0	슬립 모드
0	0	아이들 모드(idle mode)
0	1	예약
1	0	파워다운 모드(power down mode)
1	1	파워 절약 모드(power save mode)

• ISC11, ISC10 : 인터럽트 요청신호 레벨 제어 1(Interrupt Sense Control 1)

SREG의 I 비트, GIMSK의 INT1 비트가 모두 "1"이면 외부 인터럽트 1의 인터럽트 요청이 가능하며, INT1 핀의 인터럽트 요청신호 레벨은 다음과 같이 ISC11, ISC10 비트에 의해서 결정된다.

ISC11	ISC10	슬립 모드
0	0	INT1의 "L" 레벨에서 인터럽트 요청
0	1	예약
1	0	INT1의 하강 모서리에서 인터럽트 요청
1	1	INT1의 상승 모서리에서 인터럽트 요청
☞ ISC01, ISC00은 INT0 핀을 제어하며, 이 표에서 INT1을 INT0으로 변경하면 된다.		

① ISC11, ISC10에 값을 써넣을 때, GIMISK의 INT1 비트는 "0"이 되어 있어야 한다. 그렇지 않으면, 이 비트값이 변하면 인터럽트를 요청할 수도 있다.

② ISC01, ISC00에 값을 써넣을 때, GIMISK의 INT0 비트는 "0"이 되어 있어야 한다. 그렇지 않으면, 이 비트값이 변하면 인터럽트를 요청할 수도 있다.

③ INT1/INT0 핀의 값은 모서리를 검출하기 전에 샘플된다. 만약 하강·상승 모서리 인터럽트를 선택하면, 펄스가 CPU 클록의 1주기보다 길어야 한다.
④ 만약 “L” 레벨의 인터럽트를 선택하였으면, 현재 실행 중인 명령어가 끝날 때까지 “L” 레벨을 유지하여야 한다.

7. 슬립 모드(아이들 모드)

[그림 7-4]의 MCUCR 레지스터의 SM1=0, SM0=0으로 설정하고, SLEEP 명령을 실행하면 아이들 모드로 들어가며, 아이들 모드의 상태는 다음과 같다.

① CPU는 정지하지만, SPI, UART, 아날로그 비교기, ADC, 타이머/카운터, 워치도그와 인터럽트 시스템은 계속해서 동작하게 된다.
② 외부 인터럽트뿐만 아니라, 타이머 오버플로, UART 수신 완료 인터럽트 등의 내부 인터럽트가 발생되면, 아이들 모드를 벗어나게 된다.
③ 아날로그 비교기 인터럽트로부터 아이들 모드를 벗어나지 않을 경우는, ACSR 레지스터에 있는 ACD 비트를 “1”로 하면, 파워다운 되어, 파워를 절약할 수 있다.
④ 아이들 모드에서 벗어나면, CPU는 즉시 프로그램을 실행한다.

8. 파워다운 모드

[그림 7-4] MCUCR 레지스터의 SM1=1, SM0=0으로 설정하고, SLEEP 명령을 실행하면 파워다운 모드로 들어가며, 파워다운 모드의 상태는 다음과 같다.

① 외부 발진기는 정지하고, 외부 인터럽트와 워치도그(동작이 가능하게 되어 있는 경우)는 계속해서 동작하게 된다.
② 외부 인터럽트 0/1 레벨 인터럽트 요청, 워치도그 리셋, 리셋이 있으면, 이 모드를 벗어날 수 있다.
③ 외부 레벨 인터럽트를 이용하여 파워다운 모드를 벗어나려면, CPU가 파워다운 모드를 벗어날 때까지 “L” 레벨을 유지하여야 한다. 외부 인터럽트 레벨 변화는 워치도그 발진기 클록에 의해서 두 번 샘플되고 이 기간 동안 레벨 변화가 없으면, 파워다운 모드를 벗어나게 된다.

④ 파워다운 모드에서 벗어날 때 시스템이 정지된 상태에서 벗어나는 것이므로, 시스템의 안정과 다시 시작하기 위하여, 리셋에서 벗어날 때와 같은 지연시간이 필요하게 된다.
⑤ 외부 레벨 인터럽트의 "L" 기간이 충분히 길지 않아서, CPU가 파워다운 모드에서 벗어나기 전에 파워다운 조건이 없어지면, 인터럽트 처리 루틴은 실행되지 않는다.

9. 파워 절약 모드

SM1=1, SM0=1로 설정하고, SLEEP 명령을 실행하면 파워 절약 모드로 들어가며, 파워 절약 모드의 상태는 다음과 같다.

① 타이머/카운터 2는 비동기적으로 동작한다. 즉, ASSR 레지스터의 AS2 비트는 "1"이 되어, 파워 절약 모드 동안 타이머/카운터 2는 동작하게 된다.
② 타이머/카운터 2의 출력비교 이벤트 혹은 오버플로가 발생하면, 해당되는 인터럽트가 허용되어 있을 경우, 파워 절약 모드를 벗어날 수 있다.
③ 외부 인터럽트로 파워 절약 모드를 벗어나면, 인터럽트 플래그가 업데이트되기 전에 2개의 명령 사이클이 실행된다.
④ 비동기 타이머로 파워 절약 모드를 벗어나면, 인터럽트 플래그가 업데이트되기 전에 3개의 명령 사이클이 실행된다.
⑤ ③, ④의 사이클 동안 CPU는 명령어를 실행하지만 인터럽트 조건은 읽을 수 없고, 인터럽트 처리 루틴도 이 동안에는 실행되지 않는다.
⑥ 비동기 타이머로 파워 절약 모드를 벗어날 때는 전체 인터럽트가 허용되지 않은 상태에서도 파워 절약 모드를 벗어날 수 있다.

10. 응용 프로그램

예제 1

1. 인터럽트에 의한 FND 구동
2. 프로그램

```
#include <avr/io.h>
#include <util/delay.h>
// Declare your global variables here
volatile unsigned char interrupt_count=0;

unsigned char code[10]={0xc0, 0xf9, 0xa4, 0xb0, 0x99, 0x92, 0x82, 0xd8, 0x80,
0x90};
void delay(unsigned int cnt);
interrupt [EXT_INT0]  void ext_int0_isr(void)
{
interrupt_count++;
if(interrupt_count==10) interrupt_count=0;
PORTA=code[interrupt_count];
delay(60000);                        // 키 바운싱 제거
}
void main(void)
{
PORTA=0x00;                          // FND 출력
DDRA=0xFF;
PORTD=0x00;
DDRD=0x00;

EIMSK=0x01;                          // 외부 인터럽트 0번 사용
EICRA=0x02;                          // interrupt 0 rising edge interrupt
EICRB=0x00;
#asm("sei")                          // interrupt enable
while (1);
}
void delay(unsigned int cnt)
{
while(cnt--);
}
```

예제 2

1. INT0 외부 인터럽트 함수를 이용한 INT0 핀의 하강 모서리에서 아래의 함수 실행
2. 프로그램

```
#include <avr/io.h>
#include <avr/interrupt.h>

ISR(INT0_vect)
{
 PORTE=0xFF;//ex) LED on
}

int main(void)
{
 DDRE=0xFF;                          // 입출력 설정
 PORTE=0x00;                         // 초기화

/*-----------------
  외부 인터럽트 설정
------------------*/
 EICRA=0x02;                         // INT0 falling edge 설정
 EIMSK=0x01;                         // INT0 인터럽트 허용
sei();                               // 글로벌 인터럽트 허용
while(1)
{
}
}
```

ATmega 128 MCU에는 외부 인터럽트 핀이 8개가 있으며, 레지스터를 설정하지 않으면 일반 입출력 포트로 사용되는데 포트별 인터럽트 관련 핀으로는 다음과 같은 핀들이 있다.

PORTD0(INT0), PORTD1(INT1), PORTD2(INT2), PORTD3(INT3),
PORTE4(INT4), PORTE5(INT5), PORTE6(INT6), PORTE7(INT7)

EICRA, B 레지스터는 외부 인터럽트 트리거 방식을 설정하는 레지스터로 ISCn0, ISCn1을 하강 모서리(falling edge) 또는 상승 모서리(rising edge) 방식으로 설정할 수 있는데 하강 모서리는 High(1)에서 Low(0)로 변환되는 구간을, 상승 모서리는 Low(0)에서 High(1)로 변환되는 구간을 의미한다.

그리고 EICRA, B 레지스터에서 ISCn0, 1의 n은 외부 인터럽트의 각각의 핀을 나타내는데 ISC00, ISC01이면 INT0 핀을 나타낸다(EICRA는 INT0~3, EICRB는 INT4~7).

예를 들어 INT0을 하강 모서리 방식으로 설정하려면 EICRA=0x02가 되며, 상승 모서리 방식으로 설정하려면 EICRA=0x03으로 설정해 준다.

예제 3

1. 스위치를 눌렀을 때 LED의 점멸이 시작된다.
2. 프로그램

```
#include <avr/io.h>
#include <avr/interrupt.h>
#include <util/delay.h>
int main(void)
{
     DDRC=0XFF;
     DDRE=0X00;
PORTC=0xFE;
     EICRB=0x00;                    // 로우 레벨에서 인터럽트 발생
     EIMSK=0x10;                    // int4 사용
     SREG=0x80;

while(1);
}
ISR(INT4_vect)                      // 외부 인터럽트4
{
     PORTC<<=1;
     PORTC |=0x01;
if(PORTC==0xFF)
   PORTC=0xFE;
_delay_ms(15);
}
```

예제 4

1. 타이머/카운터 1의 1초 오버플로 인터럽트를 이용한 LED 1초 간격으로 업-카운트를 출력에 의한 LED 점멸동작
2. 프로그램

```
#include <avr/io.h>
#include <util/delay.h>
#include <avr/interrupt.h>

volatile unsigned char count=0;
ISR(TIMER1_OF_vect)

{
TCNT1H=0x85;
TCNT1L=0xEE;

count++;

PORTB=count;                        // 카운터값 LED에 출력으로 LED 연결 포트
}
int main(void)

{
int I, j;

DDRA=0xFF;
DDRB=0xFF;
TCCR1B=0x04;

TIMSK=(1<<TOIE1);                   // 타이머/카운터 1의 개별 인터럽트 허용

                                    // 1ms 오버플로 타이머/카운터 1의 초기값
TCNT1H=0x85;
TCNT1L=0xEE;

sei();                              // 전역 인터럽트 허용
while(1)
{
_delay_ms(100);
PORTA=0B0000001;
for(i=1;i<8;i++)
{
_delay_ms(100);
PORTA = PORTA <<1;
}
for(j=1;j<=8;j++)
{
_delay_ms(100);
PORTA = ((PORTA >>1) | (PORTA)) ;
}
}
}
```

예제 5

1. 동작은 인터럽트 0번에서 홀수 LED를 점등, 인터럽트 1번에서 짝수 LED를 점등, 인터럽트 2번에서는 홀수 LED가 켜져 있을 때 짝수 LED가 켜지게 하고, 짝수 LED가 켜져 있을 때 홀수 LED가 켜지는 동작을 구현한다.
2. 프로그램

```
#include <avr/io.h>
#include <avr/interrupt.h>
#include <util/delay.h>

int main(void)
{
    DDRA = 0xFF;
    DDRD = 0xF8;
    DDRG = 0x1F;
    EICRA = 0x2C;
    EIMSK = 0x07;
    PORTG = 0xFF;
    PORTA = 0xFF;
    sei();

    while(1)
    {
    }

    return 0;
}

ISR(INT0_vect)
{
    PORTA = ~(0x55);
}

ISR(INT1_vect)
{
    PORTA = ~(0xAA);
}

ISR(INT2_vect)
{
    PORTG ^= 0xFF;
}
```

chapter 8

타이머와 PWM 제어

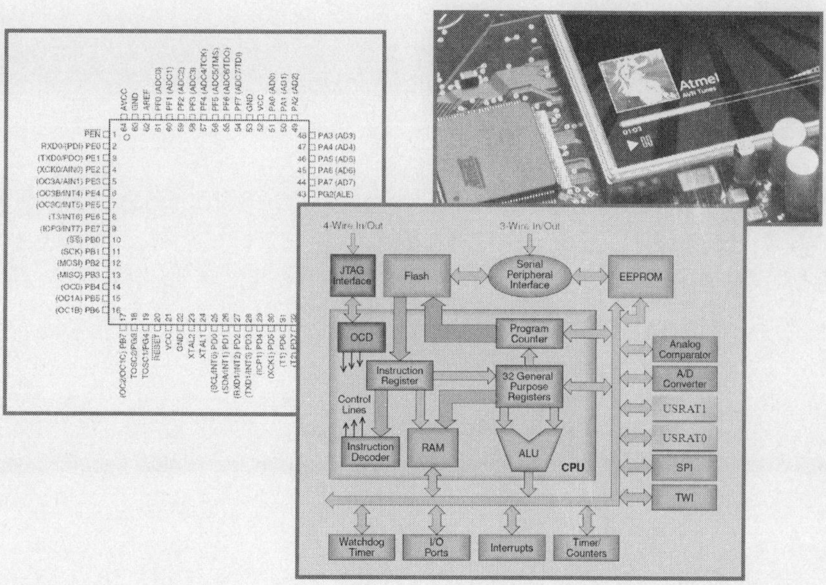

제1절 개 요

이 장에서는 ATmega 128을 이용하여 타이머와 PWM을 활용한 제어방법에 대하여 알아봄으로써 포트 제어방법에 대하여 공부한다.

ATmega 128은 2개의 8 비트 타이머/카운터와 2개의 16 비트 타이머/카운터를 가지고 있다. 4개의 카운터/타이머 중에서 타이머 0은 8비트 구조로서 카운터로 기능을 이용할 경우 카운터의 입력은 TOC0과 1로 입력을 받아 RTC 기능을 갖는 것을 제하고는 타이머/카운터 2와 기능이 동일하다. 또한 타이머/카운터 1은 16비트의 구조로서 타이머/카운터 3과 기능이 동일하다. 이들은 인터럽트와 PWM 출력기능을 가진다.

인터럽트는 오버플로에 의해 발생되는 오버플로 인터럽트, 카운터값이 출력비교 레지스터의 값과 같게 되는 경우 발생하는 출력비교 인터럽트, 외부 트리거 신호에 의해서 카운터의 초기값을 입력 캡처할 수 있도록 하는 입력 캡처 인터럽트가 있다.

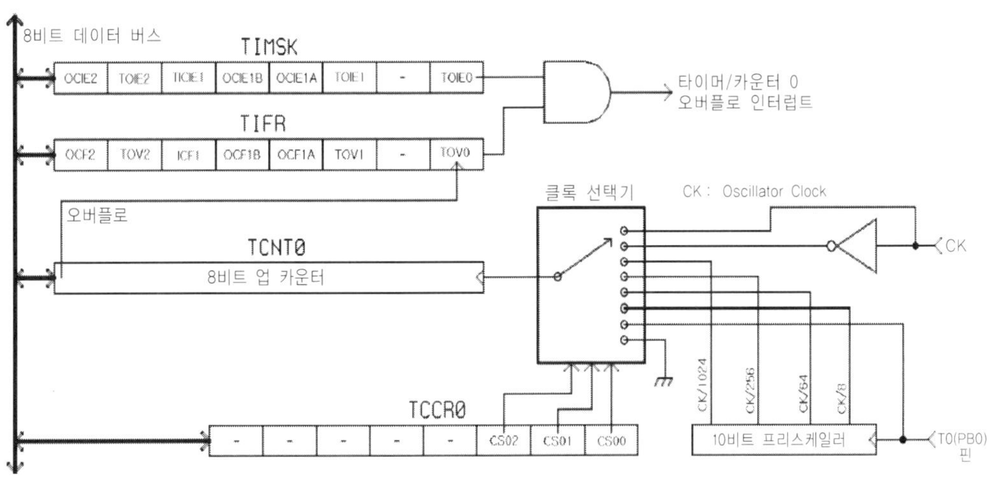

[그림 8-1] 타이머/카운터 0의 내부 블록도

제 2 절 타이머/카운터

1. 8 비트 타이머/카운터

8 비트 타이머에 해당하는 것은 타이머 0번과 2번이 해당한다. 8 비트 타이머/카운터이므로 카운터의 최댓값은 8 비트이므로 255까지이다. 8 비트 타이머/카운터는 PWM 및 비동기 동작 모드를 갖는 업/다운 카운터로 10 비트의 프리스케일러(prescaler)를 가지고 있어서 이를 활용하여 타이머/카운터의 기능을 확장할 수 있다.

타이머 0의 경우 부수적으로 외부 단자에 32.768kHz의 수정 진동자를 연결하여 RTC 기능을 갖게 한다.

타이머는 CPU 내부의 클록을 이용하여 일정시간 간격으로 펄스 신호를 발생시켜 이를 카운트하여 일정시간 경과 후에 인터럽트를 발생시키는 기능을 말하며 카운터의 기능일 경우는 외부 입력 핀(TOSC1, TOSC2, T1, T2, T3)을 통하여 입력된 펄스를 카운트하여 동작하는 것을 말한다. 타이머는 내부 클록을 이용하는 것으로 동기 모드로 동작하며 카운터의 경우는 외부의 클록 신호를 받아서 동작하는 것으로 분주 같은 기능이 불가능하며 비동기 모드로 동작한다.

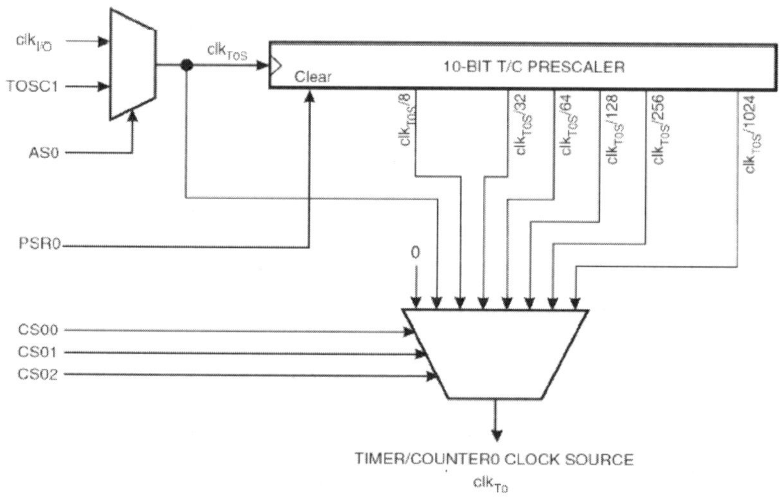

[그림 8-2] 타이머 0의 프리스케일러

타이머 0, 1은 CPU 클록을 분주한 4개의 8, 64, 256, 1024 분주를 갖는데 타이머/카운터 1의 클록 펄스와 타이머/카운터 2의 클록 소스는 선택신호(CSX0~CSX2)의 선택에 따라 시간 및 카운터의 설정을 할 수 있다.

(1) 타이머/카운터 0

1) 타이머/카운터 0 제어 레지스터

타이머/카운터 0 제어 레지스터(TCCR0 : Timer/counter 0 Control Register)는 [그림 8-3]과 같이 구성되어 있으며, 리셋되었을 때 초기값은 0x00을 갖고, 읽기/쓰기가 가능하다.

어드레스	7	6	5	4	3	2	1	0	←비트 번호
0x33	-	-	-	-	-	CS02	CS01	CS00	초기값(0x00)

[그림 8-3] TCCR0 레지스터

☞ 각 비트의 기능

- "-" : 예약된 비트로 "0"이 읽혀진다.
- CS02, CS01, CS00 : 클록 선택 비트

  이 비트는 [그림 8-3]과 같이 타이머/카운터 0의 클록 소스를 선택한다. 〈표 8-1〉에서 외부 핀을 사용할 경우에는 포트의 데이터 방향이 입력으로 되어 있어야 한다.

〈표 8-1〉 타이머/카운터 0의 클록 선택

CS02	CS01	CS00	설 명
0	0	0	Stop, 타이머/카운터 0 정지
0	0	1	CK
0	1	0	CK/8
0	1	1	CK/64
1	0	0	CK/256
1	0	1	CK/1024
1	1	0	외부 핀 T0의 하강 모서리
1	1	1	외부 핀 T0의 상승 모서리

2) 타이머/카운터 0 시정수 레지스터

타이머/카운터 0 시정수 레지스터(TCNT0 : Timer counter 0)는 [그림 8-4]와 같이 구성되어 있으며 업 카운터이다. TCNT0는 초기값은 0x00을 갖고, 읽기/쓰기가 가능하며, 시정수가 로드된 다음 카운트를 하게 된다.

어드레스	7	6	5	4	3	2	1	0	←비트 번호
0x32	MSB	–	–	–	–	–	–	LSB	초기값(0x00)

[그림 8-4] TCNT0 레지스터

3) 타이머/카운터 인터럽트 마스크 레지스터

타이머/카운터 인터럽트 마스크(TIMSK : Timer/counter Interrupt Mask) 레지스터는 [그림 8-5]와 같이 구성되어 있으며, 초기값은 0x00을 갖고, 읽기/쓰기가 가능하다.

어드레스	7	6	5	4	3	2	1	0	←비트 번호
0x39	OCIE2	TOIE2	TICIE1	OCIE1A	OCIE1B	TOIE1	–	TCIE0	초기값(0x00)

[그림 8-5] TIMSK 레지스터

☞ 각 비트의 기능

- OCIE2 : 타이머/카운터 2 출력비교 일치 인터럽트 설정 비트
  ① OC1E2=1, I(SREG 레지스터)=1일 때, 타이머/카운터 2 출력비교가 일치할 때 인터럽트 요청
  ② 인터럽트를 발생하면 TIFR 레지스터의 OCF2 비트는 "1"이 되고,
  ③ 대응되는 인터럽트 벡터 0x003을 실행한다.

- TOIE2 : 타이머/카운터 2 오버플로 인터럽트 설정 비트
  ① TOIE2=1, I(SREG 레지스터)=1일 때, 타이머/카운터 2 오버플로 인터럽트 요청
  ② 타이머/카운터 2의 오버플로가 발생하면 TIFR 레지스터의 TOV2 비트는 "1"이 되고,
  ③ 대응되는 인터럽트 벡터 0x004를 실행한다.

- TICIE1 : 타이머/카운터 1 입력 캡처 인터럽트 설정 비트
  ① TICIE1=1, I(SREG 레지스터)=1일 때, 타이머/카운터 1 입력 캡처 이벤트 인터럽트 요청
  ② ICP 핀에서 캡처 트리거 이벤트가 발생하면 TIFR 레지스터의 ICF1 비트는 "1"이 되고,
  ③ 대응되는 인터럽트 벡터 0x005를 실행한다.

- OCE1A : 타이머/카운터 1 출력비교 A 일치 인터럽트 설정 비트
  ① OCE1A=1, I(SREG 레지스터)=1일 때, 타이머/카운터 1 출력비교 A 일치 인터럽트 요청
  ② 인터럽트를 발생하면 TIFR 레지스터의 OCF1A 비트는 "1"이 되고,
  ③ 대응되는 인터럽트 벡터 0x006을 실행한다.

- OCE1B : 타이머/카운터 1 출력비교 B 일치 인터럽트 설정 비트
  ① OCE1B=1, I(SREG 레지스터)=1일 때, 타이머/카운터 1 출력비교 B 일치 인터럽트 요청
  ② 인터럽트를 발생하면 TIFR 레지스터의 OCF1B 비트는 "1"이 되고,
  ③ 대응되는 인터럽트 벡터 0x007을 실행한다.

- TOIE1 : 타이머/카운터 1 오버플로 인터럽트 설정 비트
  ① TOIE1=1, I(SREG 레지스터)=1일 때, 타이머/카운터 1 오버플로 인터럽트 요청
  ② 타이머/카운터 1 오버플로가 발생하면 TIFR 레지스터의 TOV1 비트는 "1"이 되고,
  ③ 대응되는 인터럽트 벡터 0x008을 실행한다.

- "-" : 예약된 비트. 항상 "0"이 리드된다.

- TOIE0 : 타이머/카운터 0 오버플로 인터럽트 설정 비트
  ① TOIE0=1, I(SREG 레지스터)=1일 때, 타이머/카운터 0 오버플로 인터럽트 요청
  ② 타이머/카운터 0 오버플로가 발생하면 TIFR 레지스터의 TOV0 비트는 "1"
  ③ 대응되는 인터럽트 벡터 0x009를 실행한다.

4) 타이머/카운터 인터럽트 플래그 레지스터

타이머/카운터 인터럽트 플래그 레지스터(TIFR : Timer/counter Interrupt Flag)는 [그림 8-6]과 같이 구성되어 있으며, 초기값은 0x00을 갖고, 읽기/쓰기가 가능하다.

어드레스	7	6	5	4	3	2	1	0	←비트 번호
0x38	OCF2	TOV2	ICF1	OCF1A	OCF1B	TOV1	–	TOV0	초기값(0x00)

[그림 8-6] TIFR 레지스터

☞ 각 비트의 기능

- OCF2 : 출력비교 플래그 2
  ① OCR2 레지스터에 있는 데이터와 타이머/카운터 2의 데이터가 일치하면, “1”이 된다.
  ② 인터럽트 처리 루틴을 실행하면 자동으로 “0”이 되고, 소프트웨어로 OCF2에 “1”을 쓰면 “0”이 된다.
  ③ OCIE2=1, I(SREG 레지스터)=1이면, 인터럽트를 요청
- TOV2 : 타이머/카운터 2 오버플로 플래그
  ① 타이머/카운터 2 오버플로가 발생하면 “1”이 된다.
  ② 인터럽트 처리 루틴을 실행하면 자동으로 “0”이 되고, 소프트웨어로 TOV2에 “1”을 쓰면 “0”이 된다.
  ③ TOIE2=1, I(SREG 레지스터)=1일 때, 타이머/카운터 2 오버플로 인터럽트 요청
- ICF1 : 입력 캡처 플래그 1
  ① ICP 핀에서 캡처 트리거 이벤트가 발생하면 “1”이 되고, 타이머/카운터 1의 값이 ICR1 레지스터에 로드된다.
  ② 인터럽트 처리 루틴을 실행하면 자동으로 “0”이 되고, 소프트웨어로 ICF1에 “1”을 쓰면 “0”이 된다.
  ③ TICIE1=1, I(SREG 레지스터)=1일 때, 타이머/카운터 1 캡처 인터럽트 요청
- OCF1A : 출력비교 플래그 1 A
  ① OCR1A 레지스터에 있는 데이터와 타이머/카운터 1의 데이터가 일치하면, “1”이 된다.

② 인터럽트 처리 루틴을 실행하면 자동으로 "0"이 되고, 소프트웨어로 OCF1A에 "1"을 쓰면 "0"이 된다.
③ OCE1A=1, I(SREG 레지스터)=1일 때, 타이머/카운터 1 비교 A 일치 인터럽트 요청

• OCF1B : 출력비교 플래그 1 B
① OCR1B 레지스터에 있는 데이터와 타이머/카운터 1의 데이터가 일치하면, "1"이 된다.
② 인터럽트 처리 루틴을 실행하면 자동으로 "0"이 되고, 소프트웨어로 OCF1B에 "1"을 쓰면 "0"이 된다.
③ OCE1B=1, I(SREG 레지스터)=1일 때, 타이머/카운터 1 비교 B 일치 인터럽트 요청

• TOV1 : 타이머/카운터 1 오버플로 플래그
① 타이머/카운터 1 오버플로가 발생하면 "1"이 된다.
② 인터럽트 처리 루틴을 실행하면 자동으로 "0"이 되고, 소프트웨어로 TOV1에 "1"을 쓰면 "0"이 된다.
③ TOIE1=1, I(SREG 레지스터)=1일 때, 타이머/카운터 1 오버플로 인터럽트 요청

• "-" : 예약된 비트. 항상 "0"이 리드된다.

• TOV0 : 타이머/카운터 0 오버플로 플래그
① 타이머/카운터 0 오버플로가 발생하면 "1"이 된다.
② 인터럽트 처리 루틴을 실행하면 자동으로 "0"이 되고, 소프트웨어로 TOV0에 "1"을 쓰면 "0"이 된다.
③ TOIE0=1, I(SREG 레지스터)=1일 때, 타이머/카운터 0 오버플로 인터럽트 요청

(2) 타이머/카운터 2

1) 타이머/카운터 2의 동작

타이머/카운터 2는 [그림 8-6]에서와 같이 8 비트 타이머/카운터로서 타이머/카운터, PWM 등의 기능이 있는데 그들의 기능에 대해서 알아보면 다음과 같다.

① 타이머/카운터 동작

㉠ 타이머/카운터 2의 클록 소스는 [그림 8-7]에서와 같이 PCK2라 부르며, 디폴트로 시스템 클록(CK)에 연결되어 있다.

㉡ ASSR(ASynchronus Status Register)의 AS2 비트를 "1"로 하면 타이머/카운터 2의 클록 소스는 비동기적인 클록 TOSC1(PC6), TOSC2(PC7) 핀에 연결된 발진기가 되며, 독립적인 클록 소스로 사용할 수 있고, 이때 수정 발진자는 32.768kHz를 사용한다.

㉢ TOSC1(PC6), TOSC2(PC7) 핀에 연결된 발진자를 사용할 경우, 이 핀들은 포트 C에서 분리된다.

㉣ 발진기를 사용하지 않고, 외부 클록을 직접 TOSC1(PC6) 핀에 연결할 수 있다. 이 클록은 CPU 클록의 1/4보다 낮아야 하며 256kHz보다 높지 않아야 한다.

㉤ TCCR2의 CS22, CS21, CS20 비트를 이용하여 PCK2, 프리스케일된 PCK2로 클록을 선택하며, 정지시킬 수도 있다.

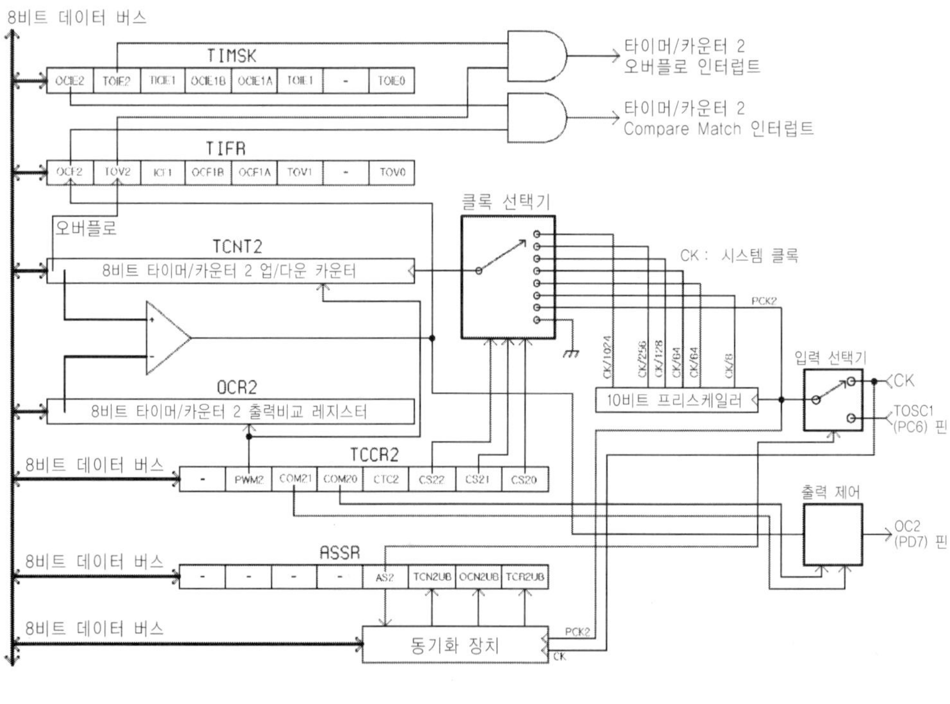

[그림 8-7] 타이머/카운터 2의 블록도

ⓑ 선택된 클록은 TCNT2(Timer/Counter2 : 8 비트 업 · 카운터)로 공급되고, TCNT2가 오버플로(0xFF→0x00)가 되면, TIFR(Timer Interrupt Flag Register)의 TOV2 비트가 "1"이 된다.

ⓢ TOV2 비트가 "1"일 때, TIMSK의 TOIE2(Timer/Counter2 Overflow Interrupt Enable) 비트가 "1"이 되어 있으면, 타이머/카운터 2 오버플로 인터럽트(인터럽트 벡터 0x004)를 요청하게 된다.

② "Compare Match" 동작

㉠ 타이머/카운터 2의 TCNT2와 OCR2(Output Compare Register 2)를 비교하여 일치하면, OC2핀으로 TCCR2(Timer/Counter2 Control Register)의 COM21, COM20에서 설정된 상태로 "H" 혹은 "L"이 출력된다.

㉡ TCNT2와 OCR2를 비교하여 일치하면, TIFR(Timer Interrupt Flag Register)의 OCF2 비트가 "1"이 된다.

㉢ OCF2 비트가 "1"이고, TIMSK(Timer Interrupt Mask Register)의 OCEIE2 (Timer/Counter2 Output Compare Match Interrupt Enable) 비트가 "1"이 되어 있으면, 타이머/카운터 2 "Compare Match" 인터럽트(인터럽트 벡터 0x003)를 요청하게 된다.

③ PWM 동작

㉠ OCR2를 이용하여 8 비트 PWM(Pulse Width Modulation)으로 사용할 수 있다.

㉡ PWM 기능으로 동작할 때는 TCNT2는 업/다운 카운터로 사용된다.

㉢ PWM 출력은 OCR2를 이용할 때는 OC2핀을 이용한다.

2) 타이머/카운터 2 레지스터

① 타이머/카운터 2 제어 레지스터

타이머/카운터 2의 제어 레지스터(TCCR2 : Timer/Counter2 Counter Register)는 [그림 8-8]과 같이 구성되어 있으며, 초기값은 0x00를 갖고, 읽기/쓰기가 가능하다.

어드레스	7	6	5	4	3	2	1	0	←비트 번호
0x25	–	PWM2	COM21	COM20	CTC2	CS22	CS21	CS20	초기값(0x00)

[그림 8-8] TCCR2 레지스터

☞ 각 비트의 기능

- "-". : 예약된 비트. 항상 "0"이 리드된다.
- PWM2 : PWM 동작 설정 비트
  PWM2=1 : 타이머/카운터 2에 대해서 PWM 동작 가능
- COM21, COM20 : 출력비교 모드 설정 비트
  이 비트들은 TCNT2 내용과 OCR2가 비교하여 일치하였을 경우 OC2(PD7) 핀으로 출력하는 액티브 신호의 동작을 〈표 8-2〉와 같이 정의한다. 또 이 비트는 PWM 모드에서는 다른 기능을 한다.

〈표 8-2〉 비교 모드 선택

COM21	COM20	설 명
0	0	타이머/카운터 2가 OC2 핀에서 분리된다.
0	1	OC2 핀의 신호가 토글된다.
1	0	OC2 핀의 신호가 "0"이 된다.
1	1	OC2 핀의 신호가 "1"이 된다.

- CTC2 : 비교 일치할 때 타이머/카운터 2 클리어 설정 비트
  ① CTC2=1 : TCNT2는 "Compare Match" 후 0x00으로 된다.
  ② CTC2=0 : TCNT2는 "Compare Match"에 영향을 받지 않는다.
  ③ "Compare Match"는 매치 다음에 CPU 클록 사이클에서 검출하기 때문에, 타이머가 1보다 큰 프리스케일러를 사용할 때는 이 기능이 다르게 행동한다.
  ④ 1의 프리스케일러를 사용할 경우는 "Compare" 레지스터는 C로 설정되고, CTC2=1이면 다음과 같이 카운트한다.
  .[C.2] → [C.1] → [C] → [0] → [C].
  ⑤ 프리스케일러가 8로 설정되어 있을 경우는 다음과 같이 카운트한다.
  .[C.2, C.2, C.2, C.2, C.2, C.2, C.2, C.2] → [C.1, C.1, C.1, C.1, C.1, C.1, C.1, C.1]
  → [C, 0, 0, 0, 0, 0, 0, 0, 0] → [1, 1, 1, 1, 1, 1, 1, 1] .
  ⑥ PWM 모드에서 이 비트는 영향을 주지 않는다.

• CS22, CS21, CS20 : Clock Select

이 비트는 〈표 8-3〉과 같이 타이머/카운터 2의 클록 소스를 선택한다. 프리스케일된 CK 모드에서 CK 발진기 클록에서 직접 계산된다.

〈표 8-3〉 타이머/카운터 2 프리스케일 선택

CS12	CS11	CS10	설 명
0	0	0	Stop, 타이머/카운터 2 정지
0	0	1	PCK2
0	1	0	PCK2/8
0	1	1	PCK2/32
1	0	0	PCK2/64
1	0	1	PCK2/128
1	1	0	PCK2/256
1	1	1	PCK2/1024

(3) 타이머/카운터 2 시정수 레지스터

타이머/카운터 2 레지스터(TCNT2 : Timer Counter 0)는 초기값 0x00을 갖고, 읽기/쓰기가 가능하며, 업 혹은 다운(PWM 모드) 카운터이다. 만약 TCNT2에 시정수를 써넣고, 클록 소스가 존재하면, TCNT2에 시정수를 써넣은 다음에 카운트를 하게 된다.

(4) 타이머/카운터 2 출력비교 레지스터

타이머/카운터 2 출력비교 레지스터(OCR2 : Timer/Counter2 Output Compare Register)는 초기값 0x00을 갖고, 읽기/쓰기가 가능하다.

① OCR2의 내용과 TCNT2의 내용이 비교하여 일치하면, OC2(PD7)로 TCCR2의 COM21, COM20에서 지정한 액션을 취하고, TIFR(Timer Interrupt Flag Register)의 OCF2 비트가 "1"이 된다.

② OCF2 비트가 "1"이고, TIMSK(Timer Interrupt Mask Register)의 OCEIE2(Timer/Counter2 Output Compare Match Interrupt Enable) 비트가 "1"이 되어 있으면, 타이머/카운터 2 "Compare Match" 인터럽트(인터럽트 벡터 0x003)를 요청하게 된다.

2. 16 비트 타이머/카운터

(1) 타이머/카운터 1

16 비트 타이머/카운터 1에 대해서 설명하기로 하며, 타이머/카운터 1에서는 〈표 8-4〉와 같이 포트 B, 포트 D의 핀을 사용한다.

〈표 8-4〉 타이머/카운터 1에서 사용하는 핀

사용하는 핀	설 명
T1(PB1)	타이머/카운터 1의 카운터 입력
ICP(PD6)	타이머/카운터 1의 캡처 입력
OC1A(PD5)	타이머/카운터 1의 "Compare A Match" 출력
OC1B(PD4)	타이머/카운터 1의 "Compare B Match" 출력

1) 타이머/카운터 1의 동작

① 타이머/카운터 1의 클록 소스는 [그림 8-9]에서와 같이 프리스케일러(Prescaler)를 통과한 CK/8, CK/64, CK/256, CK/1024의 클록과 프리스케일러를 거치지 않는 T1 핀 입력 펄스, CK(시스템 클록)의 하강·상승 모서리 및 "0(정지)"의 8개를 가진다.

② 8개의 클록 소스 중 어느 클록을 사용할 것인가를 TCCR1B(Timer/Counter 1 Control Register B)의 CS12, CS11, CS10 비트로 결정한다.

③ 선택된 클록은 TCNT1(Timer/Counter 1 : 16 비트 업·카운터)로 공급되고, TCNT1이 오버플로(0xFFFF→0x0000)가 되면, TIFR(Timer Interrupt Flag Register)의 TOV1 비트가 "1"이 된다.

④ TOV1 비트가 "1"일 때, TIMSK(Timer Interrupt Mask Register)의 TOIE1(Timer/Counter 1 Overflow Interrupt Enable) 비트가 "1"이 되어 있으면, 타이머/카운터 1 오버플로 인터럽트(인터럽트 벡터 0x008)를 요청하게 된다.

⑤ 타이머/카운터 1이 외부 펄스(T1 핀 입력)를 입력할 경우, 이 펄스는 시스템 클록에 동기되어야 한다. 즉, 외부 펄스 신호의 최소 주기는 시스템 클록의 1 주기와 같아야 한다. 그리고 외부 펄스 신호는 CPU 내부 클록의 상승 모서리에서 검출된다.

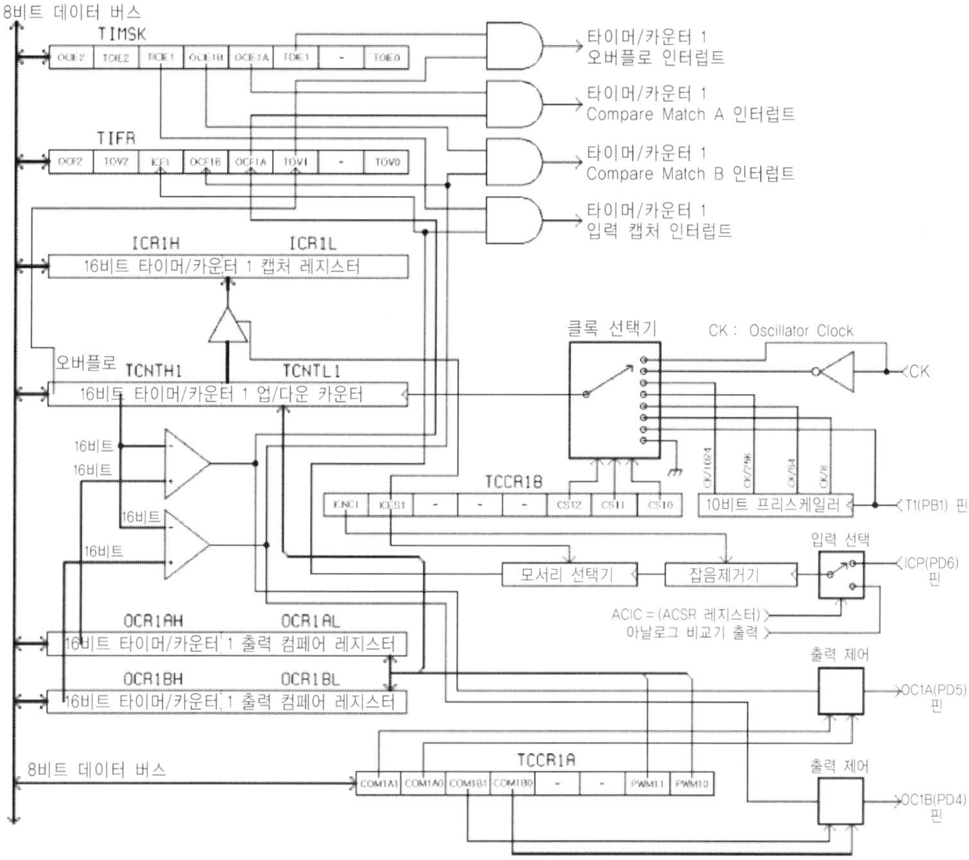

[그림 8-9] 타이머/카운터 1의 내부 블록도

2) "Compare Match" 동작

① 타이머/카운터 1의 TCNT1과 OCR1A(Output Compare Register A), OCR1B (Output Compare Register B)를 비교하여 일치하면, OC1A, OC1B 핀으로 TCCR1A(Timer/Counter1 Control Register A)의 COM1A1, COM1A0 및 COM1B1, COM1B0에서 설정된 상태로 "H" 혹은 "L"이 출력된다. 이때 OC1A, OC1B 핀은 출력으로 설정되어 있어야 한다.

② TCNT1과 OCR1A, OCR1B를 비교하여 일치하면, TIFR(Timer Interrupt Flag Register)의 OCF1A, OCF1B 비트가 "1"이 된다.

③ OCF1A 비트가 "1"이고, TIMSK(Timer Interrupt Mask Register)의 OCIE1A (Timer/Counter1 Output Compare A Match Interrupt Enable) 비트가 "1"이 되어 있으면, 타

이머/카운터 1 "Compare Match A" 인터럽트(인터럽트 벡터 0x006)를 요청한다.

④ OCF1B 비트가 "1"이고, TIMSK의 OCIE1B(Timer/Counter1 Output Compare B Match Interrupt Enable) 비트가 "1"이면, 타이머/카운터 1 "Compare Match B" 인터럽트(인터럽트 벡터 0x007)를 요청하게 된다.

3) 캡처 입력 동작

① 캡처(capture) 입력은 ACSR(Analog comparator Control and Status Register)의 ACIC 비트를 이용하여, ICP(Input Capture Pin) 혹은 아날로그 비교기의 출력 중 하나를 선택할 수 있다.

② 캡처 입력은 TCCR1B의 ICNC1, ICES1 비트를 이용하여, 잡음제거 기능 설정 및 캡처 입력의 모서리(edge)를 선택할 수 있다.

③ 캡처 입력은 발진기 클록 4주기마다 샘플해서, 캡처 입력이 있으면 TIFR의 ICF1 비트가 "1"이 된다.

④ ICF1 비트가 "1"이고, TIMSK(Timer Interrupt Mask Register)의 TICIE1(Timer/Counter 1 Input Capture Interrupt Enable) 비트가 "1"이 되어 있으면, 타이머/카운터 1 입력 캡처 인터럽트(인터럽트 벡터 0x005)를 요청하게 된다.

4) PWM 동작

① OCR1A, OCR1B를 이용하여 8, 9, 10 비트 PWM(Pulse Width Modulation)으로 사용할 수 있으며, 8, 9, 10 비트 선택은 TCCR1A의 PWM11, PWM10 비트로 설정한다.

② PWM 기능으로 동작할 때는 TCNT1은 증가/감소 카운터로 사용된다.

③ PWM 출력은 OCR1A를 이용할 때는 OC1A 핀, OCR1B를 이용할 때는 OC1B 핀을 이용한다.

(2) 타이머/카운터 1에서 사용되는 레지스터

1) 타이머/카운터 1 제어 레지스터 A

타이머/카운터 1 제어 레지스터 A(TCCR1A : Timer/counter 1 Control Register A)는 [그림 8-10]과 같이 구성되어 있으며, 초기값은 0x00을 갖고, 읽기/쓰기가 가능하다.

어드레스	7	6	5	4	3	2	1	0	←비트 번호
0x2F	COM1A1	COM1A0	COM1B1	COM1B0	–	–	PWM11	PWM10	초기값(0x00)

[그림 8-10] TCCR1A 레지스터

☞ 각 비트의 기능

- COM1A1, COM1A0 : 출력비교 모드 1 A

  ① 이 비트는 TCNT1과 OCR1A가 일치했을 때 출력 핀의 상태를 결정한다.

  ② 대응되는 I/O 포트의 방향은 출력으로 되어 있어야 한다.

- COM1B1, COM1B0 : 출력비교 모드 1 B

〈표 8-5〉 비교 1 모드 선택(X=A, B)

COM1X1	COM1X0	설 명
0	0	타이머/카운터 1은 OC1X 핀에서 분리된다.
0	1	OC1X 출력 핀 토글
1	0	OC1X 출력 핀 "0"
1	1	OC1X 출력 핀 "1"

☞ PWM 모드에서 이 비트의 기능은 다르며(PWM에서 설명), 이 비트가 변하면 인터럽트 요청

- "-" : 예약된 비트. 항상 "0"이 읽혀진다.

- PWM11, PWM10 : PWM 선택

이 비트는 아래와 같이 PWM의 동작 모드를 선택한다.

〈표 8-6〉

PWM11	PWM10	설 명
0	0	타이머/카운터 1은 PWM 동작은 불가능
0	1	타이머/카운터 1은 8 비트 PWM
1	0	타이머/카운터 1은 9 비트 PWM
1	1	타이머/카운터 1은 10 비트 PWM

2) 타이머/카운터 1 제어 레지스터 B

타이머/카운터 1 제어 레지스터 B(TCCR1B : Timer/counter1 Control Register B)의 초기값은 0x00을 갖고, 읽기/쓰기가 가능하다.

어드레스	7	6	5	4	3	2	1	0	←비트 번호
0x2E	ICNC1	ICES1	–	–	CTC1	CS12	CS11	CS10	초기값(0x00)

[그림 8-11] TCCR1B 레지스터

☞ 각 비트의 기능

- CS12, CS11, CS10 : 클록 선택

  이 비트는 [그림 8-11]과 같이 타이머/카운터 1의 클록 소스를 선택한다. 그림에서 외부 핀을 사용할 경우에는 포트의 데이터 방향이 입력으로 되어 있어야 한다.

〈표 8-7〉 타이머/카운터 1의 프리스케일러 선택

CS12	CS11	CS10	설 명
0	0	0	Stop, 타이머/카운터 1 정지
0	0	1	CK
0	1	0	CK/8
0	1	1	CK/64
1	0	0	CK/256
1	0	1	CK/1024
1	1	0	외부 핀 T1의 하강 모서리
1	1	1	외부 핀 T1의 상승 모서리

- CTC1 : 비교 일치할 때 타이머/카운터 1을 “0x000”으로 한다.

  ① CTC1=1 : TCNT1은 “Compare A match”후 0x0000으로 리셋된다.

  ② CTC1=0 : TCNT1은 “Compare A match”에 영향을 받지 않는다.

  ③ “Compare Match”는 매치 다음 CPU 클록 사이클에서 검출하기 때문에, 타이머가 1보다 큰 프리스케일러를 사용할 때는 이 기능이 다르게 행동한다.

④ 1의 프리스케일러를 사용할 경우는 "Compare A" 레지스터는 C로 설정되고, CTC1=1이면 다음과 같이 카운트한다.

. [C.2] → [C.1] → [C] → [0] → [C] .

⑤ 프리스케일러가 8로 설정되어 있을 경우는 다음과 같이 카운트한다.

. [C.2, C.2, C.2, C.2, C.2, C.2, C.2, C.2] → [C.1, C.1, C.1, C.1, C.1, C.1, C.1, C.1]

→ [C, 0, 0, 0, 0, 0, 0, 0, 0] → [1, 1, 1, 1, 1, 1, 1, 1] .

⑥ PWM 모드에서 이 비트는 영향을 주지 않는다.

• . : 예약된 비트. 항상 "0"이 리드된다.

• ICES1 : 입력 캡처 1 모서리 선택 비트

① ICES1=0 : 입력 캡처 핀의 하강 모서리에서 TCNT1의 내용이 ICR1로 전송된다.

② ICNC1=1 : 입력 캡처 핀의 상승 모서리에서 TCNT1의 내용이 ICR1로 전송된다.

• ICNC1 : 입력 캡처 1 잡음제거(시스템 클록 4주기) 설정 비트

① ICNC1=0 : 입력 캡처 트리거 잡음제거 기능이 사용되지 않으며, 입력 캡처는 첫 번째 상승·하강 모서리에서 검출된다.

② ICNC1=1 : 입력 캡처 핀을 4번 연속적으로 검출한다. 모든 샘플은 ICES1 비트에 설정한 대로 HIGH/LOW를 검출하고, 샘플 주기는 XTAL의 클록 주기와 같다.

(3) 타이머/카운터 1 시정수 레지스터

타이머/카운터 1 레지스터(TCNT1H : Timer Counter 1 High, TCNT1L : Timer Counter 1 Low)는 [그림 8-12]와 같이 16 비트 레지스터로 구성되어 있으며, 초기값은 0x00를 갖고, CPU가 이 레지스터들을 액세스할 때, 동시에 읽기/쓰기를 하기 위하여 8 비트 임시(TEMP) 레지스터를 사용한다.

그리고 이 TEMP 레지스터는 OCR1A, OCR1B, ICR1을 액세스할 때에도 사용한다. 만약 메인 프로그램 혹은 인터럽트 루틴에서 TEMP 레지스터를 사용하여, 레지스터를 액세스할 경우에는 메인 프로그램 혹은 인터럽트 루틴(인터럽트 루틴에서 인터럽트가 허용되었을 경우)에서 액세스할 동안은 인터럽트는 허용되지 않는다.

어드레스	7	6	5	4	3	2	1	0	←비트 번호
0x2D	MSB	–	–	–	–	–	–	–	TCNT1H
0x2C	–	–	–	–	–	–	–	LSB	TCNT1L
									초기값(0x00)

[그림 8-12] TCNT1H, TCNT1L 레지스터

- TCNT1 써넣기
  ① CPU가 TCNT1H로 상위 바이트를 써넣으면, 써넣어진 데이터가 TEMP 레지스터로 로드된다.
  ② 다음 TCNT1L로 하위 바이트를 써넣으면, 이 데이터는 TEMP 레지스터에 있는 바이트 데이터와 조합된다.
  ③ 동시에 16 비트 데이터가 TCNT1 타이머/카운터 1 레지스터로 써넣어진다.
  ④ 따라서, 16 비트 레지스터 쓰기 동작은 TCNT1H가 먼저 액세스된다.
- TCNT1 읽기
  ① CPU가 TCNT1L을 읽으면, TCNT1L이 CPU로 보내진 다음, TCNT1H가 TEMP 레지스터로 전송된다.
  ② CPU가 TCNT1H를 읽을 때, TEMP 레지스터에 있는 데이터를 받게 된다.
  ③ 따라서, 16 비트 레지스터 읽기 동작은 TCNT1L이 먼저 액세스된다.
- 타이머/카운터 1은 읽기/쓰기가 가능한 업 카운터이며, PWM 모드에서는 업/다운 카운터로 사용된다. 만약 타이머/카운터 1에 시정수를 써넣고, 클록 소스를 선택하면, 시정수가 로드된 후, 카운트를 하게 된다.

1) 타이머/카운터 1 출력비교 레지스터

출력비교 레지스터(OCR1A, OCR1B)는 [그림 8-13], [그림 8-14]와 같이, 초기값 0x00을 갖고, 읽기/쓰기가 가능한 16 비트 레지스터이다.

어드레스	7	6	5	4	3	2	1	0	←비트 번호
0x2B	MSB	–	–	–	–	–	–	–	OCR1AH
0x2A	–	–	–	–	–	–	–	LSB	OCR1AL

[그림 8-13] OCR1AH, OCR1AL 레지스터

어드레스	7	6	5	4	3	2	1	0	←비트 번호
0x29	MSB	–	–	–	–	–	–	–	OCR1BH
0x28	–	–	–	–	–	–	–	LSB	OCR1BL

[그림 8-14] OCR1BH, OCR1BL 레지스터

① 출력비교 레지스터(OCR1A, OCR1B)는 TCNT1과 계속해서 비교한다.
② 비교동작은 타이머/카운터 1 제어와 스테이터스 레지스터에서 지정한다.
③ TCNT1과 출력비교 레지스터의 값이 일치하면 “Compare Match”가 일어난다.
④ “Compare Match”가 된 다음에, OCF1A 혹은 OCF1B 플래그가 “1”이 된다.
⑤ OCR1A, OCR1B 핀으로 출력된다.
⑥ OCR1A, OCR1B는 16 비트 레지스터이기 때문에, 읽기/쓰기를 할 때 TEMP 레지스터를 사용한다.
  ㉠ OCR1AH, OCR1BH로 상위 바이트를 쓰면, 데이터는 일시적으로 TEMP 레지스터에 저장된다.
  ㉡ OCR1AL, OCR1BL로 하위 바이트를 쓰면, TEMP 레지스터의 내용과 같이 동시에 OCR1A, OCR1B로 로드된다.
  따라서, 쓰기동작에서 OCR1AH, OCR1BH의 상위 바이트가 먼저 써넣어진다.
⑦ 만약 메인 프로그램 혹은 인터럽트 루틴에서 TEMP 레지스터를 사용하여 레지스터를 액세스할 경우에는 메인 프로그램 혹은 인터럽트 루틴(인터럽트 루틴에서 인터럽트가 허용되었을 경우)에서 액세스할 동안은 인터럽트 요청은 불가능하게 된다.

2) 타이머/카운터 1 캡처 레지스터

입력 캡처 레지스터(ICR1H : Input Capture Register 1 High, ICR1L : Input Capture Register 1 Low)는 [그림 8-15]와 같이 구성되어 있으며, 초기값 0x00을 갖고, 읽기만 되는 16 비트 레지스터이다.

어드레스	7	6	5	4	3	2	1	0	←비트 번호
0x27	MSB	–	–	–	–	–	–	–	ICR1H
0x26	–	–	–	–	–	–	–	LSB	ICR1L

[그림 8-15] ICR1H, ICR1L 레지스터

① 입력 캡처 핀(input capture pin)에 입력되는 신호의 상승 · 하강(TCCR 레지스터의 ICES1 비트로 결정) 모서리가 검출되면, TCNT1의 현재의 값이 ICR1로 전송되고, ICF1 비트가 "1"이 된다.

② ICR1은 16 비트 레지스터이므로, TEMP 레지스터를 사용한다.

㉠ ICR1L을 읽으면, 데이터가 CPU로 보내지고, ICR1H는 TEMP 레지스터로 보내진다.

㉡ ICR1H를 읽으면, TEMP 레지스터에 있는 데이터가 보내진다.

따라서, 16 비트 읽기는 처음에 ICR1L부터 읽혀진다.

③ 만약 메인 프로그램 혹은 인터럽트 루틴에서 TEMP 레지스터를 사용하여 레지스터를 액세스할 경우에는 메인 프로그램 혹은 인터럽트 루틴(인터럽트 루틴에서 인터럽트가 허용되었을 경우)에서 액세스할 동안은 인터럽트는 사용할 수 없게 된다.

3. 워치도그 타이머

(1) 워치도그 타이머 동작

워치도그(watchdog) 타이머는 발진기의 클록을 프리스케일러를 거쳐서 소스 클록을 받는다. 워치도그 타이머 프리스케일러를 조절하면 워치도그 리셋 시간을 조절할 수 있다.

① WDT 명령으로 워치도그를 리셋시킨다.

② 리셋 주기로 8개의 클록 주기를 선택할 수 있다.

③ 리셋이 되면, 리셋 벡터부터 프로그램이 시작된다.

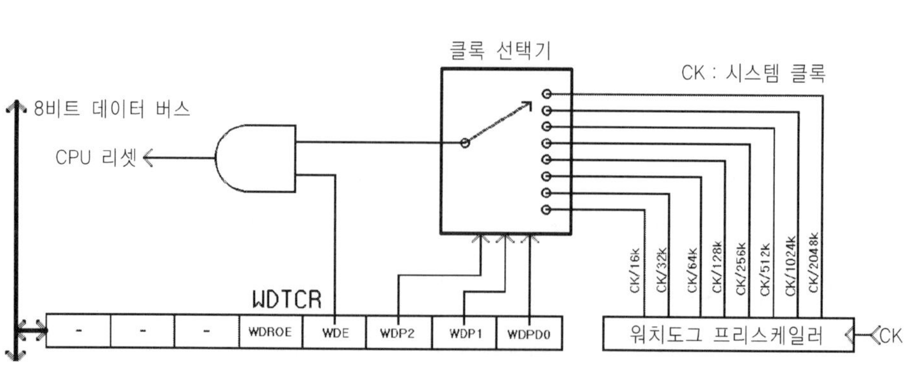

[그림 8-16] 워치도그 타이머 구성

(2) 워치도그 제어 레지스터

워치도그 제어 레지스터(WDTCR : Watchdog Timer Control Register)는 초기값으로 0x00을 갖고, 읽기/쓰기가 가능하다.

☞ 각 비트의 기능

• "-" : 예약된 비트. 항상 "0"이 리드된다.

• WDTOE : 워치도그 턴-오프(turn-off) 설정 비트

WDTOE=1이면 WDE 비트가 "0"이 되며, 워치도그는 "0"이 되지 않는다. 한번 "1"이 되면 4 클록 후에 하드웨어적으로 "0"이 된다.

• WDE : 워치도그 동작 설정 비트

WDE=1이면 워치도그 타이머는 동작되고, WDE=0이면 워치도그 타이머는 동작하지 않게 된다.

WDTOE=1이면, 단지 WDE만 "0"으로 된다. 워치도그 타이머를 동작시키지 않기 위하여, 다음과 같은 절차를 따라야 한다.

① WDTOE, WDE를 같이 "1"을 써넣는다. 동작을 하지 못하게 하기 전에 WDE가 비록 "1"이더라도 "1"을 써넣는다.

② 다음 4 클록 내에서, WDE에 "0"을 쓴다. 그러면 워치도그 타이머는 동작하지 않게 될 것이다.

• WDP2, WDP1, WDP0 : 워치도그 타이머 프리스케일러 설정 비트

이 비트는 워치도그 타이머가 동작 가능하게 되었을 때, 워치도그 타이머의 프리스케일링을 결정한다.

☞ 주의사항

① 워치도그 타이머 발진기 주파수는 전압에 의존한다.

② 리셋 주기가 워치도그 타이머 프리스케일링의 설정값과 일치하기 위하여, 워치도그 타이머를 동작시키기 전에 WDR 명령을 항상 실행하여야 한다.

③ 리셋 없이 워치도그 타이머를 동작시키면, 워치도그 타이머는 제로부터 카운트를 시작하지 않는다.

제 3 절 PWM

1. 동작 모드

타이머/카운터 2는 PWM 동작을 할 수 있으며, TCNT2와 OCR2, OC2(PD7) 핀을 사용한다.

① TCNT2는 업 · 다운 카운터로 동작한다. 즉, 0x00~0xFF까지 증가하다가 0xFF가 되면 다시 0x00으로 감소하고, 이 사이클을 계속 반복한다.

② TCNT2 값이 OCR2 값과 일치하면, OC2(PD7) 핀은 TCCR2 레지스터에 있는 COM21, COM20 비트의 설정된 값에 따라서 "1" 혹은 "0"이 된다.

〈표 8-8〉 PWM 모드에서 비교 모드 선택

COM21	COM20	비교 핀에 대한 효과
0	0	연결되지 않는다.
0	1	연결되지 않는다.
1	0	업 · 카운트해서 일치하면 "0", 다운 · 카운트해서 일치하면 "1"
1	1	다운 · 카운트해서 일치하면 "0", 업 · 카운트해서 일치하면 "1"

③ PWM 모드에서 OCR2로 라이트하면, TEMP 레지스터로 전송된다. 이 값은 타이머/카운터 2가 0xFF에 도달하면 래치된다. 이것은 [그림 8-17]에서와 같이 홀수 길이 PWM에서 발생할 수 있는 글리치(glitches) 현상을 방지하기 위한 것이다.

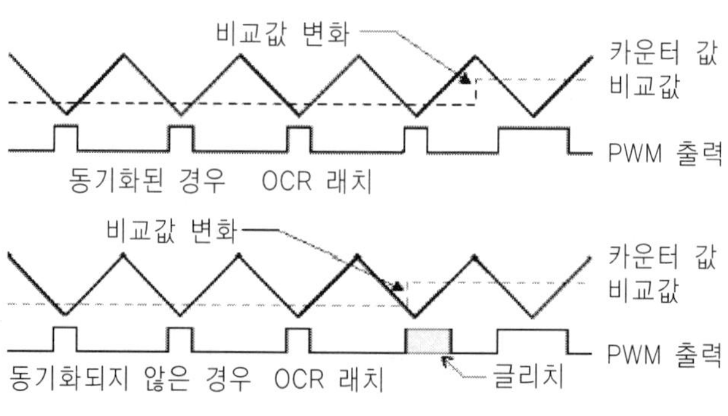

[그림 8-17] 동기화되지 않은 OCR2 래칭의 효과

④ 쓰기와 래치 동작시간 동안, OCR2를 읽은 것은 TEMP 레지스터의 내용을 읽게 하는 것이다. 이것은 OCR2에 최근에 써진 값을 읽기 위한 것이다.

⑤ OCR2는 0x00 혹은 0xFF로 업데이트 될 때, PWM 출력은 〈표 8-9〉에서와 같이 COM21, COM20의 설정된 값에 따라서 "L" 혹은 "H"로 변한다.

〈표 8-9〉 OCR2=0x00 혹은 0xFF에서 PWM 출력

COM21	COM20	OCR2	PWM 출력
1	0	0x00	"0"
1	0	0xFF	"1"
1	1	0x00	"0"
1	1	0xFF	"1"

⑥ PWM 모드에서 카운터가 0x00에서 카운트를 시작할 때, 타이머/카운터 2 오버플로 플래그(TOV2)는 "1"이 된다. 타이머/카운터 2 오버플로 인터럽트가 요청 가능하게 되어 있으면, 보통의 타이머/카운터 모드에서처럼 타이머/카운터 2 오버플로 인터럽트가 동작하게 된다. 이것은 타이머 "Compare Match"와 인터럽트에 적용된다.

2. 비동기 동작

(1) 비동기 상태 레지스터

타이머/카운터 2가 비동기적으로 동작할 때 사용하는 비동기 상태 레지스터(ASSR : Asynchronous Status Register)는 초기값으로 0x00을 갖고, AS 비트만 읽기/쓰기가 가능하고, 다른 비트는 읽기만 된다.

☞ 각 비트의 기능

- "-" : 예약된 비트. 항상 "0"이 리드된다.
- AS2 : 비동기 타이머/카운터 2 설정 비트

  ① AS2=1 : 타이머/카운터 2의 클록 소스는 TOSC1 핀이 된다. PC6, PC7 핀에 수정 발진자를 연결하고, 일반적인 I/O 기능으로 사용할 수 없다.

  ② AS2=0 : 타이머/카운터 2의 클록 소스는 내부 시스템 클록, CK가 된다.

③ 이 값이 변하면 TCNT2, OCR2, TCCR2의 값은 변한다.

• TCN2UB : 타이머/카운터 업데이트 비지(busy) 비트

① 타이머/카운터 2가 비동기적으로 동작하고, TCNT2로 쓰면, 이 비트는 "1"이 된다.

② TCNT2가 TEMP 레지스터 값으로 업데이트되면, 이 비트는 "0"이 된다.

③ 이 비트값이 논리적으로 제로면, TCNT2의 값은 새로운 값으로 업데이트되었다는 것을 가리킨다.

• OCR2UB : 출력비교 레지스터 2 업데이트 비지

① 타이머/카운터 2가 비동기적으로 동작하고, OCR2로 쓰면, 이 비트는 "1"이 된다.

② OCR2가 TEMP 레지스터 값으로 업데이트되면, 이 비트는 "0"이 된다.

③ 이 비트값이 논리적으로 제로면, OCR2의 값은 새로운 값으로 업데이트되었다는 것을 가리킨다.

• TCR2UB : 타이머/카운터 제어 레지스터 2 업데이트 비지

① 타이머/카운터 2가 비동기적으로 동작하고, TCCR2로 쓰면, 이 비트는 "1"이 된다.

② TCCR2가 TEMP 레지스터 값으로 업데이트되면, 이 비트는 "0"이 된다.

③ 이 비트값이 논리적으로 제로면, TCCR2의 값은 새로운 값으로 업데이트되었다는 것을 가리킨다.

④ 타이머/카운터 2의 3개의 레지스터 중 어느 레지스터로 쓰는 동작이 있으면 업데이트 비지 플래그는 "1"이 되고, 업데이트 값은 파괴되며, 의도하지 않은 인터럽트가 발생하게 된다.

☞ TCNT2, OCR2, TCCR2를 읽는 방법이 각각 다르다. 즉, TCNT2를 읽을 때 실제 타이머 값을 읽는 것이고, OCR2, TCCR2를 읽을 때는 TEMP 레지스터의 내용을 읽는 것이다.

(2) 비동기로 동작할 때 주의할 점

타이머/카운터 2가 비동기적으로 동작할 때 주의할 점들은 다음과 같다.

① 경고 : 타이머/카운터 2를 동기와 비동기 클록을 교체할 때, TCNT2, OCR2, TCCR2의 내용은 보존되지 않으므로, 안전하게 보존하는 절차는 다음과 같다.

㉠ 타이머/카운터 2 인터럽트 OCIE2, TOIE2를 동작 불가능하게 한다.

㉡ AS2를 설정해서 클록을 선택한다.

㉢ TCNT2, OCR2, TCCR2에 새로운 값을 써넣는다.

㉣ 비동기적으로 교체하기 위하여, TCN2UB, OCR2UB, TCR2UB 동안 대기한다.

㉤ 필요하다면, 인터럽트 요청을 허가한다.

② 32,768kHz 시계 클록을 사용한다.

㉠ 이 핀에 외부 클록을 공급할 때 밴드 폭을 256kHz가 되도록 한다. 즉, 외부 클록 신호는 0~256kHz가 되는 것이다.

㉡ TOSC1 핀에 공급되는 클록 주파수는 CPU 메인 클록의 1/4보다 작아야 한다.

③ TCNT2, OCR2, TCCR2 중 임의의 레지스터로 써넣을 때, 값이 TEMP 레지스터로 전송되고, TOSC1의 2개의 상승 모서리가 지난 후 래치 된다.

㉠ 사용자는 TEMP 레지스터의 내용이 목적지로 전송되기 전에는 새로운 값을 써넣기를 할 수 없다.

㉡ TCNT2, OCR2, TCCR2 레지스터는 각각 TEMP 레지스터를 갖고 있다. 즉, TCNT2 레지스터로 써넣을 때, OCR2로 써넣어도 관계가 없다.

㉢ ASSR 레지스터를 검사하면 TEMP 레지스터가 목적지로 전송이 되었는지를 알 수 있다.

④ TCNT2, OCR2, TCCR2 레지스터로 써넣은 후, 파워 절약 모드로 들어갈 때, 타이머/카운터 2를 파워 절약 모드에서 벗어나는 기능으로 사용한다면, 써진 레지스터가 업데이트될 때까지 기다려야 한다. 그렇지 않으면, 임의의 효과가 변하기 전에 슬립 모드로 들어갈 것이다. 파워 절약 모드에서 벗어나는데, 출력비교 2 인터럽트를 사용할 경우에는 아주 중요하다. 즉, OCR2, TCNT2로 라이트 동안 출력비교는 동작하지 않기 때문이다. 쓰기 사이클이 끝나지 않았다면(즉, 사용자가 OCR2UB 비트가 제로가 되기 전에 슬립으로 들어간 경우), CPU는 결코 비교 매치가 일어나지 않을 것이고, 파워 절약 모드에서 벗어날 수 없다.

⑤ 파워 절약 모드를 벗어나는 방법으로 타이머/카운터 2를 사용할 경우, 사용자가 다시 파워 절약 모드로 들어가려면 주의를 하여야 한다. 즉, 리셋 되는데 TOSC1의 1주기가 필요하게 된다. 파워 절약 모드에서 벗어나서, 다시 들어가는 시간이 TOSC1의 1주기보다 작을 경우, 인터럽트는 발생되지 않을 것

이고, 파워 절약 모드에서 벗어날 수 없게 된다. 만약 사용자가 파워 절약 모드로 다시 들어가기 전에, TOSC1의 1주기의 시간을 확보하고자 할 경우에는 다음과 같은 알고리즘을 사용한다.

㉠ TCCR2, TCNT2, OCR2로 값을 써넣어야 한다.

㉡ ASSR에 있는 대응되는 비지 플래그가 제로가 될 때까지 기다린다.

㉢ 파워 절약 모드로 들어간다.

⑥ 비동기 동작을 선택하면, 타이머/카운터 2는 파워 절약 모드를 제외하고는, 항상 32kHz로 동작하게 된다. 파워 업 리셋 혹은 파워 다운에서 벗어난 후, 사용자는 이 발진기가 안정화되는 데 1초가 걸린다는 것을 알아야 한다. 그러므로 파워 다운 모드에서 벗어난 후, 클록이 불안정하기 때문에, 타이머/카운터 2의 내용은 잃어버리게 된다. 사용자는 파워 업 혹은 파워 다운 모드에서 벗어난 후, 타이머/카운터 2를 사용하기 전에 1초를 기다려야 한다.

⑦ 타이머가 비동기적으로 사용할 때 파워 절약 모드에서 벗어나는 것은 다음과 같다.

인터럽트 조건을 만나면, 프로세서는 파워 절약 모드에서 벗어나 타이머 클록의 다음 사이클에서 시작된다. 즉, 타이머는 항상 프로세서가 카운터 값을 읽기 전에 최소한 한 사이클 먼저 진행된다. 프로세서 클록이 시작된 후 3사이클에서 인터럽트 플래그는 업데이트된다. 이 사이클 동안, 프로세서는 명령어를 실행한다. 그러나 인터럽트 조건은 읽을 수 없고, 인터럽트 루틴은 아직 시작하지 않게 된다.

⑧ 비동기 동작 동안, 비동기 타이머에 대한 인터럽트 플래그의 동기화는 한 개의 타이머 사이클과 3개의 프로세서 클록이 사용된다. 인터럽트 플래그 설정 때문에 프로세서가 타이머 값을 읽기 전에, 타이머는 최소한 한 개 클록이 먼저 진행된다. 출력비교 핀은 타이머 클록에 의해서 변화하는 것이지 프로세서 클록에 동기되지 않는다.

(3) 타이머/카운터 0의 동작 설정

① 동작 모드를 결정한다.

② 타이머에 사용할 클록 소스와 프리스케일러를 선택한다.

클록은 내부 클록과 외부 클록을 사용할 수 있으나 내부 클록을 사용하는 경우에는 프리스케일러를 사용할 수 있다. 클록 소스와 프리스케일러가 결정되면 타이머/카운터에 사용될 타이머 클록의 주파수가 결정된다.

(타이머 클록 주파수=클록 소스 주파수/프리스케일러).

이를테면 7.372800MHz 내부 클록을 사용하고, 프리스케일러를 1024로 선택했으면 이때 타이머 클록은 7372800/1024=7.2kHz가 되고, 클록의 주기 즉, 7.2kHz에 대한 주기는 약 139μs(1/7200=0.000138888)가 된다. 다시 말하면 클록으로 숫자를 하나 세면 139μs 시간이 소요되는 것을 의미한다.

③ 원하는 타이머의 주기가 결정되면 그 주기 동안의 시간을 정확히 세기 위한 타이머 클록의 수를 결정한다.

(1 주기당 타이머 클록 개수=타이머 클록 주파수×타이머 시간).

이 되므로 만약 10ms의 타이머를 만들기 원한다면 7200×0.01=72가 된다. 결국 타이머에서 0~71까지를 세면 10ms가 된다.

④ 필요한 타이머 클록 수가 결정되면 카운터 레지스터의 카운터 시작값을 설정하는데 ATmega 128의 일반 모드 동작에서는 타이머의 오버플로 인터럽트를 사용한다. 그러므로 카운터의 시작은 오버플로가 발생하는 데서부터 시작하는 값을 설정한다. 다시 말하면 0부터 시작이 아니고 끝점에서 거슬러서 카운터값을 지정한다. 즉, 8 비트 타이머/카운터의 경우 255까지 세고 0으로 넘어갈 때 오버플로 인터럽트가 발생하므로 카운터의 초기값은 255－72 ＝183이 된다.

제 4 절 응용 프로그램

예제 1

1. 2초의 주기를 갖는 타이머 동작을 만드는 프로그램.
2. 프로그램

```
#include <avr/io.h>
#include <avr/interrupt.h>
#include <avr/signal.h>

volatile unsigned int i=0;
```

```
SIGNAL(SIG_OVERFLOW0)                // 오버플로 인터럽트 발생 시 함수 호출
{
        i++;
        if (i==(          ))
        {
                PORTD=~PORTD;
                i=0;
        }

}
int main(void)
{
        DDRD=0xff;
        PORTD=0xff;
        TCCR0 =(      );             // TCCR0 레지스터 값 입력. 일반 모드, 분주비=128
        TCNT0=(  );
    sbi(TIMSK, TOIE0);               // 오버플로 인터럽트 활성화
        sei();                       // 글로벌 인터럽트 활성화
        for(;;)
        {
        }
}
```

예제 2

1. 동작

   10밀리초 간격으로 오버플로 인터럽트를 발생시켜 PORTF에 연결된 LED가 1칸씩 왼쪽으로 회전시키며 점멸시킨다.

2. 프로그램

```
#include <avr/io.h>
#include <avr/interrupt.h>
#include <avr/signal.h>

unsigned char led=0xfe;
unsigned int cnt;

SIGNAL(SIG_OVERFLOW0)                // 오버플로 인터럽트 발생 시 함수 호출
{
        if(cnt++ >= 9999)            // 10000*1=10000usec=10mS
        {
                cnt=0;
```

```
    if(led!=0x7f) led=(led<<1) | 0x01;  // 비트 7이 "1"이 아니면 1 비트씩 좌 시프트하
                                           고 시프트한 비트에 1을 채운다.
            else led=0xfe;
        }
        TCNT0 = 240;          // 1usec = 1* (256-240)/16 . 16MHz와 분주비 1사용
        PORTF = led;
}
int main(void)
{
        DDRF=0xff;
        PORTF=led;
        SREG |=0x80;;                    // 인터럽트 전체 허용
        TIMSK |=1;                       // 타이머0 오버플로 인터럽트 개별 허용
        TCCR0 |=1;                       // 분주비를 1로 설정
        TCNT0 =240;
        while(1);
        return 0;
}
```

예제 3

1. 타이머 0을 사용하여 LED를 주기적으로 점멸한다(1초 간격).
2. 프로그램

```
#include<avr/io.h>
#include<avr/interrupt.h>

unsigned char LED_Data = 0x00;
unsigned char timer0Cnt=0;
SIGNAL(SIG_OVERFLOW0);

int main() {
DDRE = 0xFF;                    // 포트 E를(0~7 비트까지 모두) 출력 포트로 사용
TCCR0 = 0x07;          /* 0~7 비트까지의 모든 레지스터 중에서 0~2까지의 레지스터
                          를 사용하여 출력한다. 1024prescaler (Timer/Counter0 Control
                          Register: Timer/Count0의 동작을 설정하고 프리스케일러를
                          설정하는 기능을 수행한다.)  */
TCNT0 =0xff - 72;      /* (1/(클록 주파수(MHz) / 1024 prescaler)) * 72 -->0.01s
                          즉 0.01s를 얻기 위한 카운트 값으로 오버플로되는 시점에서
                          72만큼 작은 값을 설정.
                          (Timer/Count0 Register: Timer/Count0의 8비트 카운터 값
                          을 저장하고 있는 레지스터이다.)  */
```

```
TIMSK |= 1 << TOIE0;                        // 오버플로 인터럽트 허용
TIFR |=1 << TOV0;                           // TOV0 Timer/Counter0 overflow flag 클리어
sei();
while(1) {                                  // 인터럽트 허용
```

예제 4

1. 타이머 활용 관련 기본 프로그램 형태
2. 프로그램

```
#include <avr/io.h>
#include <util/interrupt.h>                 //인터럽트 관련 시스템 헤더 파일
SIGNAL(SIG_OVERFLOW0)   /* Timer 0의 Overflow Interrupt에 대한 Interrupt Service
                                             Routine 선언*/
{
Cli();              // 인터럽트를 클리어
 ./* 인터럽트가 발생되었을 때 실행할 명령어 세트를 선언 */
sei();            // 인터럽트를 허용함.
}
int main(void)
{
TIMSK |= 1 << TOIE0;                        // 오버플로 인터럽트 허용
TIFR |=1 << TOV0;                           // TOV0 Timer/Counter0 overflow flag 클리어
sei();                                      // 전체 인터럽트 Enable
for (;;) {                                  // main loop 명령어 세트
}
```

예제 5

1. 타이머/카운터 0에서 외부 클록 16MHz를 사용하여 7-세그먼트에 0~99까지 1초마다 증가하면서 표시하는 동작
2. 프로그램

```
#include <avr/io.h>

#define S7_1   0xBF                         // 1자리 SEG enable
#define S7_2   0x7F                         // 10자리 SEG enable

const char Font[]={ 0xc0, 0xf9, 0xa4, // '0', '1', '2'
```

```
                    0xb0, 0x99, 0x92, // '3', '4', '5'
                    0x82, 0xf8, 0x80, // '6', '7', '8'
                    0x90, 0x3f };     // '9', '-'

unsigned char KeyValue=0, tmr0_cnt=0, tmr0_30ms=0, key_cnt=0;
unsigned char Key_Out[]={0xFE, 0xFD, 0xFB, 0xF7};
char KeyScan();

// Timer 0 overflow interrupt service routine
interrupt [TIM0_OVF]  void timer0_ovf_isr(void)
{
// Reinitialize Timer 0 value
   TCNT0=0x64;

   PORTB = Key_Out[key_cnt];

   if(PINB.4 && !PINB.5 && PINB.6 && PINB.7) {
        KeyValue=key_cnt*4+2;
   }
   if(PINB.4 && PINB.5 && !PINB.6 && PINB.7) {
        KeyValue=key_cnt*4+3;
   }
   if(PINB.4 && PINB.5 && PINB.6 && !PINB.7) {
        KeyValue=key_cnt*4+4;
   }
   if(!PINB.4 && PINB.5 && PINB.6 && PINB.7) {
        KeyValue=key_cnt*4+1;
   }

   key_cnt++;
   if(key_cnt >= 3) key_cnt=0;
}

void Control_7Seg(int N)
{
  unsigned int  i, d , N10, N1;

    N10 = N/10 ;                   // 10자리 값
    N1 = N%10  ;                   // 1자리 값

   for ( i = 0 ; i < 10 ; i ++ ) {
        PORTC = S7_1 ;             // 1자리 7-세그먼트 점등
        PORTA = Font[N1]  ;
        for(d = 0 ; d < 30000; d++ ) ;

        PORTC = S7_2 ;             // 10자리 7-세그먼트 점등
```

```
        PORTA = Font[N10]  ;
        for(d = 0 ; d < 30000; d++ ) ;
    }
}

void main(void)
{
PORTA=0x00;
DDRA=0xFF;

PORTB=0xFF;
DDRB=0x0F;

PORTC=0x00;
DDRC=0xC0;

PORTD=0x00;
DDRD=0x00;
TCCR0=0x05;
TCNT0=0x64;
OCR0=0x00;

TIMSK=0x01;

#asm("sei")

while (1)
      {
            Control_7Seg(KeyValue);
      };
}
```

chapter 9

A-D 변환

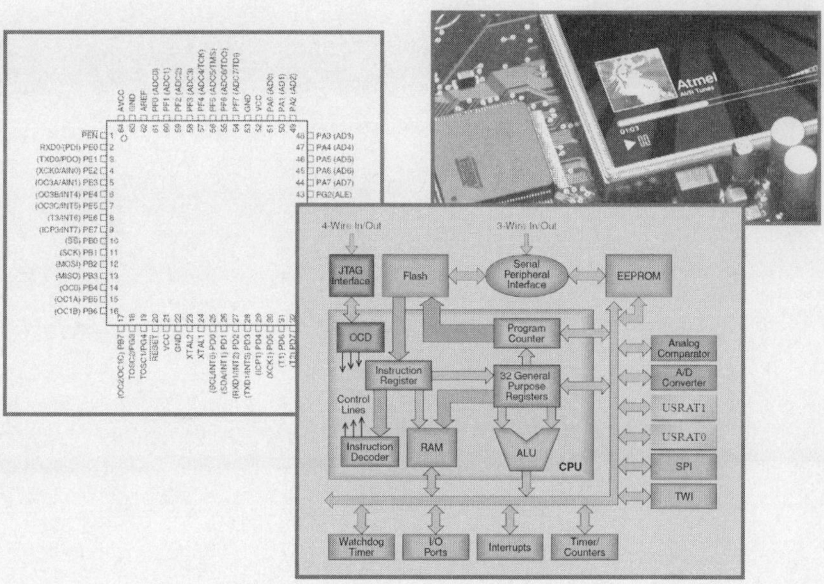

제 1 절 개 요

A-D 변환 또는 ADC라고 불리는 컨버터는 아날로그적인 데이터 신호를 입력으로 받아 이를 디지털 신호로 변환하는 기능을 갖는 것으로 아날로그 값은 연속적인 물리양으로서 전류, 전압, 온도 시간 등 연속된 양으로 표시하는 데이터를 컴퓨터 시스템 등에서는 디지털 신호를 필요로 하는바 이 같은 아날로그적인 신호를 변환시켜 2진수 형태로 변환하는 것을 말하며 이때의 디지털 변환된 신호는 일정 시간간격을 가지고 그때의 값을 표시하는 불연속적인 데이터 신호를 가진다.

예를 들어서 전압 0V에서 5V의 전압이 있을 때 이 같은 아날로그적인 데이터를 A-D로 변환한다면 – 이때 8 비트의 A-D 변환이라면 – 5V의 전압 크기를 256등분하여 이를 디지털 값으로 나타내는 것이다. 예를 들어 0V인 경우 디지털 값은 0000이 되고 5V인 경우 1111이 된다.

제 2 절 A-D 컨버터

1. A-D 컨버터

A-D 변환에서 변환을 수행하는 데 필요한 시간을 변환시간(conversion time)이라고 하는데 이는 초당 샘플링 속도(sampling rate)로 나타낸다.

분해능(resolution)이란 디지털 출력값을 한 등급만큼 변화시키기 위한 아날로그 입력의 최소 변화를 의미하는 것으로 n비트 A-D 컨버터의 경우 출력의 데이터 범위는 1/2n이다.

분해능은 아날로그 양을 얼마나 미세한 값까지 읽어 들일 수 있는가 하는 척도가 되는 것으로 일반적으로 높을수록 좋다.

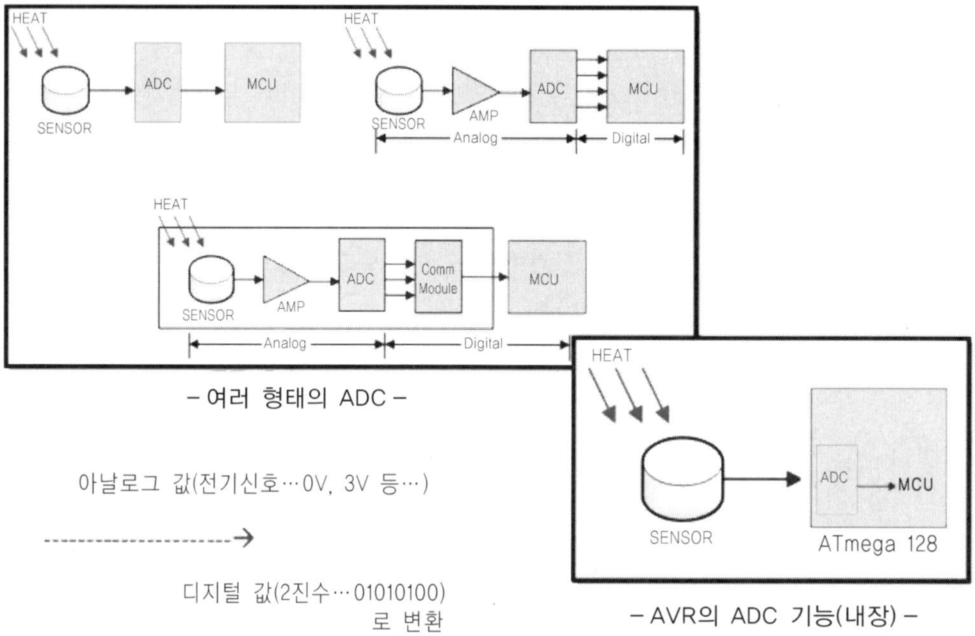

[그림 9-1]

ADC(Analog-Digital Converter)가 아날로그 신호를 디지털 데이터로 변환하는 동안에 입력전압이 변동하면 출력에 불확실성이 발생하는데 이를 방지하기 위하여 ADC의 입력 단에는 샘플/홀드(S/H; Sample/Hold) 또는 트랙/홀드(T/H ; Track/Hold) 회로를 사용한다.

(1) A-D 컨버터의 특징

① 10 비트 분해능(resolution)
② ±2 LSB 정확도
② 0.5 LSB integral Non Linearity
④ 65~260 μs 변환시간
③ 15 kSPS
④ 8개의 입력 채널
⑤ Rail to Rail 입력 범위
⑥ 프리 런 혹은 싱글 변환 모드
⑦ ADC 변환 끝 인터럽트
⑧ 슬립 모드 노이즈 제거기(canceler)

(2) A-D 컨버터 블록도

[그림 9-2]와 같이 10 비트 축차 비교형(successive approximation) ADC로 구성되어 있으며 8개의 아날로그 입력으로는 포트 A를 사용한다.

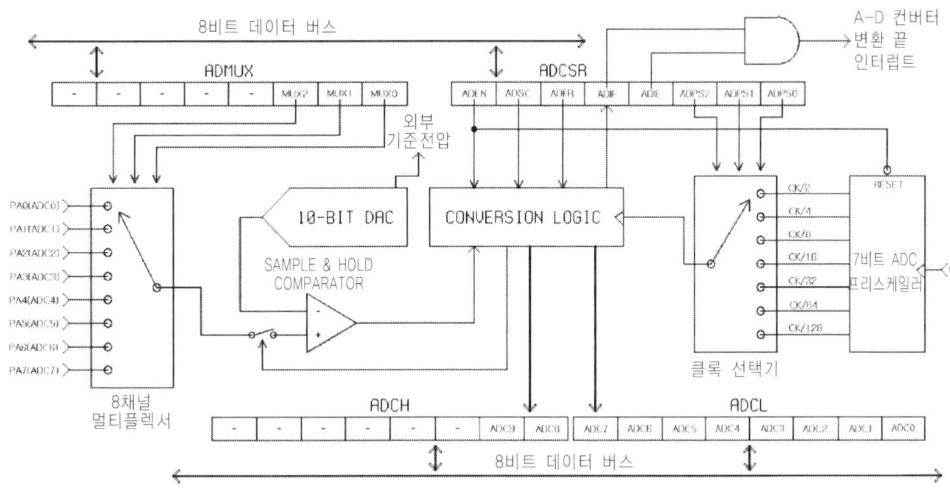

[그림 9-2] A-D 컨버터 블록도

A-D 컨버터가 변환 동안 일정한 레벨을 유지하기 위하여 S & H(Sample and Hold) 회로를 내장하고 있으며, AVCC, AGND의 2개의 독립된 전원을 갖고 있고, 외부 기준전압은 VREF 핀에 공급하고, 이 전압은 AGND~AVCC 사이이어야 한다.

(3) A-D 컨버터의 구성

① 범용 포트 F의 ADC0~ADC7까지의 8채널 10 비트 A-D 컨버터의 아날로그 입력단자

② 독립전원 구성(정확도와 성능 향상을 위한 전원구성) AVCC, AGND(GND 연결)

③ AREF

일반 모드 입력전압의 범위(0V~Vref)

차동입력 모드 입력전압의 범위(−Vref~Vref)

④ Vref의 범위는 전원전압 V_{CC}를 초과할 수 없다(Vref=VGnd, 내부 기준전압 2.56V)

(4) A-D 컨버터 동작

① A-D 컨버터의 동작 모드는 ADCSR 레지스터의 ADFR 비트로 선택하며, 다음과 같이 2개의 모드가 있다.

㉠ Single Conversion mode : 변환할 때마다 사용자가 초기 설정하여야 한다.

㉡ Free Conversion mode : 계속해서 샘플링해서 A-D 컨버터 데이터 레지스터로 업데이트 된다.

② ADCSR 레지스터에 있는 ADEN 비트를 "1"로 하면, A-D 컨버터는 동작한다. A-D 컨버터가 동작된 후, 첫 번째 변환은 A-D 컨버터를 초기 설정하기 위한 더미(dummy) 사이클이다. 이 변환은 보통의 변환보다 12개의 A-D 컨버터 클록이 더 사용된다.

③ ADCSR 레지스터의 ADSC 비트를 "1"로 쓰면 변환이 시작된다. 이 비트는 변환이 진행 중일 경우에는 "1"을 유지하고, 변환이 끝나면 "0"이 된다.

④ 변환 중에 다른 채널을 선택하면, 현재 진행 중인 변환이 끝난 다음, 채널을 선택한다.

⑤ 변환 결과는 10 비트이므로, ADCH, ADCL 레지스터를 사용하고, 특별한 보호 로직을 사용하여, 한 번 읽은 변환 결과를 읽지 못하게 하여야 한다.

㉠ ADCL을 먼저 읽어야 한다.

㉡ ADCL을 읽을 때 A-D 컨버터는 데이터 레지스터를 읽지 못하게 한다. 이 이유는 ADCL을 읽고, ADCH를 읽기 전에 변환이 끝나면, 레지스터들은 아무 것도 업데이트되지 않고, 변환 결과는 잃어버리기 때문이다.

㉢ ADCH를 읽을 때, A-D 컨버터는 ADCH, ADCL을 액세스할 수 있도록, 다시 동작 가능하게 된다.

⑥ A-D 컨버터 변환이 끝나면, A-D 변환 끝 인터럽트를 발생하게 된다. A-D 컨버터가 데이터 레지스터를 읽을 때 ADCH, ADCL을 읽는 것을 금지할 때에도, 인터럽트는 요청된다.

A-D 컨버터 동작을 다시 요약하면 다음과 같다.

(가) A-D 컨버터 초기화 설정

ADC 활성화 (ADEN=1) 〈?xml:namespace prefix = 0 /〉

ADC 클록 설정 (ADPS 2~0)

ADC 기준전압 설정 (REF 1~0)

ADC 입력 채널 설정 (MUX 4~0)

ADC 동작 모드 설정 (ADFR)

ADC 변환 완료 인터럽트 활성화 (ADIE)

(나) A-D 컨버터 스타트

ADC 시작신호 (ADSC)

(다) A-D 변환

ADC 변환 결과

$$ADC = \frac{V_{IN} \cdot 1024}{V_{REF}}$$

[단극성 입력]

$$ADC = \frac{(V_{POS} - V_{NEG}) \cdot GAIN \cdot 512}{V_{REF}}$$

[차등입력]

(라) A-D 변환 완료

ADC 변환이 완료되면 변환값을 ADCH/L에 저장하게 된다.

(마) A-D 변환 완료 인터럽트 요청

ADC Conversion Complete Interrupt 요청

(바) ADC 상태 플래그 셋

AIDF=1

(사) ADC 다음 동작 결정

단일/연속 동작인지 구분하여 다음 동작 수행을 결정한다(ADFR).

(5) 프리스케일링(prescaling)

A-D 컨버터에는 시스템 클록을 나누어서 A-D 컨버터 클록 주파수로 사용할 수 있는 프리스케일러가 있다.

A-D 컨버터는 50~200 kHz의 클록 주파수를 입력한다.

① ADCSR 레지스터의 ADPS0~ADPS2의 비트를 이용하여, 100 kHz 이상의 XTAL 주파수를 적당히 나누어서, A-D 컨버터 클록 주파수로 사용한다.

② 프리스케일러는 ADCSR 레지스터의 ADEN 비트가 "1"로 되는 순간부터 동작하게 되며, ADEN 비트가 "0"이 되면 리셋된다.

2. 동작 모드

(1) 싱글 변환 모드

① ADCSR 레지스터의 ADSC 비트를 "1"로 하면, 변환 초기 설정이 되고, A-D 컨버터 클록의 다음 상승 모서리에서 변환이 시작된다.

② 변환 시작 후, 1.5 A-D 컨버터 클록 사이클 동안 샘플 & 홀드가 일어나고, 13사이클 후에 변환 결과가 [그림 9-2]와 같이 A-D 컨버터 결과 레지스터에 써진다.

③ 싱글 변환 모드에서는 새로운 변환을 시작하기 전에, 하나의 클록이 더 필요하게 된다.

④ 이 기간 동안 ADSC가 "1"을 유지한다면, 즉시 새로운 변환이 시작된다. [그림 9-3]의 A-D 변환 타이밍도에서 처음 변환(싱글 변환 모드) 참조

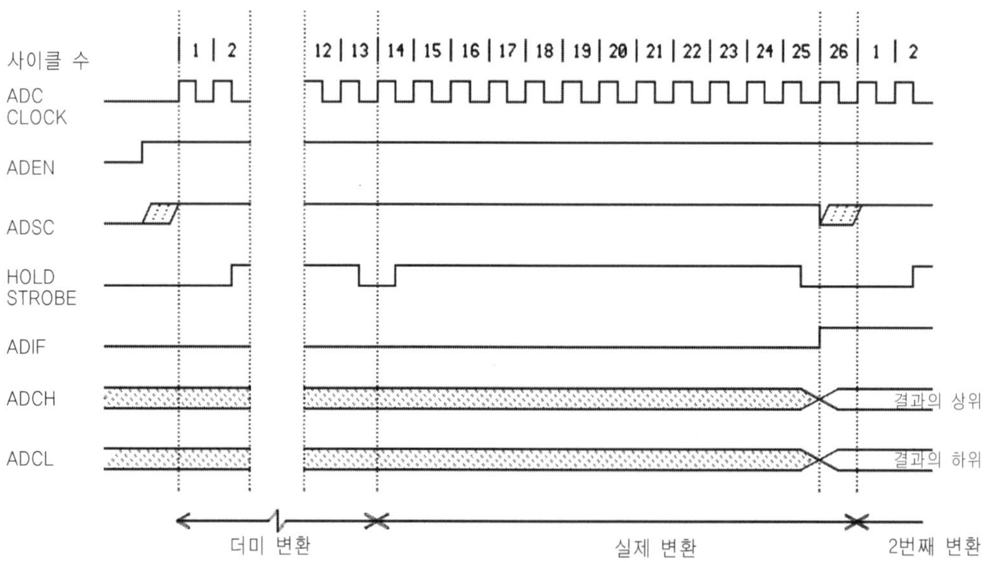

[그림 9-3] A/D 변환 타이밍도(처음 변환의 싱글 변환 모드)

(2) 프리 런(free run) 모드

① 프리 런 모드에서는 변환 결과가 A-D 컨버터 결과 레지스터에 써진 후 즉시 다시 시작한다.

② 프리 런 모드와 200 kHz의 A-D 컨버터 클록 주파수를 사용하였을 경우, 가장 낮은 변환시간은 65 μs이며 15.4 kS/S이다.

③ 싱글 변환 모드, 프리 런 모드의 변환시간을 [그림 9-4]에 보인다.

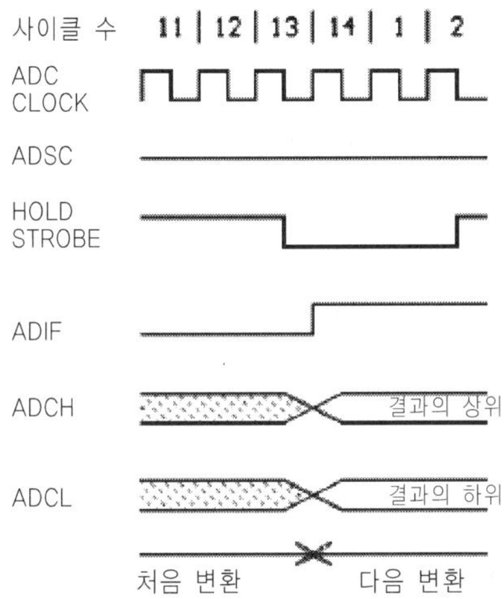

[그림 9-4] A-D 컨버터 변환시간

3. 단극성 입력과 차동입력

단극성 입력이란 하나의 채널에 0V~+nV [V]의 입력을 가질 때를 말하며 입력값의 범위는 0~Vref [V]이다.

차동입력이란 2개의 핀(입력)에 −nV~+nV [V]의 입력 차이를 말한다. 입력의 범위는 −Vref~+Vref이다.

4. A-D 변환 오차

① 양자화 오차(quantization error)

㉠ 아날로그 값을 디지털 값으로 변환하면서 생기는 변환의 한계

ⓛ 대처방안 : 분해능이 높은 ADC 사용으로 극복

② 오프셋 오차(offset error)

㉠ 변환 결과가 이상적인 디지털 값에서 일정한 양만큼 벗어난 상태
ⓛ 대처방안 : 변환된 디지털 값에 일정치 값을 더하거나 빼서 교정한다.

③ 이득 오차(gain error)

㉠ 변환 결과가 이상적인 디지털 값에서 일정한 비율만큼 벗어난 상태
ⓛ 대처방안 : 변환된 디지털 값에 일정치 값을 곱하거나 나누어서 교정한다.

④ 비선형 오차(integral non-linearity error)

㉠ 변환 결과가 교정될 수 없는 상태

⑤ 차동 비선형 오차(differential non-linearity error)

㉠ 변환 결과가 교정될 수 없는 상태

5. A-D 컨버터 잡음제거 기능

A-D 컨버터에는 CPU에서 유도되는 잡음을 감소시키기 위하여, 아이들 모드 동안 A-D 변환을 동작시키는 잡음제거(noise canceler) 기능이 있다. 이 특징을 사용하기 위하여, 다음과 같은 절차를 사용한다.

① A-D 컨버터가 동작되었고, A-D 변환 중이 아니라는 것을 확신하여야 한다. 싱글 변환 모드를 선택하고, A-D 컨버터 변환 끝 인터럽트를 사용한다.
ADEN=1, ADSC=0, ADFR=0, ADIE=1
② 아이들 모드로 들어가면 A-D 컨버터는 변환을 시작할 것이고, CPU는 정지상태가 된다.
③ A-D 변환이 끝나기 전에 다른 인터럽트가 일어나지 않는다면 A-D 변환 끝 인터럽트는 CPU를 아이들 모드에서 벗어나게 할 것이고, A-D 변환 끝 인터럽트 처리 루틴을 실행하게 된다.

6. A-D 관련 레지스터

A-D 컨버터에서 사용하는 레지스터들은 여러 종류가 있으며, 이들 레지스터들을 살펴보면 다음과 같다.

- ADMUX(ADC Multiplexer Selection Register) : A-D 컨버터 멀티플렉서 선택 레지스터
- ADCSRA(ADC Control and Status Register A) : A-D 컨버터 제어 및 상태 레지스터 A
- ADCH, ADCL : A-D 컨버터 데이터 레지스터

(1) A-D 컨버터 멀티플렉서 선택 레지스터

ADMUX(A-D Multiplexer Select Register)는 [그림 9-5]와 같이 구성되어 있으며, 읽기/쓰기가 가능하고, 8개의 입력 중 변환할 입력을 결정하는 데 사용한다.

어드레스	7	6	5	4	3	2	1	0	←비트 번호
0x07	–	–	–	–	–	MUX2	MUX1	MUX0	초기값(0x00)

[그림 9-5] ADMUX 레지스터(1)

7	6	5	4	3	2	1	0
REFS1	REFS0	ADLAR	MUX4	MUX3	MUX2	MUX1	MUX0

* Bit 7~6(REFS1, 0) : ADS 모듈에서 사용하는 기준전압을 선택하는 비트

REFS1	REFS2	Voltage Reference
0	0	AREF
0	1	AVCC with external capacitor at AREF pin
1	0	reserved
1	1	Internal 2.56V Voltage Reference with external capacitor at AREF pin

* Bit 5(ADLAR) : 1로 설정하면 변환 결과가 ADC 데이터 레지스터에 저장될 때, ADC 데이터 레지스터의 좌측으로 끝을 맞추어 저장
* Bit 4(MUX 4~0) : ADC 모듈의 아날로그 입력 채널을 선택하는 비트

[그림 9-6] ADMUX 레지스터(2)

단극성 입력으로 사용할 경우 ADMUX=0x00 또는 0x01 등으로 하나의 채널을 선택한다.

☞ 각 비트의 기능

- "-" : 예약된 비트. 항상 "0"이 읽혀진다.
- MUX2, MUX1, MUX0 : 아날로그 채널 선택(analog channel select)
  이 3 비트를 이용하여, 아날로그 입력 0~7이 A-D 컨버터에 연결될 입력을 선택한다. 프리 러닝 모드에서 단일 채널이 아닌 여러 개의 채널을 사용하여 변환하려면 AD 완료 인터럽트 서비스 루틴에서 다음에 변환할 AD 채널을 재설정해 주어야 한다.

(2) A-D 컨버터 제어/상태 레지스터

ADCSR(ADC Control and Status Register)은 [그림 9-7]과 같이 구성되어 있으며, 읽기/쓰기가 가능하고, A-D 컨버터를 제어 및 A-D 컨버터의 상태를 나타내는 데 사용한다.

어드레스	7	6	5	4	3	2	1	0	←비트 번호
0x06	ADEN	ADSC	ADFR	ADIF	ADIE	ADPS2	ADPS1	ADPS0	초기값(0x00)

[그림 9-7] ADCSR

☞ 각 비트의 기능

- ADEN : A-D 컨버터 동작 설정(enable) 비트
  ① ADEN=1 : A-D 컨버터 동작 가능
  ② ADEN=0 : A-D 컨버터 동작 불가능
  변환이 진행 중에 A-D 컨버터를 오프시키면 변환은 끝나게 된다.
- ADSC : A-D 컨버터 동작 시작(start conversion) 설정 비트
  ① 싱글 전송 모드에서 이 비트에 "1"을 쓰면, 변환이 시작된다.
  ② 프리 러닝 모드에서 이 비트에 "1"을 쓰면, 첫 번째 변환이 시작된다.
  ③ A-D 컨버터가 동작된 후, 처음으로 ADSC로 쓴 경우 혹은 A-D 컨버터가 동작된 같은 시간에 ADSC에 쓴 경우, 첫 번째 변환은 A-D 컨버터를 초기 설정하기 위한 더미 변환이 된다.

④ 변환 동안 ADSC는 "1"을 유지하고, 변환이 끝나면 ADSC는 "0"이 된다. 그러나 결과가 A-D 컨버터 결과 레지스터로 전송되기 전이다. 이것은 현재의 변환이 끝나기 전에 새로운 변환을 시작하기 위한 것으로 현재 변환이 끝난 후에, 바로 새로운 변환이 시작된다.

⑤ 실제의 변환 전에 더미 변환을 할 때, 이 비트는 "1"을 유지하게 된다.

⑥ 이 비트에 "0"을 써도 효과가 없다.

• ADFR : A-D 컨버터 프리 런 선택 비트

비트 6 ADSC를 1로 세트시키면 ADC 변환이 시작되는데 비트 5를 1로 세트시켜서 프리 러닝 모드로 하면 첫 번째 변환이 시작되면서 그 다음부터는 자동으로 변환이 진행된다. 만일 비트 5를 0으로 한다면 이는 단일 모드가 되어 스타트를 시켜 주어야만 변환이 된다. 프리 러닝 모드인 경우 자동 변환되면서 변환시간 만큼의 지연시간을 주고 읽어 들이면 변환된 값을 연속해서 읽을 수 있다.

① 이 비트가 "1"이면 ADC는 프리 러닝 모드로 동작하게 된다. 이 모드에서 ADC는 계속적으로 샘플과 데이터 레지스터를 업데이트시킨다.

② 이 비트를 "0"으로 하면 프리 러닝 모드는 끝나게 된다.

• ADIF : A-D 컨버터 인터럽트 플래그(interrupt flag)

① A-D 변환이 끝나고 데이터 레지스터가 업데이트될 때, 이 비트는 "1"이 된다. 만약 ADIE=1, I=1(SREG 레지스터)이면, A-D 변환 끝 인터럽트를 실행하게 된다.

② 인터럽트 처리 벡터를 실행하면 자동으로 이 비트가 "0"으로 된다.

③ 이 비트에 소프트웨어로 "1"을 쓰면, "0"이 된다.

④ ADCSR 레지스터를 리드 · 모디파이 · 라이트하는 동안 대기 중인 인터럽트 요청을 무시할 수 있다.

• ADIE : A-D 컨버터 인터럽트 설정 비트

ADIE=1, I=1(SREG 레지스터)이면, A-D 변환 끝 인터럽트가 요청된다.

• ADPS2, ADPS1, ADPS0 : A-D 컨버터 프리스케일러(prescaler) 선택 비트

이 비트는 〈표 9-1〉과 같이 A-D 컨버터 입력 클록과 XTAL 주파수 사이에 분주비를 결정한다.

〈표 9-1〉 A-D 컨버터 프리스케일러 선택

ADSP2	ADSP1	ADSP10	분주비	ADSP2	ADSP1	ADSP10	분주비
0	0	0	2	1	0	0	16
0	0	1	2	1	0	1	32
0	1	0	4	1	1	0	64
0	1	1	8	1	1	1	128

(3) A-D 컨버터 데이터 레지스터

A-D 컨버터 데이터 레지스터(ADCL, ADCH)는 [그림 9-8]과 같이 16 비트로 구성되어 있으며, 읽기/쓰기가 가능하고, 초기값 0x00을 가지며, A-D 컨버터의 변환 결과가 저장된다. 프리 런 모드에서, 두 레지스터를 모두 읽어야 하며, ADCH 레지스터를 읽기 전에 ADCL 레지스터를 먼저 읽어야 한다.

어드레스	7	6	5	4	3	2	1	0	←비트 번호
0x05	–	–	–	–	–	–	ADC9	ADC8	ADCH
0x04	ADC7	ADC6	ADC5	ADC4	ADC3	ADC2	ADC1	ADC0	ADCL

[그림 9-8] ADCL, ADCH 레지스터

(4) 여러 채널 스캐닝하기

변환이 끝날 때까지, 아날로그 채널의 변화는 항상 딜레이되어야 하기 때문에 프리 런 모드에서 컨버터의 간섭 없이 여러 채널을 스캔할 수 있다. 여러 채널을 스캔하는 데에는 보통 A-D 컨버터 변환 완료 인터럽트를 사용한다. 이때 다음의 사항을 주의한다.

① 결과가 읽을 준비가 되면, 인터럽트를 요청한다.

② 프리 런 모드에서 인터럽트가 요청될 때, 다음 변환이 즉시 시작된다.

③ 인터럽트가 요청된 후에 ADMUX가 변하면, 다음 변환은 이미 시작되었으므로 이전의 값을 그대로 사용한다.

(5) 설정순서

① ADMUX 레지스터를 이용하여 아날로그 신호를 입력받을 채널을 선택한다.
② ADCSR을 이용하여 컨버전할 프리스케일러를 설정한다.
③ 만약 인터럽트를 사용할 경우 전역 인터럽트 플래그를 세트해서 인터럽트를 인에이블하고 A-D 변환 완료 인터럽트 서비스 루틴을 구성한다.
④ ADCSR 레지스터 비트 6번 ADSC를 세트하여 A-D 변환이 시작되게 한다.
⑤ 변환 완료 플래그 ADIF를 주기적으로 점검하거나 A-D 완료 인터럽트를 이용하여 A-D 컨버전 이후의 데이터 처리에 관한 루틴을 구성한다.

7. 아날로그 비교기

(1) 아날로그 비교기의 동작

아날로그 비교기는 [그림 9-9]에서와 같이 플러스 입력 PB2(AIN0) 핀과 마이너스 입력 PB3(AIN1) 핀을 비교하여, PB3(AIN1) 핀의 입력전압보다 PB2(AIN0) 핀의 입력전압이 크면, “1”을 출력한다.

① 비교기의 출력이 타이머/카운터 2의 캡처 기능을 동작시킬 수 있다.
② 비교기의 출력은 아날로그 비교 인터럽트를 요청할 수도 있다.
③ ACSR 레지스터를 이용하여, 비교기 출력 레벨을 선택할 수 있다.

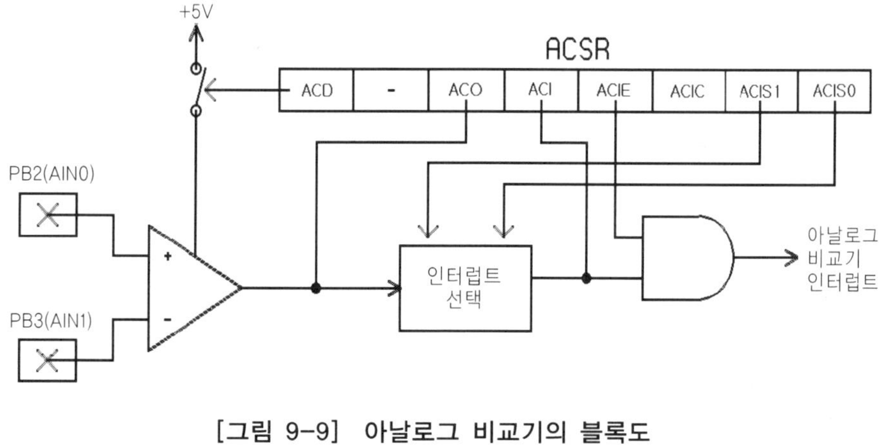

[그림 9-9] 아날로그 비교기의 블록도

(2) 아날로그 비교기 제어, 상태 레지스터

아날로그 비교기 제어, 상태 레지스터(ACSR : Analog Comparator Control and Status Register)는 [그림 9-10]과 같이 구성되어 있으며, 읽기/쓰기가 가능하며, 초기값은 0x00을 가진다.

어드레스	7	6	5	4	3	2	1	0	←비트 번호
0x08	ACD	–	ACO	ACI	ACIE	ACIC	ACIS1	ACIS0	초기값(0x00)

[그림 9-10] ACSR 레지스터

☞ 각 비트의 기능

- ACD : 아날로그 비교기 동작 설정 비트(Analog Comparator Disable)
  ① ACD=1이면 [그림 9-10]의 전원 스위치가 오프 된다.
  ② ACD가 변할 때, ACSR 레지스터에 있는 ACIE 비트를 "0"으로 해서, 아날로그 비교 인터럽트 요청을 동작하지 못하게 하여야 한다.
- "-" : 예약된 비트. 항상 "0"이 리드된다.
- ACO : 아날로그 비교기 출력(Analog Comparator Output)
  ACO가 비교기 출력에 직접 연결된다.
- ACI : 아날로그 비교기 인터럽트 플래그(Analog Comparator Interrupt Flag)
  ACI1, ACI0에 의해서 정의된 인터럽트 모드로 동작될 때 "1"이 된다. 이 때 인터럽트 요청이 가능한 상태에 있으면 아날로그 인터럽트 처리가 시작된다. 이 비트로 "1"을 쓰면 ACI는 "0"이 된다.
- ACIE : 아날로그 비교기 인터럽트 설정 비트(Analog Comparator Interrupt Enable)
  ACIE=1, I(SREG 레지스터)=1이면, 아날로그 인터럽트를 요청할 수 있게 된다.
- ACIC : 아날로그 비교기 입력 캡처 설정 비트(Analog Comparator Input Capture Enable)
  ACIC=1이면, 타이머/카운터 1의 입력 캡처 기능은 아날로그 비교기에 의해서 동작된다. 이 경우에 비교기 출력이 입력 캡처 처음-끝(front-end) 로직에 직접 연결되어 있어서, 잡음제거와 모서리 선택에 유용하게 사용할 수 있다.

ACIC=0이면, 아날로그 비교기와 입력 캡처 기능의 연결이 끊어진다. 타이머/카운터 1에 비교기에 의한 동작기능을 만들기 위하여, TIMSK 레지스터에 있는 TICIE1 비트를 "1"로 하여야만 한다.

- ACIS1, ACIS0 : 아날로그 비교기 인터럽트 모드 선택(Analog Comparator Interrupt Mode Select)

이 비트는 〈표 9-2〉와 같이 아날로그 비교기 인터럽트 신호 레벨을 결정한다. ACIS1/ACIS0을 변경할 때, 아날로그 인터럽트 요청을 불가능하게 하여야 한다. 그렇지 않으면, ACIS1/ACIS0을 변경할 때 인터럽트를 요청하게 된다.

〈표 9-2〉 ACIS1/ACIS0 세팅

ACIS1	ACIS0	인터럽트 모드
0	0	출력이 토글될 때 비교기 인터럽트
0	1	예약
1	0	출력의 하강 모서리에서 비교기 인터럽트
1	1	출력의 상승 모서리에서 비교기 인터럽트

(3) A-D 컨버터 동작 설정

1) A-D 컨버터 레지스터 설정

① ADMUX 레지스터를 이용하여 A-D 신호를 입력으로 받을 채널을 0에서 7까지 선택, 기준전압의 설정과 입력 데이터 정렬방법 등을 설정한다.

② ADCSR 레지스터로 컨버터 프리스케일러를 설정한다. 필요할 경우 A-D 컨버전 완료 인터럽트를 설정

③ 인터럽트 사용 시 전역 인터럽트 플래그를 'SET'하여 인터럽트를 인에이블하고 A-D 변환 완료 인터럽트 처리 루틴을 구성하는 프로그램을 작성한다. 만약 변환 완료 인터럽트를 사용하지 않는 경우에는 해당 없다.

④ ADCSR 레지스터의 비트 6번을 세트하여 A-D 변환을 시작한다.

⑤ 변환 완료 플래그를 주기적으로 점검하거나 아날로그 디지털 컨버전 완료 인터럽트를 이용하여 A-D 컨버전 이후의 데이터 처리 루틴을 작성한다.

⑥ 데이터 저장순서는 반드시 ADCL(하위 데이터)를 먼저 읽어서 저장한 다음에 ADCH(상위 데이터)를 저장하도록 한다.

2) A-D 컨버터 클록 선택

① 10 비트 분해능으로 정상적인 동작을 위해서는 50~200kHz 범위의 클록을 사용한다.
② ADCSRA 레지스터의 ADPS2~0 비트에 의하여 2, 4, 8, 16, 32, 64, 128 중 1가지를 선택한다.
③ 프리스케일러는 ADCSRA 레지스터에서 ADEN=1로 설정할 경우에만 동작한다.

제 3 절 응용 프로그램

ATmega 128은 8 비트 체계로서 A-D 변환하려면 포트 F를 이용하는 데 10 비트를 나타낼 수 있는 포트이다.

예제 1

1. 0~5V까지의 가변저항을 이용한 아날로그 신호를 입력받아 입력받은 값을 디지털 값 0~1023으로 바꾸어 입력전압 값을 FND로 출력해 주는 프로그램
2. 프로그램 소스

```
#include<mega128.h>
#include<delay.h>
char seg_num[11]={0x5f, 0x06, 0x3b, 0x2f, 0x66, 0x6d, 0x7c, 0x47, 0x7f, 0x67, 0x5f};

void AD_disp(int);                        // AD 변환값 표시

void main(void)
{
int ad_val;
DDRA = 0xff;                              // 포트 A 설정 7-seg 설정
```

```
DDRC = 0xff;                              // 포트의 위치 설정
DDRF = 0xf0;                              // F 포트의 출력과 입력 설정
ADMUX = 0x00;                             // 단극성 입력 선택
delay_ms(5);
while(1){
ADCSRA = 0xff;                            // ADEN=1, ADSC=1 변환 시작
ad_val = (int)ADCL + ((int)ADCH<<B);      // AD 변환값 읽기
AD_disp(ad_val);                          // AD 변환값 표시
}
}
void AD_disp(int val)                     // AD 변환값 표시
{
float fval;
int ival, buf;
char N1000, N100, N10, N1;
N1000 = ival/1000;
buf = ival %1000;

N100 = ival/100;
buf = ival %100;
N10 = buf/10;
N1 = buf %10;
PORTC = ~0x01;
PORTA = seg_num[N1];
delay_ms(1);
PORTC = ~0x02;
PORTA = seg_num[N10];
delay_ms(1);


PORTC = ~0x04;
PORTA = seg_num[N100];
delay_ms(1);
PORTC = ~0x08;
PORTA = seg_num[N1000];
delay_ms(1);
}
```

예제 2

1. VR을 돌리면 최솟값 0V이면 숫자표시 "0", 최댓값 5V이면 숫자표시 "5"가 되는 프로그램
2. 프로그램 소스

```
#include <avr/io.h>
#include <util/delay.h>

float adc_read(char ch){
  int ADC_I;
  float ADC_F;
  ADMUX=ch;                                          // 채널 지정

  delay_us(500);
  ADC_I=ADCW;
  ADC_F=(float)ADC_I * 5.0/1023.0;
  return ADC_F;
}

void main(void){
  int    ch;                                         // ADC 채널
  float f[8];                                        // ADC값이 저장될 장소

  ADCSRA=0xE7;                                       // 프리 러닝

  while(1){
      for(ch=0;ch<8;ch++)f[ch]=adc_read(ch); // ADC 변환, 0~5V 실수형으로 반환

      if(f[0]<0.5){}                                 // 채널0 0.5V보다 낮으면
      if(f[1]<1.0){}                                 // 채널1 1.0V보다 낮으면
      if(f[2]<1.5){}                                 // 채널2 1.5V보다 낮으면
      if(f[3]<2.0){}                                 // 채널3 2.0V보다 낮으면
      if(f[4]<2.5){}                                 // 채널4 2.5V보다 낮으면


      if(f[5]<3.0){}                                 // 채널5 3.0V보다 낮으면
      if(f[6]<3.5){}                                 // 채널6 3.5V보다 낮으면
      if(f[7]<4.0){}                                 // 채널7 4.0V보다 낮으면
  };
}
```

예제 3

1. 프리 러닝 8채널 ADC
2. 프로그램

```
#include<mega128.h>
#include<delay.h>
```

```
char seg_num[11]={0x5f, 0x06, 0x3b, 0x2f, 0x66, 0x6d, 0x7c, 0x47, 0x7f, 0x67, 0x5f};

void AD_disp(int);                          // AD 변환값 표시

void main(void)
{
int ad_val;
DDRA = 0xff;                                // 포트 A 설정 7-seg 설정
DDRC = 0xff;                                // 포트의 위치 설정
DDRF = 0xf0;                                // F 포트의 출력과 입력 설정
ADMUX = 0x00;                               // 단극성 입력 선택
ADCSRA = 0x87;
delay_ms(5);
while(1){
ADCSRA = 0xc7;                              // ADEN=1, ADSC=1 변환 시작
while((ADCSRA & 0x10)==0)
ad_val = (int)ADCL + ((int)ADCH<<B);        // AD 변환값 읽기
AD_disp(ad_val);                            // AD 변환값 표시
}
}
void AD_disp(int val)                       // AD 변환값 표시
{
float fval;
int ival, buf;
char N100, N10, N1;
fval =(float)val*5.0/1023;                  // 10진수 표기연산
ival =(int)(fval*100.0+0.5);

N100 = ival/100;
buf = ival %100;
N10 = buf/10;

N1 = buf %10;
PORTC = ~0x01;
PORTA = seg_num[N1];
delay_ms(1);
PORTC = ~0x02;
PORTA = seg_num[N10];
delay_ms(1);
PORTC = ~0x04;
PORTA = seg_num[N100];
delay_ms(1);
PORTC = ~0x04;
PORTA = 0x80;
delay_ms(1);
}
```

예제 4

1. 포트 F0에 입력된 외부 센서(CDS)의 전압 크기에 따라 이를 PWM 변조한 다음 출력으로 포트 B7에 내보내서 포트 B7에 연결된 LED의 밝기를 조절하는 동작
2. 프로그램

```
#include <avr/io.h>
#include <util/delay.h>
void main(void)
{
    PORTB=OCR2;
    DDRB=0XFF; DDEF=0x00;
    ADMUX=0; ADCSRA=0xE7;                // 프리러닝 ADC1
    TCCR2=0x4D;                         // 동작 모드 fast pwm, clk/1024 클록 선택
    TCNT2=0x00;                          // 타이머/카운터2 레지스터 초기값 : 8 비트
    OCR2=0;                              // TOP VALUE
    SREG=0x80;                           // 전역 인터럽트 인에이블 비트 셋

    while(1){
      delay_us(104); // 변환시간 동안 딜레이
      ad_val=ADCW;
      if      (ad_val<=0x19C) PORTB=0x01; // adc0가 2.01 이하일 때
      else if(ad_val<=0x275) PORTB=0x02; // adc0가 3.07 이하일 때
      else if(ad_val<=0x2CF) PORTB=0x04; // adc0가 3.51 이하일 때
      else if(ad_val<=0x300) PORTB=0x08; // adc0가 3.75 이하일 때
      else PORTB=500;                    // adc0가 3.75 이상일 때
    }
}
```

chapter 10

모터 제어

- ❑ 제 1 절 직류 모터
- ❑ 제 2 절 스텝 모터

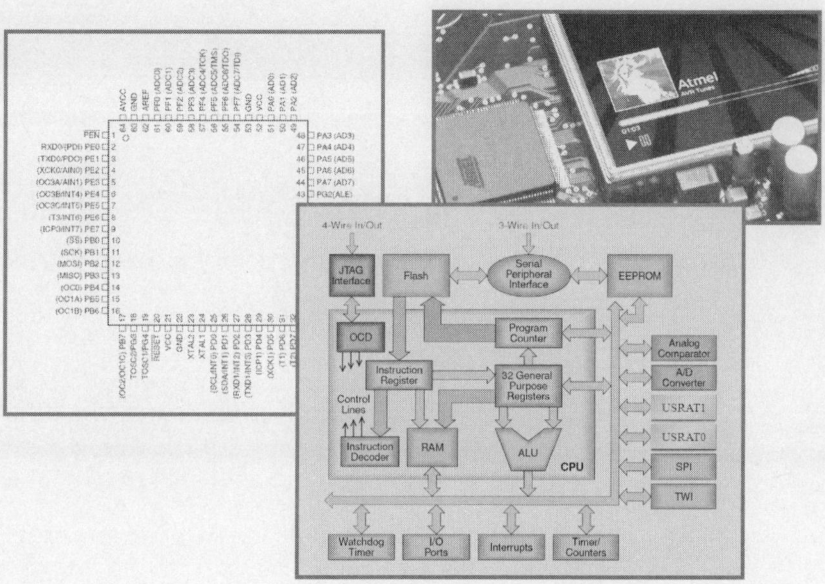

제1절 직류 모터

ATmega 128을 이용한 모터의 구동과 속도 제어방법 등에 대한 내용을 살펴보고 응용 예제를 통하여 제어방법을 이해하도록 한다.

1. 직류 모터

직류 모터는 DC 전원을 사용하는 모터로서 영구자석의 자기장과 그 자기장 속에 놓여 있는 도체에 흐르는 전류에 의해 발생한 전자력 간의 반발력에 의해 회전하는 기기를 말한다. DC 모터의 회전원리는 [그림 10-1]과 같이 영구자석과 전선에 흐르는 전류에 의한 전자석의 힘이 서로 반발하여 힘이 발생하게 되는데 바로 이 힘에 의해 DC 모터가 회전하게 되는 것으로 특징은 다음과 같다.

- 기동 토크가 크다.
- 인가전압에 대하여 회전특성이 거의 직선적으로 비례한다.
- 출력 토크가 입력전류에 대하여 직선적으로 비례하며, 또한 출력 효율이 양호하다.

DC 모터를 제어하는 방법에는 크게 ON/OFF 제어, 가변속 제어 그리고 토크 제어방법 등이 있다.

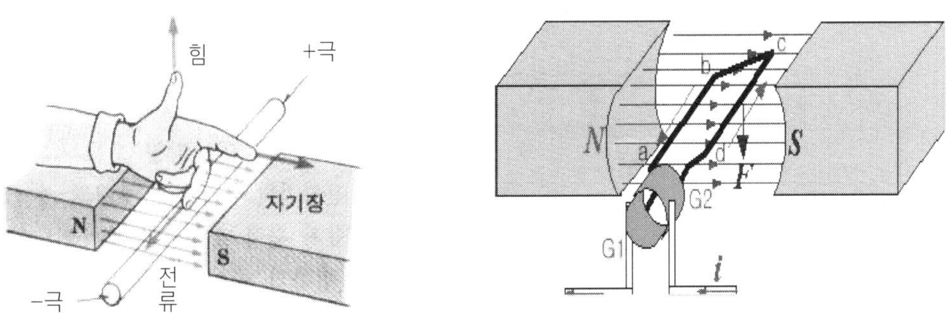

(a) 플레밍의 왼손 법칙 (b) 모터의 회전

[그림 10-1] DC 모터의 회전원리

2. 응용 프로그램

예제 1

• 프로그램

```
#include <avr/io.h>
#include <avr/delay.h>
void main(void)
{
DDRA=0xf0;
DDRC=0xff;
while(1)
{
PORTA=0xe0;
_delay_ms(50);
PORTA=0xb0;
_delay_ms(50);
PORTA=0xd0;
_delay_ms(50);
PORTA=0x70;
_delay_ms(50);
}
}
```

예제 2

• 프로그램

```
#include <avr/io.h>
#include <util/delay.h>

void main(void)
{
DDRB=0xff;
while(1)
{
PORTB=0x00;
delay_ms(100);
PORTB=0xff;
delay_ms(100);
}
}
```

제2절 스텝 모터

1. 스텝 모터

스텝 모터는 일정한 각도로 회전운동 또는 직선운동을 하는 액추에이터인데 일반적으로 회전운동을 하는 경우를 스텝 모터라 부르고, 직선운동을 하는 경우에는 리니어 스텝 모터라 불린다.

스텝 모터는 주로 산업용 로봇의 관절기구와 같은 부분에 사용되는데 이는 외부로부터 주어지는 펄스에 의해 일정 각도만큼 로터(rotor)가 회전하여 위치 제어에 적합한 형태이기 때문이다. 또, 펄스 신호수에 비례한 만큼 회전축이 회전하므로, DC 모터와는 달리 위치의 피드백이 불필요하며, 자기유지 토크가 발생되는 관계로 브레이크 기구가 없이 자체의 위치결정 능력을 갖는 특징이 있다.

스텝 모터(step motor), 스텝퍼 모터(stepper motor), 스텝핑 모터(stepping motor), 펄스 모터(pulse motor)는 같은 의미로 사용된다. 스텝 모터의 특징을 살펴보면 다음과 같다.

① 회전각도는 입력 펄스 수에 비례한다.
② 회전속도는 입력 펄스 레이트(펄스 주파수)에 비례한다.
③ 회전자에 영구자석을 사용하면 무자력 상태에서도, 자기 보지력(self-holding torque, detent torque)이 발생된다.
④ 고 토크, 고속 응답, 소형 경량이다.
⑤ 미소각, 고정도, 저가격이다.
⑥ DC 모터의 브러시에 의한 기계적인 마찰로 인한 파손이 없기 때문에 보수가 필요 없다.

(1) 구조 및 여자 방식

스텝 모터에는 다양한 종류가 있지만 회전 방식에 따라 분류해 보면 널리 사용되는 타입으로는 VR, PM, HB 타입이 있다.

1) 가변 릴럭턴스형

가변 릴럭턴스형(variable reluctance type)은 전자재료로 만들어진 기어 형상의 로터를 가지고 있으며 스테이터 코일에서 발생된 전자력을 흡인 반발하여 스테이터에서 자극의 회전에 따라 회전한다.

2) 영구자석형

영구자석형(permanent magnetic type)은 영구자석으로 만들어진 로터를 이용하여, 스테이터 코일에서 발생한 전자력에 대해 흡인 반발시키는 형태이다. 로터는 스테이터 자극의 회전에 따라 회전하게 된다. 무자력 때에도 보지 토크(detent torque)가 발생된다. VR형과 동작원리는 같으면서도 가격이 저렴하여 일반적인 기기에 많이 이용되고 있다.

3) 복합형

복합형(hybrid type)은 VR형과 PM형을 합친 형으로 로터에 전자재료를 이용하여 만든 기어 형상을 이용하고, 스러스트 방향(thrusting direction)에 자극을 가진 자석으로 구성된 구조로 스테이터 권선에서 합성된 전자력에 대해 흡인 반발하고 스테이터의 자극 회전에 의해 로터가 회전한다. 이 종류도 PM형과 같이 무자력 때에도 보지 토크가 발생한다.

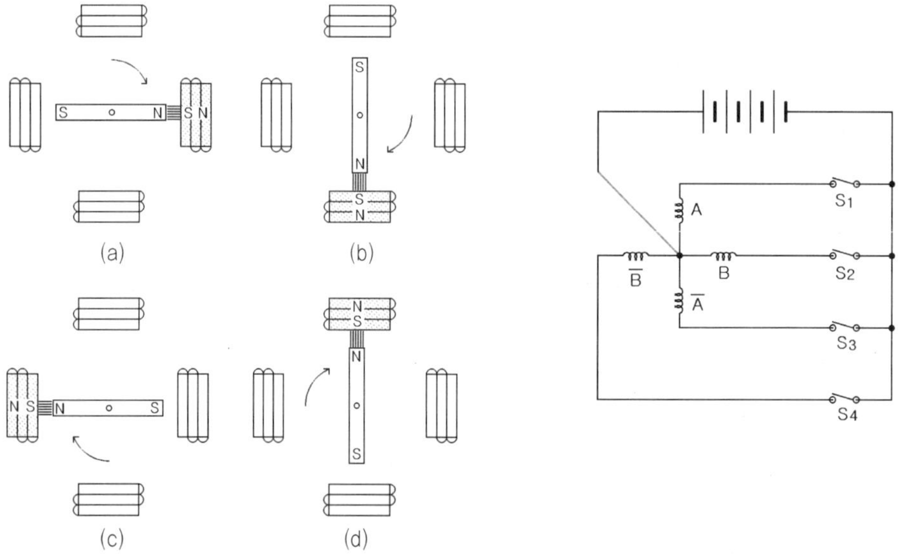

[그림 10-2] 4상 영구자석형 스텝 모터의 동작원리

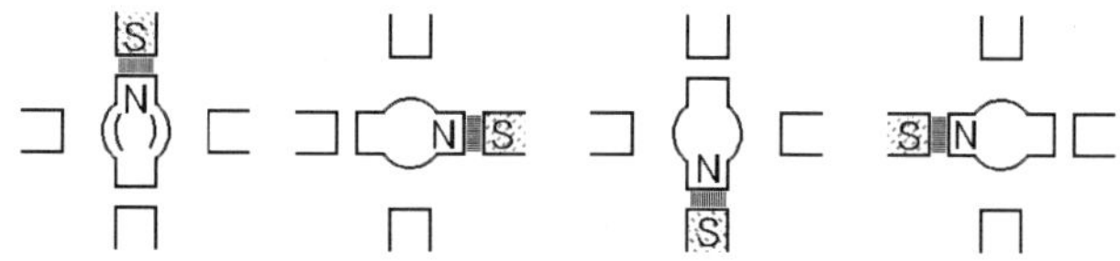

(a) 1상 여자

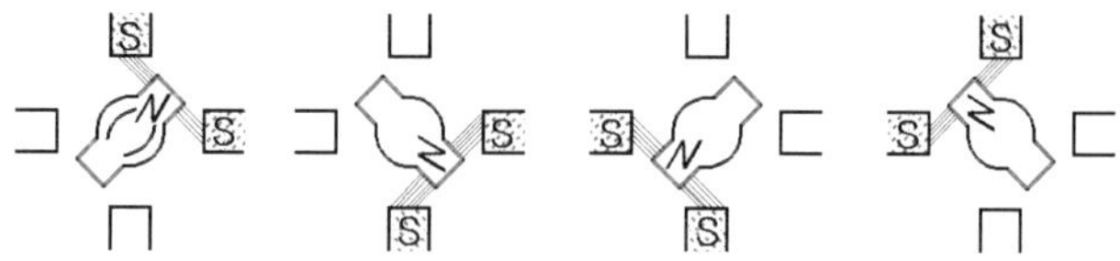

(b) 2상 여자

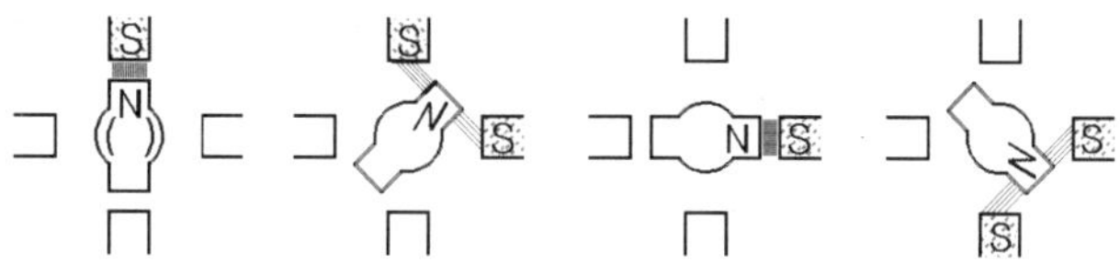

(c) 1-2상 여자

[그림 10-3] 전자석의 스위칭 타임

〈표 10-1〉 1상 여자방법

스텝	청색	황색	적색	녹색	흑색	백색
0	ON				COM	COM
1		ON			COM	COM
2			ON		COM	COM
3				ON	COM	COM
0	ON				COM	COM

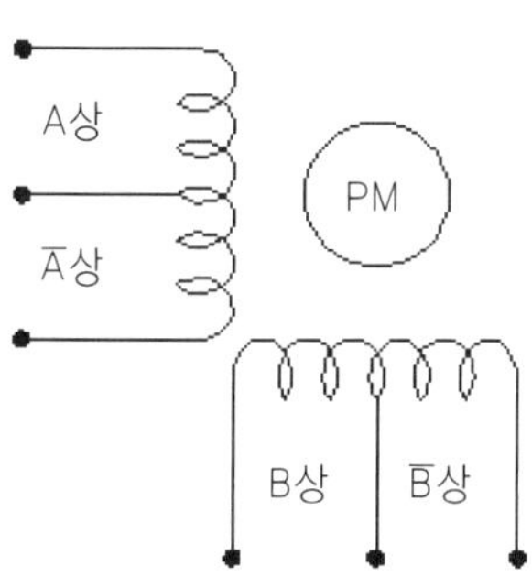

[그림 10-4] 4상 모터 결선도

2. 스텝 모터 구동 방식

스텝 모터의 구동 방식은 그 권선 코일에 어떤 형태로 전류를 흐르게 하는가에 따라 구별되고 있다. 구동 방식은 전류를 흘리는 방법에 따라 유니폴러(uni- polar) 구동과 바이폴러(bi-polar) 구동의 두 가지로 나뉜다.

1) 유니폴러 구동

각각의 코일에 1개의 트랜지스터가 접속되고 트랜지스터를 ON하는 것으로서 각 코일에 전류를 흐르게 한다. 코일에는 한 방향만의 전류(A'→A, $\overline{A}$'→$\overline{A}$, $\overline{B}$'→$\overline{B}$, B'→B)밖에 흐르지 않아서 유니폴러(편극성) 구동이라고 한다.

이 방식은 코일에는 동일시간에 A상, A'상, B상, B'상의 한쪽으로만 전류를 흘리므로 저속 영역에서는 토크(torque)를 크게 취할 수 없다는 결점이 있다.

4상 모터에는 1상 여자, 2상 여자, 1-2상 여자라는 여자 시퀀스(sequence, 순서)가 있고, 이 방법의 선택에 따라 입력 펄스와 스텝 각(한 펄스에 대한 회전각)의 특성이 달라진다.

2) 바이폴러 구동

구동회로는 복잡해지지만 저속 영역에서의 토크를 개선하는 바이폴러 구동이라는 방법이 있다. 이 방식은 모터의 코일에 교대로 전류를 흘리는 방식이다. 유니폴러 구동과 비교하여 트랜지스터가 2배 필요하다. 바이폴러 구동 방식은 코일 2개가 직렬로 연결되므로 유니폴러 구동에 비해 2배의 전원전압을 필요로 한다.

3. 드라이버

전용 드라이버에 대하여 살펴보기로 하자.

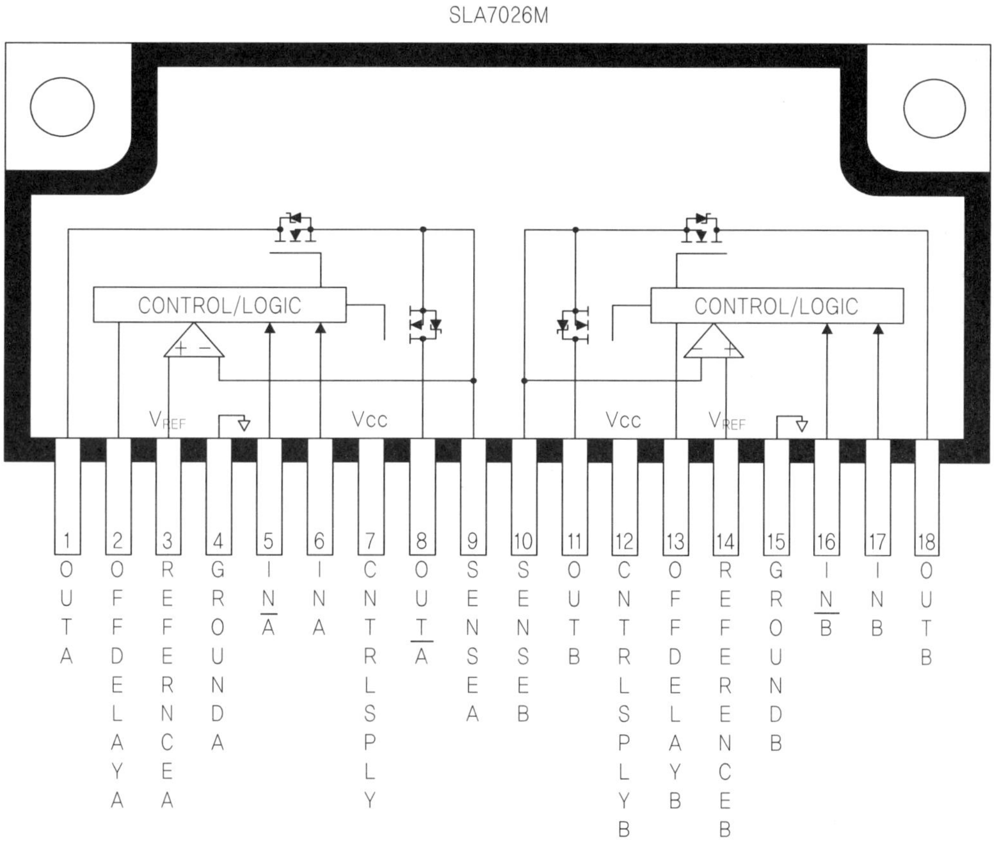

[그림 10-5] SLA7026 전용 칩의 내부 블록도

〈표 10-2〉 상에 따른 신호상태

순서	0	1	2	3	0
입력 A	H	L	L	L	H
입력 $\overline{A}$	L	L	H	L	L
입력 B	L	H	L	L	L
입력 $\overline{B}$	L	L	L	H	L
출력 ON	A	B	$\overline{A}$	$\overline{B}$	A

(a) 1상 여자

순서	0	1	2	3	0
입력 A	H	L	L	H	H
입력 $\overline{A}$	L	H	H	L	L
입력 B	H	H	L	L	H
입력 $\overline{B}$	L	L	H	H	L
출력 ON	AB	$\overline{A}$B	$\overline{A}\overline{B}$	A$\overline{B}$	AB

(b) 2상 여자

순서	0	1	2	3	4	5	6	7	0
입력 A	H	H	L	L	L	L	L	H	H
입력 $\overline{A}$	L	L	L	H	H	H	L	L	L
입력 B	L	H	H	H	L	L	L	L	L
입력 $\overline{B}$	L	L	L	L	L	H	H	H	L
출력 ON	A	AB	B	$\overline{A}$B	$\overline{A}$	$\overline{A}\overline{B}$	$\overline{B}$	A$\overline{B}$	A

(c) 1-2상 여자

2상 여자 방식으로 스텝 모터를 구동시키기 위해 사용된 바이폴러 방식의 정전류 구동용 IC 소자인 L297과 유니폴러 구동 방식에 적합한 SLA7026 소자에 대해서 간략히 살펴보면 다음과 같다.

- 모터 제어를 위한 펄스 발생
- 하프/풀(half/full) 스텝 모드 양쪽 다 사용 가능하다.
- 시계방향/반시계방향 지령 제어
- 리셋 입력과 동기되어 모터를 초기 상태로 유지할 수 있다.
- 칩 인에이블 입력을 받을 수 있도록 되어 있다.

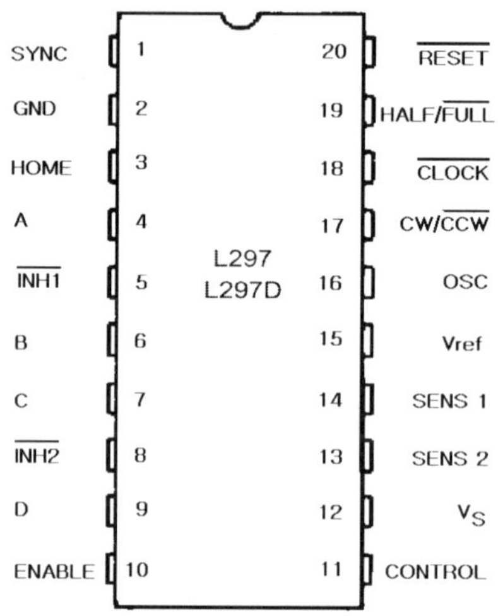

[그림 10-6] L297의 핀 배치도

바이폴러 방식의 정전류 구동용 IC 소자인 L297는 HALF/$\overline{\text{FULL}}$(19번 핀)을 GND와 연결하여 Low 상태로 유지시키면 노멀 모드 상태로 A, B, C, D상에 2상 여자 방식으로 구동 펄스가 출력되는데 이러한 2상 여자의 구동 펄스를 유니폴러 구동용 IC인 SLA7026 소자에 연결한다.

다음은 2상 여자 방식으로 스텝 모터를 구동시키기 위해 사용된 바이폴러 방식의 정전류 구동용 IC 소자인 L297과 유니폴러 구동 방식에 적합한 SLA7024 소자에 의해 구성된 스텝 모터 구동회로를 구성한다.

4. 응용 프로그램

예제 1

• 프로그램

```
#include <avr/io.h>
#include <util/delay.h>

unsigned char step_motor=0;

void main(void)
{
PORTA=0x00;
DDRA=0x00;
PORTB=0x00;
DDRB=0x00;
PORTC=0x00;
DDRC=0x0f;
PORTD=0x00;
DDRD=0x00;
step_motor=1;
while (1)
       {
//    1상 여자
     if(step_motor==1) {
               PORTC = 0x07;
               delay_ms(150);
               PORTC = 0x0b;
               delay_ms(150);
               PORTC = 0x0d;
               delay_ms(150);
               PORTC = 0x0e;
               delay_ms(150);
     }
//    2상 여자
     else if(step_motor==2) {
               PORTC = 0xC;
               delay_us(1500);
               PORTC = 0x06;
               delay_us(1500);
               PORTC = 0x03;
               delay_us(1500);
```

```
                PORTC = 0x09;
        }
//      1-2상 여자
        else if(step_motor==3) {
                PORTC = 0x1;
                delay_us(1500);
                PORTC = 0x03;
                delay_us(1500);
                PORTC = 0x02;
                delay_us(1500);
                PORTC = 0x04;
                delay_us(1500);

                PORTC = 0xC;
                delay_us(1500);
                PORTC = 0x03;
                delay_us(1500);
                PORTC = 0x08;
                delay_us(1500);
                PORTC = 0x09;
        }
// 정지
        else if(step_motor==4) {
                PORTC = 0x00;
                delay_ms(1000);
                PORTC = 0x00;
                delay_ms(1000);

                step_motor=0;
        }
```

예제 2

1. 동작
2. 프로그램

```
#include <avr/io.h>
#include <util/delay.h>

#define SPEED 80

unsigned char i=0;
```

```
void port_init()
{
    DDRB=0xFF;
    PORTB=0xFF;
    DDRD=0xFC;
}

void int_init()
{
    SREG|=0x80;
    EICRA|=0x0A;
    EIMSK|=0x03;
    EIFR=0x00;
}

interrupt [EXT_INT0]  void ext_int0(void)
{   i=0;
}
interrupt [EXT_INT1]  void ext_int1(void)
{   i=1;
}

void R_first_second(int num)
{
    int i;
    for(i=0;i<num;i++)
    {
        if(i%8==0)
        {
            PORTB=0B11110110;
        }
        delay_us(SPEED);
        if(i%8==1)
        {
            PORTB=0B11110111;
        }
        delay_us(SPEED);
        if(i%8==2)
        {
            PORTB=0B11110101;
        }
        delay_us(SPEED);
        if(i%8==3)
        {
            PORTB=0B11111101;
        }
```

```
        delay_us(SPEED);
        if(i%8==4)
        {
            PORTB=0B11111001;
        }
        delay_us(SPEED);
        if(i%8==5)
        {
            PORTB=0B11111011;
        }
        delay_us(SPEED);
        if(i%8==6)
        {
            PORTB=0B11111010;
        }
        delay_us(SPEED);
        if(i%8==7)
        {
            PORTB=0B11111110;
        }
        delay_us(SPEED);
    }
}

void first_second(int num)
{
    int i;
    for(i=0;i<num;i++)
    {
        if(i%8==0)
        {
            PORTB=0B11110110;
        }
        delay_us(SPEED);
        if(i%8==1)
        {
            PORTB=0B11111110;
        }
        delay_us(SPEED);
        if(i%8==2)
        {
            PORTB=0B11111010;
        }
        delay_us(SPEED);
        if(i%8==3)
        {
```

```
            PORTB=0B11111011;
        }
        delay_us(SPEED);
        if(i%8==4)
        {
            PORTB=0B11111001;
        }
        delay_us(SPEED);
        if(i%8==5)
        {
            PORTB=0B11111101;
        }
        delay_us(SPEED);
        if(i%8==6)
        {
            PORTB=0B11110101;
        }
        delay_us(SPEED);
        if(i%8==7)
        {
            PORTB=0B11110111;
        }
        delay_us(SPEED);
    }
}

void main(void)                                 // 1-2상 제어
{
   port_init();
   int_init();

    while(1)
    {
        switch(i)
        {
            case 0:
                first_second(400);
                delay_ms(500);
                break;
            case 1:
                R_first_second(400);
                delay_ms(500);
                break;
        }
    }
}
```

5. RC 서보 모터

RC 서보 모터는 3선이 입력되는데 다음과 같이 선의 색깔에 따라 기능이 다르다.

- 흑색 선 : GND
- 적색 선 : 전원(4.8~6 V)
- 황색 선 : 제어신호 선(각도 제어)

서보 모터의 3선은 신호기능에 맞게 연결하여야 하며, 그렇지 않으면 서보 모터의 내부에 있는 회로가 손상을 입게 된다. 또 무리하게 회전시키면 내부의 기어가 파손되므로 주의한다.

(1) RC 서보 모터(HS303)

- 동작 범위 : −90°~+90°(180°)
- 동작 속도 : 4.8V : 0.19초/60°, 6.0V : 0.16초/60°

(2) RC 서보 모터(HS303) 사용방법

- RC 서보 모터가 −90° 위치에 있게 하려면, 0.7ms의 "High", 0.7ms보다 긴 "Low" 펄스를 50~100번 정도로 공급한다.
- RC 서보 모터가 +90° 위치에 있게 하려면, 2.3ms의 "High", 2.3ms보다 긴 "Low" 펄스를 50~100번 정도로 공급한다.
- RC 서보 모터가 가운데 위치에 있게 하려면, 1.5ms의 "High", 1.5ms보다 긴 "Low" 펄스를 50~100번 정도로 공급한다.
- 0.7ms<"High" 펄스<1.5ms를 인가하면, 가운데를 기준으로 해서 −90°쪽으로 이동하고, 1.5<"High" 펄스<2.3ms를 인가하면, 가운데를 기준으로 해서 +90° 쪽으로 이동하게 되어 −90°와 +90° 사이로 이동하려면 펄스를 계산해서 공급하면 된다.
- 공급되는 펄스의 폭은 실제의 7~23[%]의 오차 범위에 있어야 한다.

(3) 프로그램

예제 1

1. 동작

서보 모터(HC-3110)는 180° 회전이 가능하다. 600usec에는 -90이며 1500usec에서는 0, 2400usec에서는 +90을 나타낸다. 모터의 연결은 포트 B5에 연결한다. 모터 핀 1, 2번은 전원전압 V_{CC}와 GND에 연결하고 3번은 포트에 연결한다.

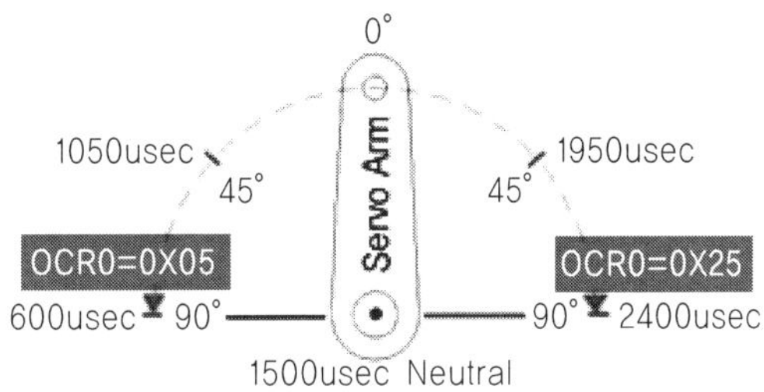

[그림 10-7]

2. 프로그램

```
#include <avr/io.h>
#include <util/delay.h>

void main(void)
{   unsigned int i=0;     DDRB=0x60;  // PB5, 6입니다.

while(1){
      for(i=0; i<100; i++)                  // 해당 각도에서 유지하는 시간
 {   PORTB=0x20;                            // 포트 B의 5번 핀에 High 출력
delay_us(600);                              // 600us 동안
PORTB=0x00;                                 // 포트 B의 5번 핀에 Low 출력
delay_ms(23);                               // 23ms 동안
}
for(i=0; i<100; i++)
{  PORTB=0x20, delay_us(1050)  , PORTB=0x00, delay_ms(23);    }
for(i=0; i<100; i++)        {  PORTB=0x20, delay_us(1500)  , PORTB=0x00,
delay_ms(23); }
for(i=0; i<100; i++)    {  PORTB=0x20, delay_us(1950)  , PORTB=0x00,
delay_ms(23);          }
for(i=0; i<100; i++)        {  PORTB=0x20, delay_us(2400)  , PORTB=0x00,
delay_ms(23);          }
} }
```

예제 2

1. 동작

PWM에 의한 모터 제어를 시험하는 것으로 PWM 출력을 B 포트 PORTB.5에 연결하여 회로구성

2. 프로그램

```
#include <avr/io.h>
#include <util/delay.h>
void RC_Motor(int angle)  {                    // angle : -90도~+90도
 int i;
if(angle<-90)angle=-90;
 if(angle>90)angle= 90;
i=(angle+90)*20 +1500;
OCR1A=i;                                       // PB5
void main(void)
{
DDRB=0x60;                                     // PB5
TCCR1A=0xAA;                                   // FAST PWM
TCCR1B=0x1A;                                   // 8분주=0.5usec
ICR1=19999;                                    // 0.5usec*20000= 100Hz
while(1){
RC_Motor(-90);
delay_ms(500);
 RC_Motor(-45);
delay_ms(500);
RC_Motor( 0);
delay_ms(500);
RC_Motor(45);
delay_ms(500);
RC_Motor( 90);
delay_ms(500);
 } }
```

6. DC 모터 속도 제어(PWM)

[그림 10-8]과 같이 모터에 인가되는 전압을 ON/OFF시켜서 모터에 인가되는 평균전압을 변화시킨다. 즉, 같은 주기 T 동안에 펄스 폭(pulse width)을 변조시키면 TON 시간에 따라서 모터에 가해지는 평균전압이 [그림 10-8]의 (a), (b)와 같이 변하게 된다.

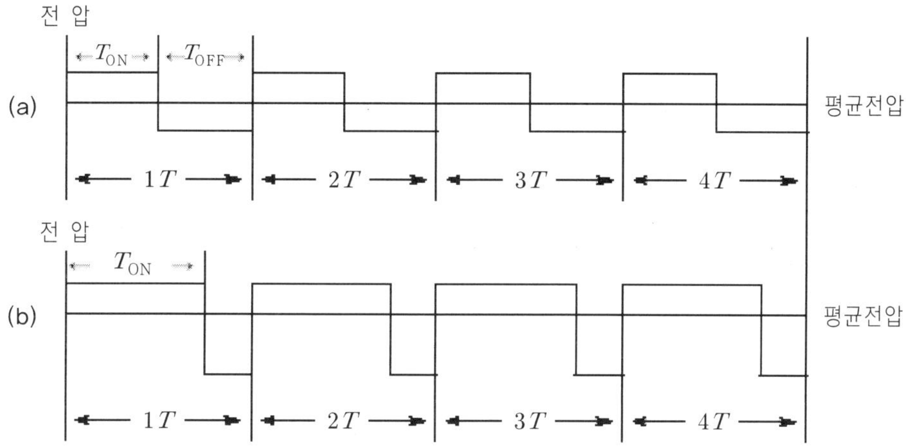

ON 시간이 길수록 모터에 가해지는 평균전압은 높아지게 된다.

[그림 10-8] PWM 제어방법

DC 모터의 속도는 모터에 인가되는 평균전압에 비례하므로 PWM 방법으로 한 주기 내의 펄스폭을 조정한다면 속도 조정이 가능하게 된다.

PWM 제어에 있어서 관련 레지스터로는 타이머/카운터 1의 레지스터로 제어 레지스터 TCCR1A, TCCR1B, 출력비교 레지스터로는 OCR1AH & OCR1AL, OCR1BH & OCR1BL, 입력 캡처 레지스터는 ICR1H & ICR1L이고 카운터 값을 저장하는 레지스터는 TCNT1H & TCNT1L이다. 타이머/카운터 1을 이용한 PWM 제어에는 제어 레지스터를 PWM 모드로 설정하고, 출력비교 레지스터를 이용해 적절한 PWM 파형의 듀티비를 설정해야 한다.

(1) 제어 관련 레지스터

1) 타이머/카운터 1 제어 레지스터 A (TCCR1A–Timer/Counter1 Control Register)

▶ Timer/Counter1 Control Register – TCCR1A

Bit	7	6	5	4	3	2	1	0	
$2F($4F)	COM1A1	COM1A0	COM1B1	COM1B0	–	–	PWM11	PWM10	TCCR1A
Read/Write	R/W	R/W	R/W	R/W	R	R	R/W	R/W	
Initial Value	0	0	0	0	0	0	0	0	

[그림 10-9]

이 레지스터는 출력비교 동작 및 PWM 모드를 설정하기 위한 레지스터이다.

- 비트 7, 6 – COM1A1, COM1A0 : 출력비교 모드 1A의 비트 1&0
- 비트 5, 4 – COM1B1, COM1B0 : 출력비교 모드 1B의 비트 1&0

〈표 10-3〉 출력비교 모드 선택

COM1A1/COM1B1	COM1A0/COM1B0	동작
0	0	Disconnected
0	1	OC1A/OC1B를 토글(toggle)
1	0	OC1A/OC1를 "0"으로 클리어
1	1	OC1A/OC1B를 "1"로 세트

PWM 모드로 동작 시에는 이 비트들은 다른 기능을 한다.

- 비트 3, 2 – Res : Reserved(사용하지 않음)
- 비트 1, 0 – PWM11, PWM10 : PWM 선택 비트

〈표 10-4〉 PWM 모드 선택

PWM11	PWM10	동작
0	0	PWM 사용 안함
0	1	8 비트 PWM
1	0	9 비트 PWM
1	1	10 비트 PWM

2) 타이머/카운터 1 제어 레지스터 B (TCCR1B–Timer/Counter1 Control RegisterB)

▶ Timer/Counter1 Control Register – TCCR1B

Bit	7	6	5	4	3	2	1	0	
$2E($4E)	ICNC1	ICES1	–	–	CTC1	CS12	CS11	CS10	TCCR1B
Read/Write	R/W	R/W	R	R	R/W	R/W	R/W	R/W	
Initial Value	0	0	0	0	0	0	0	0	

[그림 10-10]

이 레지스터는 입력 캡처 노이즈 제거, 모서리 설정, 비교 매치 설정 및 타이머/카운터 1의 프리스케일러 선택을 하는 레지스터이다.

- 비트 7 – ICNC1(Input Capture1 Noise Canceller(4 CKs)) : 입력 캡처 노이즈 제거 여부를 설정한다.
  0=노이즈 제거기능을 사용 안함. 첫 번째 상승·하강 모서리에서 캡처 동작
  1=CPU 클록 4회 이상 동안 샘플링하는 조건이 인식되면 캡처 동작
- 비트 6 – ICES1(Input Capture1 Edge Select) : 캡처 신호의 극성 선택
  0=하강(falling) 모서리
  1=상승(rising) 모서리
- 비트 5, 4 – Res(Reserved): 사용 안함.
- 비트 3 – CTC1(Clear Timer/counter1 on Compare match) : 타이머/카운터 1의 출력비교 매치 시 카운터 값 클리어 여부를 설정한다.
  0=비교 매치 시 타이머/카운터 1 값을 그대로 둠.
  1 =비교 매치 시 타이머/카운터 1 값을 "0"으로 클리어함.
- 비트 2, 1, 0 – CS12, CS11, CS10 : 클록 분주 선택 비트

〈표 10-5〉 타이머/카운터 1의 프리스케일 설정

CS12	CS11	CS10	선택 분주 클록
0	0	0	정지
0	0	1	CK
0	1	0	CK/8
0	1	1	CK/64
1	0	0	CK/256
1	0	1	CK/1024
1	1	0	외부 클록(T1)의 하강 모서리
1	1	1	외부 클록(T1)의 상승 모서리

3) 타이머/카운터 1 카운트 값(TCNT1H & TCNT1L)

Bit	15	14	13	12	11	10	9	8	
$2D($4D)	MSB								TCNT1H
$2C($4C)								LSB	TCNT1L
	7	6	5	4	3	2	1	0	
Read/Write	R/W	R/W	R/W	R/W	R/W	R/W	R/W	R/W	
	R/W	R/W	R/W	R/W	R/W	R/W	R/W	R/W	
Initial Value	0	0	0	0	0	0	0	0	
	0	0	0	0	0	0	0	0	

[그림 10-11]

타이머/카운터 1은 16 비트 타이머/카운터이다. 즉, 카운트 값이 16 비트 크기까지 증가할 수 있다. 이 타이머/카운터 1의 카운트 값 레지스터는 8 비트 카운트 레지스터 2개(TCNT1H, TCNT1L)로 구성되어 있다.

이 레지스터에 값을 쓰거나 읽을 때 상위 값과 하위 값을 다음과 같이 구분해야 한다.

① 쓰기동작

CPU가 상위 값(TCNT1H)을 써넣을 때 데이터가 임시 레지스터에 잠시 저장되어 있다가, 하위 값(TCNT1L)을 써넣을 때 함께 타이머/카운터 1의 카운트 레지스터(TCNT1)에 동시에 써넣는다. 따라서 16 비트값을 쓰기 위해서는 상위 바이트(TCNT1H) 값을 먼저 쓰고 하위 바이트(TCNT1L) 값을 써넣어야 한다.

② 읽기동작

CPU가 하위 값(TCNT1L)을 읽을 때, 상위 값이 임시 레지스터에 저장되어 있다가 상위 값(TCNT1H)을 읽을 때 이 임시 값을 함께 읽는다. 따라서 16 비트값을 읽기 위해서는 먼저 하위 바이트를 읽은 후에 상위 바이트를 읽어야 한다.

4) 타이머/카운터 1 출력비교 레지스터 (OCR1AH&OCR1AL–Timer/Counter1 Output Compare Register)

Bit	15	14	13	12	11	10	9	8	
$2B($4B)	MSB								OCR1AH
$2A($4A)								LSB	OCR1AL
	7	6	5	4	3	2	1	0	
Read/Write	R/W	R/W	R/W	R/W	R/W	R/W	R/W	R/W	
	R/W	R/W	R/W	R/W	R/W	R/W	R/W	R/W	
Initial Value	0	0	0	0	0	0	0	0	
	0	0	0	0	0	0	0	0	

Bit	15	14	13	12	11	10	9	8	
$29($49)	MSB								OCR1BH
$28($48)								LSB	OCR1BL
	7	6	5	4	3	2	1	0	
Read/Write	R/W	R/W	R/W	R/W	R/W	R/W	R/W	R/W	
	R/W	R/W	R/W	R/W	R/W	R/W	R/W	R/W	
Initial Value	0	0	0	0	0	0	0	0	
	0	0	0	0	0	0	0	0	

[그림 10-12]

이 레지스터들은 16 비트 타이머/카운터 1의 카운트 값과 비교되는 값을 가진다. 두 값이 같을 때 매치가 발생된다. 타이머/카운터 1의 카운트 값(TCNT1)이 OCR1A 또는 OCR1B의 값과 일치할 때 매치가 발생하게 된다.

타이머/카운터 1의 PWM 모드가 설정되었을 때, 타이머/카운터 1과 출력비교 레지스터 1A(OCR1A)와 출력비교 레지스터 1B(OCR1B)는 각각 PD5와 PD4 핀에 8/9/10 비트의 PWM 파형을 출력한다. 이때, 타이머/카운터 1은 UP/DOWN 카운터로 동작하여 0000h에서 TOP으로 카운트 업을 실행하다가 다시 TOP에서 0000h로 카운트 다운을 실행한다.

〈표 10-6〉 타이머/카운터 1의 카운터 TOP값과 PWM 주파수

PWM 분해능	카운터 TOP값	PWM 주파수
8비트	$00FF(255)	fTCK1/510
9비트	$01FF(511)	fTCK1/1022
10비트	$03FF(1023)	fTCK1/2046

〈표 10-7〉 PWM 모드에서 비교 모드 설정

COM1x1	COM1x0	OCx1에 대한 영향
0	0	Not connected
0	1	Not connected
1	0	업 카운팅 중에 비교 매치되면 클리어 다운 카운팅 중에 비교 매치되면 세트(비반전 PWM)
1	1	업 카운팅 중에 비교 매치되면 세트 다운 카운팅 중에 비교 매치되면 클리어(비반전 PWM)

PWM 모드 동작 시 OCR1A 또는 OCR1B 레지스터의 하위 10비트에 쓰기동작을 할 때 임시 영역에 있다가 카운트 값이 TOP에 도달되면 그 값이 OCR1A 또는 OCR1B 레지스터에 래치(latch)된다. 이렇게 해야 동기가 맞지 않는 OCR1A/OCR1B의 쓰기동작에서 PWM 펄스의 글리치 발생을 막을 수 있다.

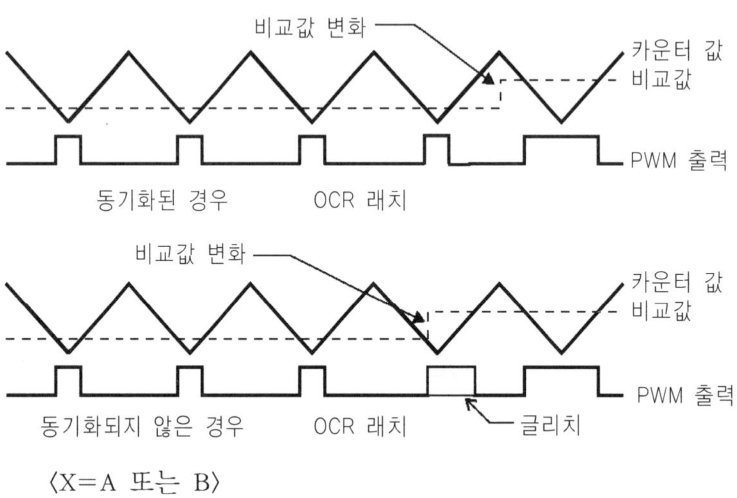

[그림 10-13] 비동기 시 OCR1에 래치하는 경우의 예

쓰기동작 후 래치되기 전에 OCR1A/OCR1B의 값을 읽으면 임시 저장값이 읽히는데, 이는 최근에 써진 값이 항상 읽힘을 의미한다.

OCR1A/OCR1B 레지스터 값이 0000h 또는 TOP값을 가질 때, PWM 출력은 COM1A1/COM1A0 또는 COM1B1/COM1B0 설정값에 따라 High(1) 혹은 Low(0) 값으로 다음 비교 매치 시에 갱신된다.

〈표 10-8〉 PWM 출력 OCR1X=0000h 또는 TOP

COM1X1	COM1X0	OCR1X	OCR1X 출력
1	0	0000h	L
1	0	FFFFh	H
1	1	0000h	H
1	1	FFFFh	L

PWM 모드에서 카운트 값이 0000h에서 다음 값으로 카운트될 때, 타이머 오버플로가 발생되어 플래그(TOV1)가 세트되고 이때 인터럽트가 발생한다.

〈표 10-9〉

<table>
<tr><th colspan="5">PAD 연결 부위</th></tr>
<tr><td rowspan="2">DC 모터
구동회로도</td><td colspan="2">Motor1</td><td rowspan="2">VCC</td><td rowspan="2">GND</td></tr>
<tr><td>M0</td><td>M1</td></tr>
<tr><td>ATmega 128</td><td>PD4</td><td>PD5</td><td>+5V</td><td>GND</td></tr>
</table>

프로그램은 DC 모터의 구동상태를 표시하기 위해 사용되는 7-Segment를 구동시키기 위한 결선이 필요하다.

〈표 10-10〉

<table>
<tr><th colspan="13">7-Segment PAD 연결 부위</th></tr>
<tr><td>7-Segment</td><td>Q0</td><td>Q1</td><td>Q2</td><td>Q3</td><td>a</td><td>b</td><td>c</td><td>d</td><td>e</td><td>f</td><td>g</td><td>h</td></tr>
<tr><td>90S8535</td><td>PB0</td><td>PB1</td><td>PB2</td><td>PB3</td><td>PA0</td><td>PA1</td><td>PA2</td><td>PA3</td><td>PA4</td><td>PA5</td><td>PA6</td><td>PA7</td></tr>
</table>

(2) 프로그램

예제 1

```
#include <avr/io.h>

unsigned char motor_mode=0;
interrupt [TIM0_COMP]  void timer0_comp_isr(void)
```

```
{
// 10ms 타이머
}
void main(void)
{
PORTA=0x00;
DDRA=0x00;
PORTB=0x00;
DDRB=0x0F;
PORTC=0x00;
DDRC=0x00;
PORTD=0x07;
DDRD=0x00;

// Mode: CTC top=OCR0
// OC0 output: Toggle on compare match
// TCCR0=0x1D;
TCCR0=0x18;
TCNT0=0x00;
OCR0=0x9C;

TIMSK=0x02;  // Timer(s)/Counter(s) Interrupt(s) initialization

#asm("sei")  // Global enable interrupts
while (1)
      {
        if((PIND.0 == 0) || (motor_mode==1)) {    // 정회전
            TCCR0 |= 0x05;
            PORTB.0 = 1;
            PORTB.1 = 1;
            motor_mode =1;
        }
        if((PIND.1 == 0) || (motor_mode==2)) {    // 역회전
            TCCR0 |= 0x05;
            PORTB.0 = 1;
            PORTB.1 = 0;
            motor_mode =2;
        }
        if(PIND.2 == 0) {                          // 정지
            TCCR0 &= 0xFA;
            motor_mode =0;
        }
      };
}
```

찾아보기

마이크로컨트롤러 기초

2013년 6월 20일 1판 1쇄 발행

저 자 권영준 · 박정연
발행인 남 승 우

발행처 도서출판 상尙 학學 당堂

서울시 동작구 사당로9가길 6(사당동)
TEL : 02) 595-1692～4
FAX : 02) 595-1394
E-mail : namdoo6@unitel.co.kr
신고 : 2-155호 (1968. 11. 29)

정가 20,000원

ISBN 978-89-6587-081-4 93560

〈디자인〉 편집 이선경 / 표지 나아기획